AF390699

ARCHÉOLOGIE FRANÇAISE.

TOME SECOND.

DE L'IMPRIMERIE DE FIRMIN DIDOT,
IMPRIMEUR DU ROI ET DE L'INSTITUT, RUE JACOB, N° 24.

ARCHÉOLOGIE

FRANÇAISE,

OU

VOCABULAIRE DE MOTS ANCIENS TOMBÉS EN DÉSUÉTUDE, ET PROPRES A ÊTRE RESTITUÉS AU LANGAGE MODERNE.

Par Charles POUGENS,

DE L'ACADÉMIE ROYALE DES INSCRIPTIONS ET BELLES-LETTRES, ETC., ETC.

TOME SECOND.

A PARIS,

CHEZ Me Ve TH. DESOER ET Cie, LIBRAIRE,

RUE DES POITEVINS, Nº 12.

M DCCC XXV.

Lorsque je publiai, en 1821, le premier volume de mon Archéologie Française, mon intention était de mettre immédiatement au jour le second, d'autant plus que mon manuscrit était prêt dès l'année 1814. Plusieurs causes ont retardé l'impression de ce second volume. La principale est la mort du jeune M. Th. Desoer, libraire, éditeur du premier, et qu'une maladie de langueur a enlevé à une femme intéressante, à des enfans en bas âge, au commerce, je puis même dire aux lettres dont il avait bien mérité, et par son désintéressement, et par le soin qu'il avait eu de mettre au jour d'excellentes éditions de plusieurs écrivains classiques, Montaigne, Rabelais, Rotrou, Molière, avec deux pièces inédites, Boileau, Voltaire, Cervantes, et récemment Bayle, qu'il a réimprimé en seize volumes in-8°, avec d'excellentes remarques et dans un meilleur ordre. En publiant sur un format plus commode le Dictionnaire de ce patriarche de la saine critique, qui, pour me servir de l'expression d'un célèbre cardinal, a fourni aux penseurs leur plus formidable artillerie, feu M. Desoer a rendu un véritable service à la philosophie. Les gens du monde qui lisaient rarement Bayle, édition de 1720 ou de 1740, 4 vol. in-folio, le lisent plus volontiers sous le format in-8°. Je me garderai bien de donner ici la notice d'anciens ouvrages dont certains éditeurs modernes ont fait la fortune en les reproduisant sous des formes moins graves. Je suis fâché de le dire; pour être lu, il ne faut faire que des livres qu'on puisse poser sur un guéridon, les y oublier, les y reprendre. Mais, si je m'étendais sur cette idée, j'aurais l'air de vouloir établir des critiques indirectes, et il vaut mieux que je m'occupe exclusivement du tome second de mon Archéologie Française.

Ceux qui ont acquis le premier volume s'apercevront, sans peine, que j'ai cherché du moins à tirer parti de cette suspension bien involontaire de ma part, en plaçant à la suite de mon second et dernier volume quelques additions et corrections qui m'ont paru importantes, et qui équivaudront à une seconde édition de cet ouvrage.

On a vu, dans le Mémoire qui se trouve à la tête du tome premier, que je m'appuyais de l'opinion de MM. de Voltaire, d'Alembert, Marmontel, etc., qui, tous, avaient manifesté, dans plusieurs endroits de leurs ouvrages, le désir de voir rappeler d'un injuste exil une foule de mots utiles, sonores, et qui étaient du domaine primitif de notre langue. J'aurais pu joindre à ces noms illustres celui de M. Borde, de l'Académie de Lyon, auquel j'ai succédé en 1781. « Il conviendrait, dit-il, de « chercher dans nos anciens auteurs les mots qui « se sont insensiblement abolis : on en trouverait « beaucoup d'utiles et d'expressifs, qui se sont « perdus, sans qu'on puisse dire pourquoi, et sim- « plement par défaut d'usage.... Le moyen de nous « enrichir, dit encore M. Borde, serait de faire un « *Dictionnaire relatif* des expressions que possèdent « les autres langues, et qui nous manquent. » *Observ.*

sur la lang. franç.; OEuv. div., tom. II, part. 2, p. 5o9, 5ı ı.

Dès l'année 1777, lorsque je commençai à Rome mon *Trésor des origines et Dictionnaire grammatical raisonné de la langue française*, dont j'ai publié le *specimen* en 1819, j'avais conçu aussi l'idée d'un « Vocabulaire relatif », et j'y avais été conduit naturellement par l'incessante nécessité où j'étais de faire de nombreux rapprochemens des langues étrangères avec la nôtre. Je ne parlerai point des mots qu'on pourrait emprunter aux langues orientales, ce qui me mènerait beaucoup trop loin; mais, indépendamment de ces richesses exotiques, j'avais formé un Vocabulaire très-ample de mots utiles, intelligibles, sonores, complémentaires, et qui se retrouvent dans les écrivains classiques des langues dont le génie est analogue avec la nôtre, telles que l'italien, l'espagnol, le portugais, l'anglais, l'allemand, etc. Nous avons l'adjectif *acerbe*, et non le substantif ACERBITÉ, italien, *acerbità*, *acerbitate*, Comm. sul Dante, Purgat. 11; espagnol, *acerbidad*, Fr. Luis

De Gran., Symb., part. 6, trat. 2, c. 20; anglais, *acerbity*, Pope. — *Actuel*, *elle*, adjectif; nous n'avons point ACTUALITÉ, s. f., italien, *attualità*, *attualitate*, *attualitade*, Dante, Conviv. 20; anglais, *actuality*, Cheyne. — *Adjacent*, *ente*, adjectif; ADJACENCE, s. f., italien, *adjacenza*, Zibaldone, *aggiacenza*, Mat. Villani, Stor., l. VIII, p. 95; espagnol, *adyacencia*, Dicc. de la real Acad. de Madrid; anglais, *adjacency*, Brown, Vulg. err. *Adulation*, s. f.; ADULATOIRE, adj.; italien, *adulatorio*, Segner., Mann. dell' anim. giugn. 26, etc.

Ce travail, ce Vocabulaire relatif serait prêt moyennant une simple révision. Mais, par intérêt pour notre belle langue française, si pure, si philosophique, si digne de la majesté de l'histoire, je crois devoir m'abstenir de le publier. Cette richesse d'emprunt, cette opulence coloniale, s'il m'est permis de m'exprimer ainsi, afin de rendre plus rapidement mon idée, est-elle une richesse de bon aloi? Le besoin, ce père de l'invention, de l'industrie, et qui est aussi une des sources du perfectionnement des langues, suffira seul pour y introduire les termes d'une nécessité indispensable. Nous n'avions pas les mots *club*, *budget*, *motion*, etc., et aujourd'hui, ils sont naturalisés français. Qu'on me permette ici de citer ce que dit, sur ce même sujet, mon sage et spirituel confrère, M. Bréghot du Lut, dans l'excellent rapport sur le tome premier de mon *Archéologie*, qu'il a lu à l'Académie de Lyon, en 1821. « Les étran- « gers, dit-il, et les Anglais surtout, moins dédai- « gneux que nous, enrichissent tous les jours leur « langue de mots qu'ils empruntent à leurs voisins. « Cet usage, il est vrai, peut facilement dégénérer « en abus; car il est de justes limites que l'audace « néologique ne doit pas franchir. » Certes, l'opi- nion d'un homme aussi distingué que M. Bréghot du Lut eût suffi pour fixer la mienne. J'ajouterai que, durant mes longs séjours en Angleterre, j'ai connu plusieurs gens de lettres d'un goût très-sûr qui élevaient quelques doutes sur les prétendus services que leur célèbre Johnson avait rendus à la langue anglaise, en admettant, comme mots intégraux et constitutifs, plusieurs termes peut-être fortuitement échappés à la plume des écrivains, dont il rapportait les textes : *Multifarious*, qui se présente sous un grand nombre d'aspects, (Glanville; Evelyn); — *Uxorious*, qui est trop épris de sa femme, trop soumis à ses caprices (Bacon , Milton), etc. , etc. J'invoque sur ce point la grande ombre de Pope, les mânes de lord Byron, le goût et la critique de MM. Moore, Rogers, Campbell, et du philosophe peintre et poète Walter Scott.

Voici une observation que je crois nécessaire de soumettre à mes lecteurs. Les mots dont j'ai composé mon Archéologie Française, ainsi que ceux de mon Vocabulaire de privatifs qui parut en 1794, ne sont pas tous également susceptibles d'être naturalisés ou réintégrés dans le langage moderne. J'ai indiqué aux poètes, aux prosateurs les sources d'où je les ai tirés : c'est aux uns et aux autres à les employer ou à les rejeter selon leurs inspirations. Par exemple, M. Bréghot du Lut, que je viens de citer, remarque avec justice, sur les mots *abscondre*, v. a., Archéologie, tom. 1, p. 2, *aliène*, adj. des deux g., ibid., p. 14, qu'ils ne sont ni sonores, ni nécessaires. — Quant au vieux français *cantilène*, s. f., ibid., p. 78, qu'il paraît disposé à blâmer, j'observerai que ce mot, emprunté de l'italien *cantilena*, n'est point exactement synonyme du français *chant*, *chanson*, mais qu'il signifie le motif d'une ariette. — Au reste, j'approuve hautement ce qu'il dit ensuite, lorsqu'il blâme quelques-uns de nos écrivains modernes, dont la manie est de créer des mots qui n'ont de français que leur désinence. Il les compare ingénieusement à l'écolier limousin dont parle Rabelais, qui *despumoit la verbocination latine*, et que Pantagruel prit à la gorge, pour le forcer à s'exprimer naturellement. Ce serait, en effet, échanger la belle langue de Racine contre celle de Ronsard et de quelques-uns de ses modernes imitateurs.

Me sera-t-il toutefois permis d'espérer que je n'ai pas été tout-à-fait inutile à notre littérature en publiant mon Archéologie Française. Si je n'ai pas agrandi le domaine de la langue, je lui ai restitué du moins quelques-unes de ses propriétés, et, comme l'observe très-bien M. Bréghot du Lut, tel mot qui paraît choquant au premier coup d'œil peut, s'il est employé par une main habile, devenir très-précieux à la langue. « Un grand écrivain, « ajoute-t-il, peut faire produire à une expression « qui, présentée isolément, paraît étrange et rebu- « tante, des effets surprenans et inattendus. » Tout le monde connaît les vers de Racine :

Ces noms de roi des rois et de chef de la Grèce
Chatouilloient de mon cœur l'orgueilleuse faiblesse.

Mettre en œuvre et mettre en place, voilà le ta- lent, voilà le goût, et Racine, le divin Racine !...

Quoi qu'il en soit, je suis loin de vouloir attacher trop d'importance à mon Archéologie Française. Croirait-on néanmoins que, pour former ce Voca- bulaire, j'ai été forcé de compulser plus de mille ouvrages, dont environ cinq cents en ancien fran- çais, manuscrits ou imprimés, cent trente en français moderne, trois cent quatre-vingts ou- vrages en langues étrangères, sans parler des classiques grecs et latins. Mais accoutumé, depuis quarante - sept ans révolus , à ce genre d'explorations philologiques, on ne doit me savoir aucun gré des peines que j'ai prises à cet égard ; d'autant plus qu'elles ne sauraient être comparées aux recherches que m'a coûtées mon Trésor des origines et Dictionnaire grammatical raisonné de la langue française. Si mon âge et la nécessité de mettre la dernière main à ce long et difficile travail, auquel j'ai consacré ma vie entière, me le permettent, je donnerai une table bibliographique et raisonnée des auteurs que j'ai cités dans le cours de mon Archéologie Française, ce qui serait l'objet d'un troisième volume ; mais mon Archéologie, telle que je la publie aujourd'hui, est complète.

Peut-être, en parcourant cet ouvrage, quelques-uns de mes lecteurs attacheront-ils, non un sentiment d'intérêt, mais du moins un sentiment de curiosité, à voir le même homme résister à des contrariétés assez vives, ne point se laisser abattre, continuer durant près d'un demi-siècle, malgré les orages de la révolution, et la perte entière de sa fortune, son Trésor des origines et Dictionnaire grammatical, etc., travail dont la masse, pour me servir de l'expression d'un auguste personnage qui n'est plus, eût fatigué une congrégation de bénédictins; puis, faire sourire en même temps quelques lecteurs par des compositions d'un genre moins austère.... Peut-être tout cela sera-t-il oublié. Eh bien, si je vis dans le souvenir de quelques amis, non, je ne serai point ingrat, ni impie envers la destinée, et je dirai : Puisqu'il en est ainsi, et que le ciel a permis que je ne courbasse jamais mon front devant mes tribulations personnelles, j'ai obtenu le gros lot de la vie.

ARCHÉOLOGIE

FRANÇAISE.

M.

MACHIAVÉLISTE, *s. m.* Celui qui suit les principes de Machiavel ; homme fourbe, qui a une arrière-pensée.

Et néantmoins, il n'y a celuy d'eulx qui ne soit vrayement *machiavéliste.*

Ét. Pasquier, Rech., l. VI, c. 38.

Ce mot a été employé par nos écrivains modernes.

Il y a des *machiavélistes* dans tous les états.

Diderot, Opin. des anc. phil. ; Machiav.

Italien, *machiavelista.* Magal., *Lett.*, etc.

MACHIAVÉLISER, *v. n.* Agir d'après les maximes de Machiavel ; user de finesses, de faux-fuyans, de ruses.

Le malheur de nostre siècle aujourd'hui est tel, que pour acquérir la réputation d'habile homme, il faut *machiavéliser.*

Ét. Pasquier, Rech., l. VI, c. 5.

MAGNITUDE, *s. f.* Grandeur, étendue ; puissance.

Et fust de tant de *magnitude*, que onque tiel ne apparut en tote la terre de Égipte.

Anc. trad. de la Bible ; Exod. c. 9, v. 24.

Leucippus, Democritus, Demetrius, Metrodorus, Epicurus,

tiennent que les atomes sont infinis en multitude, et le vuide infini en *magnitude*.

> Amyot, *Plut.*, *OEuv. mesl.*, t. XXI, p. 141.

> On ne connoît les biens que Dieu nous fait.
> Nous oublions sa haute *magnitude*.
>
> *Triomph. de la Noble Dame*. fol. 89, v°

Voyez aussi *Vig. de Charles VII*, p. 201.—Guill. Crétin, *OEuv.*, p. 11.—L'abbé Goujet, *Bibl. Franç.*, t. XI, p. 314, etc.

Latin, *magnitudo*. Lapillus in parvà *magnitudine* multi color.

> Plin., *Hist. Nat.*, l. XXVII, c. 12

Quæ facilia ex difficillimis animi *magnitudo* redegerat.

> Caes., *de Bell. Gall.*, l. II, c. 27

Italien, *magnitudine*. Si ragguardaro Iddio, e videro la *magnitudine* sua.

> Fr. Giord., *Predich.*

Espagnol, *magnitúd*. Informóse mui particularmente de la *magnitúd*, y límites del imperio Mexicáno.

> Solis, *Hist. de Nuev. Esp.*, l. IV. c. 1.

Temeroso de que no me oprima su misma *magnitúd*.

> M. Ayal., *Serm.*, t. I. fol. 344.

Anglais, *magnitude*. These particles may be composed of other particles much smaller, which have as much empty space between them, as equals all the *magnitudes* of these smaller particles.

> Newton.

> He with plain heroick *magnitude* of mind,
> And celestial vigour arm'd.
>
> Milton.

MAINTENEUR, *s. m.* Celui qui maintient, qui soutient, qui conserve.

> N'avons mie de Rou nostre *mainteneor*.
>
> *Rom. du Rou*, ms., p. 94.

Mai li pius Dex est mes aidières,
Et *maintenières* et conseillières.
Anc. écriv. fr., *ms. de La Clayette*, in-4°, fol. 40, col. 1.

Italien, *mantenitore*, *trice*. Il quale era stato testimonio, e *mantenitore* della legge.

FR. SACCH., *Op. div.*, 108.

Questo ora è detto di certo per la tal dama, che è la *mantenitrice* di tutte le oziosità.

SEGN., *Pred.*, 4. 6.

Espagnol, *mantenedór*, mot qui se dit plus particulièrement du soutenant d'une joute, d'un tournoi.

Pareció con extrémo à todos la entrada del *mantenedór* Menalca.

LOP. DE VEGA. *la Arcad.*, fol. 219.

Anglais, *maintainer*. He dedicated the work to sir Philip Sidney, a special *maintainer* of all learning.

SPENSER.

On a désigné par le mot *mainteneurs*, les sept gentilshommes qui, en 1323 ou 1324, furent les instituteurs ou fondateurs des jeux floraux ; parce qu'on les considérait comme spécialement chargés de maintenir cet établissement. Voyez LA FAILLE, *Annal. de Toulouse*. — P. CASENEUVE, *Traité de l'origine des jeux floraux*.— M. DE PONSAT, *Eloge de Clémence Isaure*, 1737, p. 242, 243.—MORÉRI, *Dict. hist.* au mot *Floraux (jeux)*. — *Diction. encyclop.*, ibid., etc., etc.

MALAISANCE, *s. f.* État de celui qui est mal à son aise ; qualité de ce qui est mal aisé ; difficulté.

Esguillonner les hommes vagabonds et oisifs à ce vice, par la *malaisance*.

MONTAIG., *Ess.*, l. II, c. 12.

Que nostre desir s'accroist par la *malaisance*.

ID., *ib.*, l. II, c. 15.

Malaiser, *v. a.* Mettre mal à l'aise, incommoder, gêner.

Entandis, le duc de Bourgongne *mal-aisa* tant ceux de Camerolles, qu'il leur convint rendre à la volonté du duc.

Froissart, Chron., vol. I, c. 224.

Si on vous attermoyoit à tel temps (poursuivit le seigneur), que sans vous *mal-aiser*, peussiez acquitter vostre debte, que diriez-vous ?

Ét. Pasquier, Rech., l. VI, c. 6.

> Pourquoy ton arc décoches-tu sur moy ?
> Pourquoy veux-tu me *malayser* d'émoy ?
Loys le Caron, Poés., fol. 14, v°.

On a dit aussi, dans le même sens, **Mésaiser**.

> Ne la volt de rien *mésaisier.*
Dame qui aveine demand., etc., v. 255.

Or tost, allez vous mettre en autre habit, dit la duchesse de Berri, et faites tant que la roine vous voye, car elle est moult *mésaisée* pour vous.

Froissart, Chron., vol. IV, c. 52.

Au reste, je doute fort que les verbes *malaiser*, *mésaiser*, puissent être réintégrés avec succès dans le langage moderne.

MALANDRIN, *s. m.* Brigand, voleur de grands chemins, pillard, malfaiteur, homme de mauvaise vie.

Or regardez des *malandrins* de ce pays la nature. Pour seulement complaire à vous et avoir vostre bienfaict, il veut trahir Charles de la Paix.

Froissart, Chron., vol. II, c. 89.

Ils n'osoient fourrager, fors en grans routes, pour les *malandras* du pays, qui les attendoient aux pas, et les ruoient jus et occioient.

Id., ibid., vol. II, c. 169.

Ce mot, qui n'appartient qu'au style burlesque, se retrouve quelquefois dans nos écrivains modernes.

> Des *malandrins* la grossière cohue
> Cuvait son vin, dans la grange étendue.
>> VOLT., *Puc.*, ch. IX.

> Nul *malandrin* n'eut l'air plus malhounête.
>> ID., *ibid.*, ch. XVIII.

Quand le chef des *malandrins* a bien tué et bien volé, il réduit à l'esclavage des malheureux dépouillés qui sont encore en vie.
>> ID., *Déf. de mil. Bolingbr.*, c. 1.

Latin barbare, *malandrinus*. Et forbannitos, et *malandrinos*, et forenses, quot potuerunt, collegerunt.
>> *Chart. Pet. Graden. duc. Venet. apud* ODER. RAYNALD., ann. 1310, n° 3o.

Italien, *malandrino*. Chi muore col peccato, è messo nella spelonca, che è quella, dove stanno i *malandrini*.
>> FR. SACCH., *op. div.*, 127.

Espagnol, *malandrín*. Cuidamos ser prisionera de algunos salteadores *malandrínes*, ò gigante descomunál.
>> TEJAD., *Leon prodig.*, part. I, apol. 2.

On a donné plus particulièrement le nom de *malandrins*, à un rassemblement de brigands qui causèrent de grands ravages en France, spécialement sous le règne du roi Charles V. Voyez L'ABBÉ DE CHOISY, *Hist. de Charles V*, l. 1. — VOLTAIRE, *Essai sur les Mœurs*, c. 77. —ID., *Annal. de l'Empire*, art. *Charles IV*, ann. 1365, etc.

MAL-APPRIS, ISE, *adj.* Qui a reçu une mauvaise éducation; qui n'a point appris l'art de se conduire dans le monde; qui ignore les belles manières, les règles de la bienséance; grossier, gauche, maussade.

Parmy des femmes lascives et impudiques, ils seront les

bien-venus, en appellant les honnestes qui n'aiment que leurs maris, sottes, *mal-apprises* et sans grace quelconque.

> AMYOT, *Plut.*, *OEuv. mor.*, t. XV, p. 275.

> L'un y a pris,
> Comme *mal-apris*,
> Venin dont mourir lui convient.
>> *Blason des faulces amours*, fol. 20, v°.

Ce mot a été employé par des écrivains plus modernes.

On se moqua d'elle comme d'une folle très-*mal-apprise*.

> SÉVIGNÉ, *Lett. du 11 nov. 1671*, édit. de Blaise, t. II, p. 242, lett. 195.

MALFAITRICE, *s. f.* Celle qui commet des crimes, de mauvaises actions.

Ont aussi lesdits hommes de fief cognoissance, comme hault-justiciers, de tous malfaicteurs et *malfaicteresses*.

> *Cout. de Tournehem*, § IV. *Coutum. général*, t. I, p. 453, col. 1.

Italien, *malfattrice*. Hanno ricevuta in se la scellerosa, puzzolente, e *malfattrice* amistade de' peccatori.

> S. AGOST., *la Scal. del Parad.*

MAMILLAIRE, *adj. des deux g.* Qui appartient aux mamelles; qui a une forme à peu près semblable à celle du bout de la mamelle.

Les additamens *mamillaires*, comme ung bobelin.

> RABEL., l. IV, c. 30.

Ce mot, qui se trouve, comme terme technique, dans le Dictionnaire de Richelet, dans celui de Furetière, dans le Dictionnaire encyclopédique, etc., a été employé par nos écrivains modernes.

Le tænia de la seconde espèce n'a point les ouvertures latérales ou protubérances *mamillaires* qu'on remarque à celui de la première.

> BONNET, *Mém. hist. nat.*; *OEuvres*, t. III, p. 154.

Italien, *mamillare*. Entrando queste nelle narici, coll'urlare

ne' processi *mamillari*, producono un senso altrettanto ro-
busto che delicato.

TAGL., *Lett.*

Espagnol, *mamilar*. Su substancia era *mamilar* del todo,
o glandulosa, y con mucha gordúra.

MARTIN, *Anatom. compl.*, lecc. 6, cap. 1.

Voyez MAMELETTE, *append*.

MANTELINE, *s. f.* Petite mante, petit manteau.

Estoient les fourrures de ses *mentelines*, de garrets et de
jambes de lièvre.

JOINVILLE, *Hist.*, éd. de Du Cange, p. 118.

Le roy avoit lors vestu un sayon de drap d'or, avec une
manteline de satin gris et violet en escharpe.

ANDRÉ DE LA VIGNE, *Voyage de Charles VIII à Nap.*, p. 171

Sur le dos, de petites *mantelines* de soie armoriées.

OLIV. DE LA MARCHE, *Mém.*, l. II, p. 560.

Armé de toutes pièces, sauf la teste et les garde-bras, et une
manteline fort riche sur sa cuirace.

COMINES, *Mém.*, l. I, c. 8.

Ce mot, qui me paraît convenir de préférence à la
poésie légère, se trouve dans le Dictionnaire de Furetière et dans celui de Trévoux.

Italien, *mantellina*. Si fecero donare la sua *mantellina* fo-
derata di vaio.

GIOV. VILLAN., *Stor.*, 6, 85, 56

Espagnol, *mantellina*. Puseme un rebociño ò *mantellina* de
color turqui, con ribetes de terciopélo verde.

Picar. Justin., fol. 112.

* MARÉCHALERIE, *s. f.* État et profession de ma-
réchal.

Le traducteur françois, en son épistre, dit que nos François
ont emprunté ce mot *mareschalerie* de la langue germanique,

d'autant que les Alemans appelloient par le passé *mara* ou *marca*, ce que nous disons cheval ou jument.

Duverdier, *Bibl.*, p. 723. Art. Jean Massé.

Ce mot, qui se trouve dans le Dictionnaire de Trévoux, n'a jamais cessé d'appartenir à notre langue. Il fait partie du titre de plusieurs livres anciens et modernes sur l'art de ferrer, de panser et de traiter les chevaux.

La *Mareschalerie* de Laurens Rusé, translatée de latin en françois, Paris, 1533, in-folio. — *Id.*, 1541, in fol. — *Id.*, 1563, in-4°.

L'art vétérinaire, ou grande *mareschalerie* de Jean Massé, Paris, 1568, in-4°.

Dictionnaire d'hippiatrique, cavalerie, manège et *maréchalerie*, par Lafosse, Paris, 1775 et 1776, 4 vol. in-8°.

Cours théorique et pratique de *maréchalerie* vétérinaire, par Fr. Jauze, Paris, 1817 et 1818, 2 vol. in-4°, etc., etc.

*MARTELET, *s. m.* Petit marteau.

Chantans, joli fèvre, labeure.
Or forge, forge, *martelet*.

Eust. Deschamps, *Poés. mss.*, fol. 425, col. 3.

Ce mot est encore usité, comme terme d'art, pour désigner un petit marteau dont se servent les ouvriers qui travaillent à des ouvrages délicats, tels que les orfèvres, les ciseleurs, les graveurs, etc. Voyez *Dictionnaire de Furetiére, Dictionnaire de Trévoux, Dictionnaire encyclopédique*, etc.

Italien, *martelletto*. Stampinsi in que' proprj cavi.... con un *martelletto*, con destri colpi nel suggello.

Benv. Cellin., *Oref.* 64.

Martellis, *s. m.* Bruit de marteaux, d'armes, etc.

> Moult fu fier le *marteleis*,
> La noise et le cliqueteis.
>> Guill. Guiart , *Roy. lign.*, ann. 1202.

Quant elle ouyt le *martellis* d'espées sur escuz, elle eut grant merveille que ce pouvoit estre.
>> *Perceforest*, vol. I, fol. 113 , v°, col. 1.

Marteleur , *s. m.* Celui qui travaille avec le marteau.

Tubalcain, qui fust *martellour* et fèvre en totes ovcregnes de arresme et de fer.
>> *Anc. trad. de la Bible*, Gen. c. 4 , v. 22.

Je crois inutile d'observer que ces deux derniers mots, dont je ne fais ici qu'une mention rapide, ne sont point de nature à être réintégrés dans le langage moderne.

***MASSACREUR** , *s. m.* Celui qui massacre, qui trouve du plaisir à massacrer, à faire couler le sang.

Comme l'on tient de ce meurtrier sanguinaire, perfide et *massacreur* Caligula.
>> Noel Dufail , *Cont. d'Eutrapel*, Remonst. d'un juge, fol. 120, 1°.

Il n'étoit point *massacreur*, de sang froid, comme tout gentil chevalier doit estre.
>> Brantome, *Cap. Fr.*, t. III, p. 327.

Le substantif *massacreur* se trouve dans le Dictionnaire de Richelet, dans celui de Furetière , et dans celui de Trévoux. —Les éditeurs du Dictionnaire de l'Académie, Paris, Smits, 1798, observent que le mot *massacreur* « est d'un usage assez récent. » On voit, par les exemples cités plus haut, que cette assertion n'est pas exacte.

MATRICIDE, *s. m.* Crime de celui qui tue sa mère. — Il se dit aussi de celui qui commet ce crime.

Cest homme, s'il est plus tost à appeler homme que beste sauvage, est semblable à un patricide et *matricide*.

CHOLIÈRES, *Cont.*, 2ᵉ *après-disnée*, t. II, p. 94, vᵒ.

Nous confessons qu'en nostre ville, jadis y a eu un parricide, et en Argos un *matricide*; mais quant à nous, nous avons chassé et banny de noz païs ceulx qui ont commis telles malheuretez.

AMYOT, *Plut.*, *OEuv. mor.*, t. XV, p. 345.

« Selon M. Chapelain, observe Th. Corneille, *fratricide* se peut dire, et *matricide* aussi. Je croy, comme lui, ajoute-t-il, que *fratricide* est un mot françois.... pour *matricide*, je ne croy pas qu'il se puisse dire. » *Notes sur* VAUGELAS, *Rem. sur la lang. franç.*, t. II, p. 533. — Je ne suis point, au reste, de l'avis de Thomas Corneille, et j'estime que le mot *matricide* doit être admis dans la langue, puisqu'on y a admis le substantif *fratricide*.

Latin, *matricida*. Quem scribis certissimum *matricidam*. CICER., *ad Quint. Fratr.*, l. I, epist. 2, c. 2. — *Matricidium*. Orestes si accusetur *matricidii*.

ID., *de Invent.*, l. I, c. 13.

Italien, *matricida*. Sventurato per Almeon, che ne fu *matricida*. Comm. sul Dante, Purgat. 12. — *Matricidio*. Or l'autore vuol dire, che cagione di questo *matricidio* fosse superbia.

Ibid., Purgat. 12.

Anglais, *matricide*. Nature compensates the death of the father by the *matricide* and murther of the mother.

BROWN.

MAUDISSABLE, *adj. des deux g.* Digne d'être maudit.

Les ennemis, dès lors, en leurs sénestres salles.

T'enlevans tout soudain, dans les eaux infernales
Plongèrent tristement ton *maudissable* corps.

J. Baïf, OEuv., p. 68, v°.

MÉCHÉANCE, *s. f.* Mauvaise chance, mauvaise fortune; accident fâcheux; malheur fortuit.

Car ainsi s'en va *meschéance*,
Comme s'en va bonne chéance.

Boet., Consol., ms., l. II.

Je m'en irai
Au seignour, et se li dirai
Qu'avenuz m'est tel *meschéance*
De mon cheval, sor sa fiance.

Le Povre mercier, v. 72 et suiv.

Le roi de Sezile devoit gaitier, pour restorer la *meschéance* des autres chastiaux qui furent ars à son guiet.

Joinville, Hist., p. 46.

Or véons se une meslée estoit comenchiée et aucuns se mesl entre deus, pour bien ou pour défaire lui, et un coup chiet seur lui par *meschéance*, par quoi il est mors ou méhaignés, se l'en doibt riens demander à cheli qui le coup dona.

Cout. de Beauvoisis.

Trois grands *meschéances* adviennent
A ceulx qui telz vies maintiennent.

Rom. Rose, v. 5343.

Tot mettoit en une balance,
Bonne adventure et *meschéance*.

Ibid., v. 6087.

Souffise à toy et à moy, que l'un de nous deux soit infortuné, et que de ma *meschéance* tu ayes compassion.

Al. Chartier, Curial; OEuv.; p. 392.

Voyez aussi M. Pierre de Corbie, *Poët. Fr. avant* 1300, ms., t. III, p. 1062. — Baude Fastoul d'Arras, *Congié*, v. 400.—*La Mappemonde, ms.,* c. 18.—*Les droiz du clers de Vonday. — Matrone d'Ephèse,* ms. de l'église de Paris, N, n° 2.—*Anc. écriv. franç.,* ms. de La Clayette, fol. 69, col. 1. —*Lett. de rémiss.,* ann. 1400; *Trés. des chart.,* reg. 155.

ch. 273. — *Conseils de P. Fontaine*, c. 13, art. 28. — Eust.
Deschamps, *poés. mss.*, fol. 337, col. 4.—*Lancelot du Lac*,
t. III, fol. 116, r°, col. 1.—*Perceforest*, vol. IV, fol. 53, v°,
col. 1. — Clem. Marot, *Ps. 5; OEuv.*, t. III, p. 252, etc.

Anglais, *mischance*. Otherwise it is a man's unhappiness,
his *mischance* or calamity, but not his fault.

South.

She had stumbled upon such *mischances*, as were little for
the honour of her family.

Sidney.

Méchoir, *v. n. impers.* Mésarriver, arriver malheur,
mal réussir. Il s'est dit d'un accident fâcheux, d'un
malheur fortuit et imprévu.

> Puis qu'il commence aucun à *meschaoir*,
> Nus ne li puet son malheur cangier.
> *Anc. Poët. Fr.*, *ms. du Vatican*, n° 1490, fol. 58, r°.

> Cui il *meschiet*, tousjours on lui mésoffre.
> Eust. Deschamps, *Poés. mss.*, fol. 35, col. 3.

Et disoient que à bon droit estoit, quant *mescheu* estoit au
chef.

Perceforest, vol. IV, fol. 147, v°, col. 4.

Car je ne veis oncques homme ayant grande authorité avec
son seigneur, par le moyen de le tenir en crainte, à qui il n'en
mescheut, et du consentement de son maistre mesme.

Comines, *Mém.*, l. III, c. 12.

Il *méchut* à ce pauvre soldat de manger de la chair un jour
prohibé.

Brantome, *Cap. estr.*, t. IV, p. 66.

Voyez aussi Joinville, *Hist.*, p. 2. — Villehard., *Conq. de
Const.*, n° 126. — *Rom. de Perceval*, fol. 113. — *Rom. Rose*,
v. 7617. — Jean de Meung, *Testam.* — *Lett. de rémiss.*,
ann. 1365; *Trés. des Chart.*, reg. 98, ch. 671. — Froissart,
Chron., vol. I, c. 27. — *Lancelot du Lac*, t. I, fol. 84. —
Preuves de l'Hist. de Louis XI, par Duclos, p. 297. — *Repues
franches*, à la suite des *OEuv. de Villon*, p. 48, etc., etc.

Le verbe *méchoir* a été quelquefois employé sous la forme neutre personnelle, et a signifié tomber dans l'infortune, éprouver un malheur fortuit et imprévu.

> Fait bon de la folie avoir,
> Qu'en trop grant sens puet-on bien *méchaoir*.
> C^e THIBAULT , *chans. mss.*, p. 126.

> *Meschoir* puist-il de corps et d'ame.
> *Farce de Pathelin*, p. 51.

> Il convient que nous *mescheuons* ,
> Se par barat n'es decevons.
> GUILL. GUIART , *Roy. Lign.*, ann. 1267.

Italien, *miscadere.* Imperciocchè tutte le volte che *miscadea* , o misavvenia alcuno uomo.

> SEN., *Pistol.*

Egli *miscade* sì duramente , ch'egli ne perde il senno e la veduta.

> *Stor. di Barlaam*, 10.

Quoi qu'il en soit, le verbe *méchoir* ne me paraît, sous aucune de ces deux formes grammaticales, susceptible d'être restitué au langage moderne.

MÉCHOISIR, *v. n.* Faire un mauvais choix.

> Ains cuers qi vostre devient,
> N'a pas *mescoisi.*
> *Anc. Poët. Fr.*, *ms. du Vatican* , n° 1490, fol. 53, r°.

> Et dient qu'el a *meschoisi* ,
> Quant d'un garçon fist son ami.
> *Partenop. de Blois*, *ms. de S. Germ..* fol. 142 , r°, col. 2.

***MÉCROIRE**, *v. a.* 1° Ne pas croire, refuser d'ajouter foi.

> Volez-me vos faire *mescroire*
> Ce que je tieng à mes deux mains.
> *Fabl. mss.*, p. 384.

> Dieu *mescrurent*, et crurent le serpent.
> EUST. DESCHAMPS, *poés. mss.* , fol. 117, col. 1.

Ah! Dieu, que mon malheur est grand! Je suis géhenné, et si n'oserois dire que je suis mal: on me *mécroira*.

CHOLIÈRES, *Cont.*, fol. 176, v°.

Il me semble qu'on est pardonnable de *mescroire* une merveille, autant au moins qu'on peut en destourner et élider la vérification par voye non merveilleuse.

MONTAIG., *Ess.*, l. III, ch. 11.

C'est moindre mal *mescroire* Dieu que de s'en moquer.

CHARRON, *Sag.*, l. III, c. 14.

2° Se défier, soupçonner.

> De traison vous *mescroi*.
> Anc. poët. fr., ms. du Vatican, n° 1522, fol. 156, r°, col. 2.

> Moult s'entremet de grant folie,
> Qui s'amie *mescroit* de rien,
> Que qu'elle face, ou mal, ou bien.
> *Partenop. de Blois*, ms. de S. Germ., fol. 159, v°, col. 3.

> Puis li a dit, je vos creant
> Que toujors mais vous amerai,
> Ne jamais ne vous *mescroirai*.
> *Chastel. de Vergy*, v. 492.

Et la plora si tendrement que son humanité feit *mescroire* sa continence, et sa bonté en fut suspecte d'injustice.

AMYOT, *Plut.*, OEuv. mor., t. V, p. 194.

Voyez aussi GUYOT DE PROVINS, *Bib.*, v. 928. — *Rom. du Brut*, fol. 66, v°, col. 1. — JEHAN DE CONDÉ, *Sentier batu*, v. 48. — *Assis. de Jérusalem*, c. 57, p. 48. — *Establiss. de Saint Louis*, c. 54; *Ordonn. des rois de Fr.*, t. I, p 148. — *Castoiement*, cont. XI, v. 7. — *Lett. de rémiss.*, ann. 1372; *Trés. des chart.*, reg. 111, ch. 287. — LEFEBVRE DE S. REMY, *Hist. de Charles VI*, p. 129. — AL. CHARTIER, *l'Espér.*; OEuv., p. 342, etc.

Ce mot a été employé par quelques auteurs modernes, dans la signification de refuser de croire.

> On en pourra gloser, on pourra me *mécroire*;
> Tout cela n'est pas un grand mal.
> LA FONTAINE, *Cont.*, *Fiancée*, etc.

Et partant ne veux pas
Mécroire en rien la vérité du cas.
VOLTAIRE, *Anti-Gi.*

Italien, *miscredere*. Già era costui, per lo suo *miscredere*,
detto vicario dell' inferno del Re.
DAVANZ., *Scism.. 11*

MÉCRÉANCE, *s. f.* Refus de croire; incrédulité; fausse
croyance; erreur; défiance, soupçon; mauvaise foi.

> Espirs de celle *mescréance*.
> *Anc. poët. fr., ms de La Clayette,* fol. 35, col. 1

> Molt a grant *mescréance* ès mont,
> Nules amors loiaus ne sont.
> GONTIERS, *Poët. franç. avant* 1300, *mss.*, t. III, p. 1020.

Qui promet aucune chose à payer par *mescréance*, jaçoit
ce que il s'y oblige par escrit, néantmoins, puisqu'il sera faict
apparoir par mal engin, il a action de condiction indeue.
BOUTILLIER, *Somm. rur.*, tit. 61, p. 377.

Icy enclins à superstition, ailleurs à la *mescréance* : ici à la
liberté, icy à la servitude.
MONTAIGNE, *Ess.*, l. II, c. 12.

Voyez aussi *Rom. d'Athis et Profil.*, fol. 58, r°, col. 2, etc.

Latin barbare, *mescredentia*. Per istas *mescredentias* au
ditas, accepit Hugo fevum suum in hostaticum.
Anc. Chart. citée par J. BESLY, *Hist. des comt. de Poitou*, p. 393

Italien, *miscredenza*. Erano morti in loro peccati, e in loro
miscredenza.
Tratt. sopr. i pecc. mort

Anglais, *miscreance, miscreancy*.

> If thou wilt renounce thy *miscreance*.
> SPENSER.

The more usual causes of deprivation are murther, man
slaughter, heresy, *miscreancy*, atheism, simony.
AYLIFFE.

On a dit aussi *mécréandise, mécréantise.*

> Ki maintenra crestienté ?
> Or n'iert il mais ki se combate,
> Ne ki *mescréandise* abate ?
> PHIL. MOUSKES, *ms.*, p. 230.

> Par la grant *meseréandise*
> Qui en aux fu painte et remise,
> Le miracle esprouver voloient.
> *Anc. poët. franç.*, *ms. de La Clayette*, fol. 471, col. 1.

A tant retornèrent à leur genz, et puis repristrent leur *mescréandise*, et vesquirent païen aussi comme devant.
Chron. de S. Denis ; Hist. de Fr., t. VII, p. 144.

Les martyrs vainquirent leurs persécuteurs en mourant, et par mort ont trouvé l'entrée de perdurable vie, et triumphé de la *mescréantise* des vivans.
AL. CHARTIER, *l'Espér.*, *OEuv.*, p. 286.

Voyez aussi *Mirouer du Crestien.* — BAUDOUIN ou JEAN DE CONDÉ, *Sentier battu*, v. 117, etc.

MÉCRÉABLE, *adj. des deux g.* Qui ne mérite aucune croyance.

Il est *mescréable* que nous soyons seuls produits en estat défectueux et indigent.
MONTAIG., *Ess.*, l. I, ch. 35.

Les mots *mécréantise, mécréable,* ne me paraissent pas susceptibles d'être restitués au langage moderne.

MELLIFLUE, *adj. des deux g.* Qui distille le miel, abondant en miel ; doux comme le miel.

> Une éloquence *melliflue,*
> Un beau parler, un miel en bouche.
> J. MAROT, *poés.*, p. 306.

Et voyant la suavité *melliflue* de vos disertes révérences.
RABEL., l. V, c. 20.

Ce mot a été employé par Scarron.

> Je ne sais pas à quel dessein,
> Cette cohorte *melliflue*
> Vient par l'air en guise de nue.
>
> *Virg. travesti*, ch. 7.

Latin, *mellifluus*.

> Homerus *melliflui* oris.
>
> BOETH., *de Consol.*, l. V, met. 2.

Rob. Étienne, *Thes. ling. lat.*, observe que ce mot n'a pas été employé par les écrivains de la bonne latinité, mais par ceux qui ont vécu postérieurement au siècle d'Auguste.

Italien, *mellifluo*. È segno, che ivi appresso, ha luoghi *melliflui.*

> PALLAD., *Apr.* 11.

> La soavità delle parole *melliflue*, e la fiamma accesa de' pietosi sospiri.
>
> BOCCAC., *Giorn.* 4.

Espagnol, *melifluo*. Por toda aquella isla crece en grande abundancia el tymo, de la qual planta se coge aquel *melifluo* liquór, mui mas perfecto que de otra ninguna.

> LAGUNA, *sob. Dioscor.*, l. II, c. 75.

> O esposo florido, esposo soave, esposo *melifluo.*
>
> FR. L. DE GRAN., *Compend. trat.* 2, c. 6.

Anglais, *mellifluous*.

> Innumerous songsters, in the freshening shade
> Of new sprung leaves, their modulations mix
> *Mellifluous.*
>
> THOMSON, *Seas. spring.*

MENABLE, *adj. des deux g.* Facile à mener, à gouverner, à conduire.

> Frans et *mesnables* et cortois,
> Saiges et loiax et voisex.
> *Partenop. de Blois, ms. de S. Germ.*, fol. 161, r°, col. 2.

MENACEUR, *s. m.* Celui qui menace.

Cil *menaçierres* si en seroit-il aussi bien atains et prouvé comme se il l'eust fet.

Establiss. de S. Louis, c. 37; *Ordon. des rois de Fr.*, t. I, p. 134.

Et par le maneche provée, li *manechières* est prové dou fet.

Cout. de Beauvoisis, c. 39.

Toutefois, de grant *menasseur* peu d'effet.

DESPERRIERS, *Nouv.* 11.

Voyez aussi *Chart.* de l'ann. 1403; *Hist. de Lièg.*, t. II, p. 437, etc.

Furetière a admis dans son Dictionnaire le substantif *menaceur*, en observant qu'il est de peu d'usage. Les auteurs du Dictionnaire de Trévoux rapportent également ce mot, mais ils prétendent qu'il n'est pas français. Cela prouve seulement que le mot *menaceur*, employé par plusieurs anciens écrivains accrédités, avait cessé d'être français en 1771, toutefois sans préjudice des années suivantes.

Italien, *minacciatore, minacciatrice.* Se magnanimitade è fuor di sua misura, ella fa uomo *minacciatore*, e infiato, e crucciato.

BRUNETT. LAT., *Tes.*, 7, 42.

Cruda, e sdegnosa, e con lo sguardo bieco
Minacciatrice.

BUONAR., *Fiera*, 4, 4, 2.

Espagnol, *amenazadór*. Porque mientras se amenáza descansa el *amenazadór*.

CERV., *Persil.*, l. III, cap. 17.

Anglais, *menacer*.

Hence *menacer!* nor tempt me into rage.

PHIL.

MENACEUX, EUSE, *adj.* qui fait souvent des menaces.

Ils sont allez selon leur foiblesse, feindre cette sotte image,

triste, querelleuse, despite, *menaceuse*, mineuse, et la placer
sur un rocher à l'escart, emmy des ronces.

>   MONTAIG., *Ess.*, l. I, c. 25.

Italien, *minaccioso*. Per lo contrario, Agrippina gli faceva
viso brusco e *minaccioso*.

>   DAVANZ., *Tacit.*, ann. 12, 160.

Je doute fort que l'adjectif *menaceux, euse*, puisse
être restitué avec succès au langage moderne.

MÉNESTREL, *s. m.* Poète et musicien attaché au
service d'un prince, d'un seigneur, ou qui parcourait
les châteaux, pour y réciter des vers, des fabliaux, des
histoires plaisantes, chanter, jouer des instrumens.

> Car pour çou sont *ménestrel* fait,
> Qu'ils doivent les mauvais blasmer,
> Et le courtois del tout amer.
>   *Poèt. Fr. avant* 1300, ms., t. IV, p. 1334.

> Li *ménestrels* et li jongleur
> Orent Provence, si fu leur.
>   PH. MOUSKES, ms., p. 166.

Car il avoit devant luy quatre *ménestrelz* jouans trompes,
clerons, tous jouans de leurs instruments.

> *Journal de Paris, sous Charles VI et Charles VII*, ann. 1430, p. 132.

Rutebeuf fut un *ménestrel*, duquel on trouve plusieurs
fabliaux (c'est-à-dire contes de plaisir et nouvelles) mis en
ryme : et encores des plaintes de la Terre-Sainte, adressées au
roy saint Louis.

> CL. FAUCHET, *lang. et poés. franç.*, l. II ; *OEuv.*, fol. 578, r°.

Voyez aussi *Roman de Vace*, ms. — *Lett. de rémiss.*,
ann. 1383 ; *Trés. des Chart.*, reg. 123, ch. 6.—LA COLOMBIÈRE,
Théât. d'honn., t. II, p. 363. — MATHIEU DE COUCY, *Hist. de
Charles VII*, p. 592, etc., etc.

Latin barbare, *ministrellus*, ALBERIC., ann. 1237. — *Me-
nestrellus*, FLETA, l. II, cap. 23. — *Menesterellus*, *Chart.
Philipp. VI*, ann. 1336 ; *Trés. des Chart.*, reg. 68, c. 22.

2.

Espagnol , *ministríl.* Lo primero de todo trompétas *mi-
nistríles* , y atabáles , con libréas de colóres.

Mat. Alem. , *Alfar.*, part. I, l. I, c. 8.

Anglais , *minstrel.*

> Attentive to the song , the lynx forget
> His wrath to man , and lick the *minstrel's* feet.

Prior.

Ménétrière , *s. f.* Femme d'un ménétrier; celle qui
exerce la profession de ménétrier.

Ayant une *ménestrière* jouant de la fluste, qui marchoit
devant luy, s'en alla en tel équippage dansant, jusques au
beau milieu de l'assemblée du peuple.

Amiot , *Plut.* , *Pyrrhus,* c. 27 ; *OEuv.*, t. IV, p. 138.

Pythagoras.... commanda à la *ménestrière* de changer de
ton , et par une musique poisante , sévère et spondaïque , en-
chanta tout doucement leur ardeur et l'endormit.

Montaig. , *Ess.*, l. I. c. 46.

Ménestrer , *v. n.* Exercer la profession de ménétrier ,
jouer des instrumens.

Auxquelles nopces , Philippot et Jean le Feellier devoient
ménestrer , comme ilz firent.

Lett. de rémiss. , ann. 1469; *Trés. des Chart.*, reg. 195 , c. 338.

Ces deux derniers mots ne me paraissent point de
nature à être réintégrés dans le langage moderne.

MÉPARTIR , *v. a.* , ou mieux **MIPARTIR.** Diviser,
partager , distribuer en deux portions égales.

Et dit-on encore que la coustume de *mespartir* les cheveux
des nouvelles mariées avec le fer d'un javelot vint aussy de là ,
estant signe que les premières nopces furent faictes par force
d'armes.

Amyot, *Plut. , Romul.* , c. 22 ; *OEuv.*, t. I, p. 95.

En arrivant à Antioche , il trouva devant la porte de la ville grande multitude de gens *mespartis* en deux rangs, deçà et delà la rue.

Id., *ibid.*, *Caton d'Ut.*, c. 19 ; *OEuv.*, t. VI, p. 339.

Il s'est pris aussi dans un sens métaphorique.

Cela lui *mypartissoit* l'esprit et traversoit la première résolution qu'il avoit prise.

Sully, *Mém.*, vol. II, c. 33, p. 213.

Les auteurs du Dictionnaire de Trévoux ont admis le mot *mipartir*, en avertissant, toutefois, qu'il n'est pas en usage. Richelet prétend au contraire que « ce mot est « françois, mais qu'on dit plus ordinairement partager « par le milieu. » Je dois observer que le mot *mi-parti, ie,* se trouve dans le Dictionnaire de l'Académie, édition de 1762 ; mais qu'il est considéré seulement comme adjectif, et non comme participe. Quoi qu'il en soit, j'estime que l'on peut réintégrer le verbe *mi-partir* dans le langage moderne.

Mépartement, *s. m.* Action de *mépartir*, de diviser, de distribuer en deux parties égales.

Ce *mespartement* de cheveux donne couvertement à entendre division, signifiant que le mariage ne sera jamais desparti que par force d'armes.

Amyot, *Plut.*, *OEuv. mesl.*, t. XXI, p. 325.

Ce dernier mot ne me paraît point susceptible d'être admis.

MÉSAVENANT, ANTE, *adj.* Qui n'est point avenant, qui déplaît, qui contrarie les principes, les usages, les intérêts ou les préjugés de certains individus.

Toute affectation, nommément en la gayté et liberté françoise, est *mésavenante* au courtisan.

Montaig., *Ess.*, l. I, c. 25.

Mésavenance, *s. f.* qualité de ce qui n'est point avenant, de ce qui déplaît.

Nous appelons laideur aussi une *mésavenance* au premier regard, qui loge principalement au visage.

Montaig., *Ess.*, l. III, c. 12.

Voyez Désavenant.

MÉSENTENDRE, *v. a.* Mal entendre, refuser d'écouter, de prêter son attention; interpréter dans un sens différent du sens vrai.

> El est tant bele, el est tant sade,
> Que tost porroit à lui entendre,
> Et le saint colons *mésentendre*.
> Gautier de Coinsi, *Sainte Léocade*, v. 1896.

MESSERVIR, *v. a.* Servir mal; n'avoir pas pour son maître le zèle convenable ou la fidélité qu'on lui doit.

> Qui à deux seingnors veut servir,
> L'un en estuet à *messervir*.
> Anc. poèt. fr., *ms. de la Clayette*, fol. 387, col. 1.

> A servir ma dame saus *messervir*
> Et sans mesfaire.
> Perrin d'Agecort, *poèt. fr. avant* 1300, *ms.*, t. I, p. 243.

> Si se pense s'il la *messert*,
> Et se par son meffait la pert.
> *Chastel. de Vergy*, v. 287.

> Et par losengiers qu'il créi,
> Richard son frère *messervi*.
> *Rom. de Vace*, ms.

Voyez aussi Thiébault de Blasons, *poèt. franç. avant* 1300, *ms.*, t. II, p. 549, etc., etc.

Les auteurs du Dictionnaire de Trévoux ont admis le vieux français *messervir*; mais ils ajoutent que ce mot n'est plus en usage, et qu'il a été remplacé par le verbe *desservir*. J'observerai que notre ancien mot *messervir* offre une acception différente du français *desservir*, qui signifie rendre de mauvais offices, chercher à nuire.

Anglais, *to misserve*. Great men, who *misserved* their country, were fined very highly.

ARBUTHNOT, *on Coins*.

MESURÉMENT, *adv*. D'une manière mesurée ; avec mesure, circonspection, prudence.

De la sçavoir choisir, et s'y conduire bien *mesurément*, c'est une des plus ardues besoingnes que je sache.

MONTAIG., *Ess.*, l. I, c. 25.

Italien, *misuratamente*.

> Non prego già, nè puote aver più luogo
> Che *misuratamente* il mio cor arda.

PETRARC., *Son.* 50.

Espagnol, *mesuradamente*. Pero el castigar de fecho, ha menester que se faga *mesuradamente*, è con gran cordúra, è con amór, è non con malqueréncia.

Partid. I, tit. 5, l. 41.

Anglais, *measurably*. Wine *measurably* drunk, and in season, bringeth gladness of the heart.

Bib. ecclesiastic.

MÉTÉOROLOGIE, *s. f.* Science qui a pour objet les météores, qui traite de leur origine, de leur formation, de leurs apparences, de leurs différentes espèces.

La *météorologie* de Garceus suppléera ce que vous pourriez ici souhaitter.

CHOLIÈRES, *Cont.*, t. II, S^e aprèsdisnée, p. 273, r°.

Ce mot, qui se trouve dans le Dictionnaire de Trévoux et dans le Dictionnaire encyclopédique, a été souvent employé par les modernes.

De l'histoire, prise par les sens, des vents, des pluies, grêles, tonnerres, etc., la réflexion a passé à la recherche de leurs origines, causes, effets, etc., et a produit la science qu'on appelle *météorologie*.

D'ALEMBERT, *Explic. du syst. des conn. humaines*; *Œuv.*, t. I, p. 340.

Grec, Μετεωρολογία, mot qui a servi aussi à désigner les discours ou traités sur des sujets élevés et sublimes. Voyez PLATON, *Cratyl.*, *Phædr.*, etc.

Consultez GUILL. BUDÆI *Comment. ling. græc.*, ed. Ascensio, p. 707, etc.

Italien, *meteorologia*, scienza delle meteore.
J. ALBERTI, Dizz. crit. enciclop.

Anglais, *meteorology*. In animals, we deny not a natural *meteorology*, or innate presension of wind and weather.
BROWN, Vulg. err.

Quelques écrivains modernes ont cherché à introduire le mot MÉTÉOROLOGUE, pour désigner celui qui s'applique à la science des météores, de leur origine, de leur nature.

Il est bon *météorologue*, et point du tout insectologue.
CH. BONNET, Lett. sur div. suj. d'hist. nat., 27e lett.; OEuv., t. XII, p. 181.

Au reste, le substantif *météorologue* ne me paraît pas de nature à être admis dans notre langue. Je préférerais le mot *météorologiste* employé par les Anglais.

The *meteorologists* observe, that amongst the four elements, which are the ingredients of all sublunary creatures, there is a notable correspondency.
HOWELL.

MIELLEUSEMENT, *adv.* D'une manière mielleuse, persuasive, spécieuse, décevante.

De peur d'ouïr le doucement mieleux, ou le *mielleusement* doux chant des sirènes.
H. ÉTIENNE, Apol. d'Herod., t. I, c. 6, p. 82.

Le mot *mielleusement* se trouve dans le Dictionnaire critique de l'abbé Féraud, qui cite pour autorité l'abbé Royou. Il ajoute que « cet adverbe pourrait être utile. »

MITIGATIF, IVE, *adj.* Qui a la faculté, la vertu de

mitiger, d'adoucir. Il s'est employé aussi substanti-
ement.

> Prince, mielx vault encor tart que jamais
> En son grant mal, prendre un *mitigatif.*
> > Eust. Deschamps, *poës. mss.*, fol. 23, col. 1.

Latin, *mitigativus.* Laxativa et *mitigativa* curatio.
> Cæl. Aurel., *de morb. acut.*, l. I, c. 6.

Italien, *mitigativo.* Se il dolore monti in grande esaspera-
mento, fae mestieri usare cose *mitigative.*
> Libr. cur. malatt.

Espagnol, *mitigativo.* El azéite violado dice Avicena que es
mas *mitigativo* que el rosádo, por la blandúra que tiene.
> Fragos., *Cirurg. univ.; gloss. de los apost.; quest.* 31.

MOLESTATION, *s. f.* Action de molester, vexation.

Les gardent, deffendent et facent deffendre de toutes injures, violences, griefs, oppressions, *molestations*, force
d'armes.
> Lett. de Jean I ou Jean II, mars 1360; Ordonn. des rois de Fr., t. III,
> p. 472.

Italien, *molestamento.* Però gli addiviene, siccome per *molestamento* di natura.
> Brun. Lat., *Tes.*, 5, 36.

Anglais, *molestation.* Though useless unto us, and rather
of *molestation*, we refrain from killing swallows.
> Brown.

On a dit aussi, mais moins heureusement, Moleste, s. f.,
dans le sens de vexation.

Yceulx et chascun d'eulx deffendre de toutes injures, violences, expressions, griefs, *molestes* et nouvelletez indeues,
quelles que elles soient.
> Sauvegarde pour les frères de l'hosp. de S. Jean de Jérus., ann. 1330;
> Ordonn. des rois de Fr., t. III, p. 556.

> Plus endurer ne peut tant de *molestes.*
> > Clém. Marot, *Métam.*, l. 1; OEuv., t. III, p. 56.

> Car les humains sont à vivre en douleurs
> Prédestinez par les haults Dieux célestes,
> Eulx seuls exempts sont de toutes *molestes*.
> Amyot, *Plut.*, *OEuv. mor.*, t. XVI, p. 218.

Voyez aussi *Miser. du reclus de Moliens*, str. 15. — Hug. Piaucèle, *Fab. d'Estourmy*, v. 180. — *Rom. Rose*, v. 4955, 6329. — *L'Amant ressusc.*, p. 354. — Guill. Crétin, *OEuv.* p. 233, etc., etc.

Moleste, *adj. des deux g.* Qui moleste, qui tourmente, qui cause du chagrin ; fâcheux, importun, incommode, embarrassant. Il s'est dit des personnes et des choses.

Et la femme ert *moleste* al jouvencel, et cil refusa li avoutière.
> *Anc. trad. de la Bible*, Gen., c. 39, v. 10.

Ilz craignent d'estre *molestes* l'un à l'autre, fascheux ou ennuyeux.
> *L'Amant ressusc.*, l. II, in-4°, p. 70.

> Qui t'ay retiré hors d'esmoy,
> Et de servitude *moleste*.
> Cl. Marot, *Comm. de Dieu* ; *OEuv.*, t. III, p. 363.

Je me compose pourtant à la perdre sans regret, mais comme perdable de sa condition, non comme *moleste* et importune.
> Montaig., *Ess.*, l. III, c. 13.

Voyez aussi Mel. de Saint-Gelais, *OEuv.*, p. 22.—Amyot, *Plut.*, *OEuv. mor.*, t. XIII, p. 485. — Id., *ibid.* t. XIV, p. 425, etc.

Latin, *molestus*.

> *Molestis* muribus mustela purgat domum.
> Phæd., l. I, *fab.* 22, v. 3.

Italien, *molesto*.

> Che se la voce tua sarà *molesta*
> Nel primo gusto ; vital nutrimento
> Lascerà poi.
> Dant., *Parad.*, 17.

Espagnol, *molesto*. Levantandose muchos caudillos, con titulo de Reyes, mas *molestos* que poderosos.

Marm., *Rebel.*, l. I, c. 7.

MONOGÈNE, *adj. des deux g*. Unique en son genre, en son espèce.

Et c'est pour cela que l'on l'appelle *monogène*, comme qui diroit unique, ou unigénite.

Amyot, *Plut.*, *de la face de la lune*, § 72; OEuv. mor,, t. XXII, p. 3o2.

Grec, Μονογενής. Ἀλλ' εἷς ὅδε μονογενὴς οὐρανός γεγονώς ἐςί τε καὶ ἔσεται.

Plat., *Tim.*

MONOPHAGE, *adj. des deux g*. Qui mange seul, ou avec sa famille, sans inviter personne, et sans admettre aucun étranger dans le lieu où il mange.

Ils s'entrefestoyoient en privé l'espace de seize jours durant, sans mener bruit, et n'y entre pas un serviteur ny esclave.... voilà de quoy et pourquoy ils sont appelez *monophages*.

Amyot, *Plut.*, *OEuv mesl.*, t. XXI, p. 3go.

Grec, Μονοφάγος. Ἐφ' ἡμέρας ἑκκαίδεκα μετὰ σιωπῆς ἐσθιῶνται, δοῦλος δὲ οὐ πάρεςιν.... ἐκ δὲ τούτου μονοφάγοι καλοῦνται.

Plutarch. *Problem. hellen.*

Voyez aussi Erasm., *Proverb*.

MONTIGÈNE, *adj. des deux g*. Engendré ou fabriqué dans les montagnes.

Quaresme prenant ne vouloit au traicté de paix comprendre les boudains saulvaiges, ne les saulcissons *montigènes*, leurs anciens bons compères et confédérez.

Rabel., l. IV, c. 35.

*MORBIDESSE, *s. f*. Mot emprunté de l'italien. Qualité de ce qui est doux au toucher, et, par extension, délicatesse, souplesse dans les attitudes, la démarche et les manières ; mollesse aimable, mêlée d'une sorte de langueur.

Nostre extrême volupté a quelque air de gémissement et de plainte : diriez-vous pas qu'elle se meurt d'angoisse ? Voire quand nous en forgeons l'image en son excellence, nous la fardons d'épithètes et qualités maladifves et doulourcuses : langueur, mollesse, foiblesse, défaillance, *morbidezza* : grand tesmoignage de leur consanguinité et consubstantialité.

Montaig., Ess., l. II, c. 20.

Ce mot se trouve aussi dans des écrivains français plus modernes.

En se regardant dans un miroir qui étoit dans la ruelle, elle montra tout ce que la *morbidezza* des Italiens a de plus tendre, de plus animé et de plus touchant.

Card. de Retz, Mém., l. 1.

Les peintres emploient encore le substantif *morbidesse* pour désigner l'élastique suavité des chairs, la délicatesse, les graces des figures d'un tableau.

La *morbidesse* se trouve surtout dans le sentiment des chairs, lorsqu'elles ont à l'œil dans un tableau toute la souplesse, toute la douceur qu'elles auraient au toucher dans un beau modèle vivant.

Watelet et Lévesque, Dict. de Peint., art. Morbidesse.

Voyez aussi *Dict. encyclop.*, etc.

Italien, *morbidezza*. La lana, per sua *morbidezza*, è più adatta à ciò, che il lino, o la canapa.

Crescenz., Agric., 9, 4, 1.

Tanti vezzi, tante ciance, tanta *morbidezza* sottomettere, porgere, e lasciar trattare alle mani parletiche.

Boccac., Laber., 138.

Morbidezza, leggiadria de' panni.

Fil. Baldinuc., Decennali.

Espagnol, *morbidez*.

Palomino, Indic. de voces privat. del arte.

*MORDILLER , *v. a.* Mordre légèrement et fréquemment ; faire un grand nombre de petites morsures.

> Ha ! Dieu , qu'il fait bon *mordiller*
> Ces belles roses , et piller
> Un million de mignardises.
>> JACQ. TAHUREAU , *Poés.*, p. 271.

> Puis de *mordillante* secousse ,
> Vos passetemps recommencez.
>> AMAD. JAMYN , *Poés.*, p. 255.

> *Mordillant* , audacieuse ,
> Sa gorge délicieuse.
>> JAC. COURTIN DE CISSÉ , *Imit. de l'Escale.* Voyez *Puce des grands jours*, etc., à la suite des *Lettres de Pasquier* , t. III, p. 595.

Ce mot a été employé aussi par des écrivains plus
modernes.

> Le déchiqueta , *mordilla* ,
> D'une épouvantable manière.
>> SCARRON , *Virg. trav.*, c. 2.

Théobon n'a pas voulu y aller , quoiqu'elle ait été *mordillée.*
SÉVIGNÉ , *Lett.* 13 mars 1671 ; édit. de Blaise , t. I, p. 287, lett. 117e.

Latin , *morsicare.* Ore improbo compulsat et *morsicat.*
>> APUL. , *Metam.* , l. VII.

Italien , *morsicare , morsecchiare.* Scappigliolla , graffiolla ,
et *morsecchiolla ,* e ogni oltraggio le fece , salvo la tine della
sua intenzione.
>> *Comm. sul Dante ; Infern.* , 27.

Con quei dentacci lunghi , tutto mi *morsicava.*
>> FIRENZ., *As.*, 205.

*MOROSITÉ , *s. f.* Caractère morose , humeur difficile ; caprice , bizarrerie.

De peur que.... nous ne tombions en une *morosité* inutile
et odieuse.
>> *L'Amant ressuscité* , l. IV, édit. in-4°, p. 154.

Latin, *morositas.* Ne in *morositatem* inutilem et odiosam
incidamus.

Cicer., *Offic.*, I, c. 25.

Anglais, *morosity, moroseness.* The pride of this man, and
the popularity of that; the levity of one, and the *morosity* of
another.

Clarend.

Take care that no sourness and *moroseness* mingle with our
serious frame of mind.

Nelson.

MULTIFORME, *adj. des deux g.* Qui a plusieurs
formes, qui se présente successivement sous plusieurs
aspects différens et variés.

La vie est un mouvement inégal, irrégulier, et *multiforme.*

Montaig., *Ess.*, l. III, c. 3.

Voyez aussi Charron, *Sag.*, l. I, c. 5.

M. de Marmontel observe que ce mot pourrait être réintégré avec succès dans notre langue, et qu'on pourrait dire,
par exemple « Que le caractère du peuple est uniforme
« dans les pays de despotisme, et qu'il est *multiforme*
« dans les pays de liberté. » *Elém. de Litt.*, art. *Usage;*
OEuv., t. X, p. 225.

Plusieurs écrivains modernes ont employé l'adjectif
multiforme.

Aristote a eu raison de dire que le genre du grand vautour
est *multiforme*, puisque ce genre est en effet composé de trois
espèces, du griffon, du grand vautour, et du vautour à ai-
grette.

Buffon, *Ois.*, t. I, p. 229.

Latin, *multiformis.* Qualitates principes sunt uniusmodi et
simplices : ex his autem variæ sunt et quasi *multiformes.*

Cic., *Acad.*, I, c. 7.

Italien, *multiforme*. Terra.... che con dogli di parto, frutto *multiforme* porti.

Salvini, *Inni d'Orf.*

Espagnol, *multiforme*.

> Pues viven tantos gatos *multiformes*,
> De lénguas largas y de manos mizas.

Burg., *Rim.*, son. 49.

Anglais, *multiform*. The way to convince is proving, by ocular demonstration, the *multiform* and amazing operations of the air-pump, and the loadstone.

Watts.

MULTIPLIEUR, *s. m.* Celui qui multiplie, qui augmente, qui porte une quantité quelconque à une quantité plus élevée.

C'est un enchanteur et *multiplieur* de parolles, qui fait toujours d'une parolle cent, et ne dira ja vray.

Lancelot du Lac, t. III, fol. 85, v°, col. 1.

Le substantif *multiplicateur* se trouve dans le Dictionnaire de l'Académie, mais seulement comme terme d'arithmétique. Le sens du vieux français *multiplieur* est plus étendu. J'observerai que ce mot est commun a plusieurs autres langues.

Latin, *multiplicator*. Herilium talentorum *multiplicator*.

Paulin. Nolan., *Epist.* 44.

Italien, *multiplicatore*. Di questo piacere era *multiplicatore*, e ritenitore nella mia mente un chiarissimo, e splendidissimo raggio.

Boccac., *Filoc.*, 3, 25.

Espagnol, *multiplicadór*. Como él tuviesse yá los ojos *multiplicadóres* de candíles, tan *multiplicadóres*, que de uno hacion diez, y de diez ciento.

Barbad., *Coron.*, fol. 117.

Anglais, *multiplier*. Broils and quarrels are alone the great accumulators and *multipliers* of injuries.

Decay of piety.

MURMUREUR, *s. m.*, ou mieux MURMURATEUR.
Celui qui *murmure*.

Maulvais *murmureurs* et rihoteux, qui ont vescu en cestui
monde selon leurs concupiscences.
Pénitence d'Adam, ms., c. 22.

S'aucun *murmureur* et mesdisant qui tousjours porte envie
à bien et à paix, et s'efforce de semer entre nous discorde.
Chron. de S. Denis, t. I, fol. 196, v°. col. 1.

Si l'on en croit Richelet, Furetière, les auteurs du
Dictionnaire de Trévoux, etc., le substantif *murmurateur*
a été introduit dans la langue française par les écrivains
de Port-Royal, et n'a guère été employé que par eux.
« D'autres écrivains illustres, dit le P. Bouhours, ont
« fait *murmurateur*, *coronateur*, *assassinateur*, ne se
« contentant pas *d'assassin*, ou du moins les ont fait
« revivre : car pour moy, je ne voy pas de différence
« entre faire un mot, et en renouveler un qui ne se dit
« plus, et qui est à nostre égard comme s'il n'avoit ja-
« mais esté. » *Dout. sur la lang. franç.*, part. I, p. 13.
Quoi qu'il en soit, ce mot, qui ne se trouve point
dans le dictionnaire de l'Académie, édit. de 1762, a été
employé par nos meilleurs auteurs français.

Frappe de mort tous les *murmurateurs* dans le désert.
Massillon, *Petit nombre des élus.*

Je suis obligé de tirer de ce nombre de *murmurateurs* domestiques, Malclerc qui a l'honneur d'être connu de vous.
C. de Retz, *Mém.*, l. V.

Ce peuple, dont un voile obscurcissoit les yeux,
Murmurateur, volage, amateur des faux dieux.
L. Racine, *La grâce*, ch. I.

Les *murmurateurs* ne purent résister plus long-temps à une
charité si vive et si éloquente.
Rollin, *Traité des étud.*, l. IV, c. 2.

Voilà ce que ces Juifs *murmurateurs*, ces enfans injustes

de Juifs vagabonds, morts dans les déserts, auraient pu dire
à Moïse.

VOLTAIRE, Dict. philosoph., art. Moïse.

M. l'abbé Féraud, *Dict. critique*, pense que « l'on peut
« se servir sans scrupule du mot *murmurateur.* » Il ajoute
même qu'on pourrait employer aussi le féminin *mur-
muratrice.*

Latin, *murmurator.* Illi adversus Deum *murmuratores*, qui
profectò alias escas non desiderarent, si hoc eis saperet manna
quod vellent.

S. AUGUST., Retract., l. II, c. 20.

Italien, *mormoratore*, *mormoratrice.* A' *mormoratori* è ap-
parecchiata procella di tenebre in eterno.

CAVALC., Med. cuor.

Sarà inferma, e *mormoratrice.*

Zibald., Test. di Andreini, 76.

Espagnol, *murmuradór.* Celui qui murmure, qui parle en
secret contre son prochain, médisant.

Esta detracción de los *murmuradóres*, es un mal mui fre-
quente entre los hombres, y mui grave y peligroso.

NIEREMB., Catec., part. I, lecc. 17.

Anglais, *murmurer.*

> Still might the discontented *murmurer* cry,
> Ah! hapless fate of man! ah! wretch doom'd once to die!
> BLACKMORE, On the creat.

On trouve aussi dans nos anciens écrivains français
les mots :

MURMURATION, *s. f.* Action de murmurer, murmure.

Et pour le fait de ces papes, entendoient volontiers aux
murmurations du peuple qui venoient vers eulx.

FROISSART, Chron., vol. IV, c. 89.

Qu'elles servent de bon cœur et sans *murmuration* à leurs
sœurs.

S. FRANÇOIS DE SALES.

Latin, *murmuratio*. Optimum est, Deum, sine *murmu-ratione*, comitari.

SENEC., *Epist.* 107.

Italien, *mormorazione*. Subuglio, e *mormorazione* nacque in Genova tra i Guelfi, e i Ghibelini.

GIOV. VILLANI, *Stor.* XI, 24, 1.

Espagnol, *murmuración*, médisance. La *murmuración*, ù detracción es quitar la fama al próximo, diciendo mal de el.

NIEREMB., *Catec.*, part. I, lecc. 17.

MURMUREMENT, *s. m.* Action de murmurer.

La cause de cest *murmurement* peut estre entendue double.

Vies des SS., ms. de S. *Victor de Paris*, n° 8, fol. 15, v°, col. 1.

Voyez aussi *Lett. de rémiss.*, ann. 1448; *Trés. des Chart.*, reg. 179, ch. 195, etc.

Italien, *mormoramento*. Per li *mormoramenti* delli credenti.

GIOV. VILLANI, *Stor.* XI, 3, 13.

MURMUREUX, EUSE, *adj.* Qui murmure.

Par quoy n'a pas le Rédempteur donné responce à ces *murmureux* pharisiens qui disoient, qui est cestuy-cy qui pardonne les péchez?

CARTHENY, *Voy. du chev. errant*, c. 10, fol. 125, r°.

Latin barbare, *murmurosus*. Coram nobis in capitulo invenimus litigiosum et *murmurosum*.

Reg. visitat. Odon., *archiepisc. Rotom.*, ms. du roi 1245, fol. 56.

Voyez G. J. VOSSIUS, *de Vit. serm.*, l. III, c. 28, p. 515.

Italien, *mormoroso*. Temperati dalle lagrime, e da' *mormorosi* lamenti.

GUID. GIUD.

Au reste les mots *murmuration*, *murmurement*, *murmureux*, ne me paraissent point de nature à être réintégrés dans le langage moderne.

MUSARDIE, ou mieux **MUSARDISE**, *s. f.* Caractère

de celui qui est musard ; action de muser, d'être lent
et indécis, de s'occuper de futilités, de bagatelles ; niai-
serie ; amusemens frivoles.

> Je ne voi coment on peut baier,
> Ne entendre à plus grant *muzardie*,
> Que de querre le bien où il n'est mie.
> GILLES DE VIÉS-MAISONS, *poèt. fr. avant* 1300, ms., t. II, p. 700.

> Dont je me tiens à trop musarde;
> Et quant ma *musardie* esgarde,
> Bien est droit que je m'en repente.
> *Rom. Rose*, v. 17115.

> L'un soutient contre cinq ou six
> Qu'estre accoudé c'est *musardie*.
> CL. MAROT, *Ballad.* 8e; *OEuv.*, t. II, p. 17.

Quelle *musardie* ou chétiveté de cueur vous tient les mains
ployées et les voulentées amaties ?

> AL. CHARTIER, *Quadril. invect.*; *OEuv.*, p. 409.

Voyez aussi *Anciens écriv. franc.*, ms. de La Clayette, in-4°,
fol. 398, col. 2; 419, col. 1; 436, *bis*, col. 2, etc.—FROISSART,
poés. mss., fol. 331, col. 1.—CL. FAUCHET, *Lang. et poés. franc.*,
p. 146.—ÉT. PASQUIER, *Lett.*, t. III, p. 586, etc., etc.

On a dit également :

MUSARDERIE, *s. f.*

Et le past terminé, au son de ma musette, mesureray la
musarderie des musars.

> RABELAIS, I. III, *Prolog.*

MUSERIE, *s. f.*

> Prince, l'ottroy vueil, ou le refuser,
> A un seul coup, sans trop grant *muserie*.
> EUST. DESCHAMPS, *Poés. ms.*, fol. 168, col. 3.

Bien estoit sa *muserie* veue de plusieurs pucelles; car luy,
comme ententif, estoit moult embronché en la fontaine clere et
luysant.

> *Perceforest*, vol. V, fol. 85, r°, col. 2.

3.

Lequel (bateleur) faisoit agenoiller les bonnes gens devant lui, et leur preschoit plusieurs gabuseries et *museries*.

Lett. de rémiss., ann. 1448 ; *Trés. des Chart.*, reg. 179, c. 191.

Musage, *s. m.*

> Je vos vueil proyer et rouver
> A départir de tel usage ;
> Quar trop i payez le *musage*.

Henri d'Andeli, *Lay d'Aristote*, v. 173.

> Ils font trembler et payer le *musage*,
> Aller, venir, penser, et pou dormir.

Eust. Deschamps, *Poés. mss.*, fol. 145, col. 1.

Voyez aussi *Anc. poët. franç.*, ms. du Vatican, n° 1490, fol. 142, v°. — Id., n° 1522, fol. 163, v°. — Id., *ms. de la Clayette*, in-4°, fol. 822, col. 2. — *Partenop. de Blois*, ms. de S. Germ., fol. 127, r°, col. 3. — *Perceforest*, vol. V, fol. 83, v°, col. 1, etc.

Museteur, *s. m.* Celui qui muse, qui ne s'occupe que de bagatelles.

> Ne soyons pas *musetéeur*.

Gautier de Coinsi, *Miracl. de Nost. Dame*, l. II.

Au reste les mots *musage*, *museteur*, ne sont point admissibles ; je ne les ai relatés ici que pour compléter l'histoire du mot Musardie, Musardise.

APPENDICE.

M.

MAIRESSE, *s. f.* Femme d'un maire. *Rec. de poèt. franç. avant* 1300, *ms.*, tom. IV. p. 1373.

MAMELETTE, *s. f.* Petite mamelle. *Anc. écriv. fr.*, *ms. de la Clayette*, in-4°, fol. 384, col., 2. — *Guillaume au faucon*, v. 108. — *Aucassin et Nicolette; Fabl. Méon.*, tom. I, p. 393. — *Blanchandin*, *ms. de S. Germain*, fol. 176, v°, col. 3. — EUST. DESCHAMPS, *Poés. mss.*, fol. 72, col. 3. — J. MAROT, *Poés.*, p. 185. — JAC. TAHUREAU, *Poés.*, p. 269, etc. — Italien, *mammelletta*, BOCCAC., *Amet.* — **MAMELLIÈRE**, *s. f.* Partie de l'armure qui couvre les mamelles. *Compt. de J. Lafontaine, argentier du roi*, ann. 1352, cité par DU CANGE, *Gloss. ad script.*, au mot *mamillaria*. — **MAMELLER**, présenter la mamelle, allaiter. — LOYS LE CARON, *Poés.*, fol. 6, r°. — Latin barbare, *mammare* ; grec barbare, μαμμεύειν. Consultez G. J. VOSSIUS, *de vit. serm.*, l. IV, c. 13, p. 710. — Le substantif *mamellière*, et surtout le verbe *mameller*, ne me paraissent pas de nature à être réintégrés dans le langage moderne. Voyez **MAMILLAIRE**.

MANCIPE, *s. m.* Serf, esclave ; celui qui, selon l'ancienne jurisprudence, était devenu la propriété d'un autre, soit qu'il eût été acheté à prix d'argent, soit qu'il fût né d'une esclave, soit enfin qu'il eût fait un abandon volontaire de sa liberté. *Liv. de justice et de plet, ms. de la bibl. du roi*, n° 8407, fol. 91. — *Anc.*

aut. franç., *ms. de la Clayette*, in-4°, fol. 177, col. 2.
— *Blason des faulces amours*, fol. 15, r°. — RABEL.,
l. IV, c. 30. — Latin, *mancipium*, CICER., *Paradox.* V,
c. 1; OVID., *ex Ponto*, IV, *epist.* 5, v. 39, 40. — Italien,
mancipio, PETRARCH., *Capit.* 8.

MARBRIN, INE, *adj.* De marbre; qui a la dureté,
le poli et les autres qualités du marbre. BERZÉ, *Bibl.*,
v. 461. — *Aucassin et Nicolette; Fabl. Méon.*, tom. I,
p. 384. — *Rom. d'Ansèis de Carthage*, fol. 2, v°, col. 1.
— CL. MAROT, *Epigr.* — GUILL. CRÉTIN, *Poés.*, p. 58. —
RABEL., l. IV, *prol.* — GILL. DURANT, *Zodiaq.; Poés.*,
p. 70, etc. — BARBAZAN, *Gloss. fr. ms.*, regrette ce mot,
qui, dit-il, manque à notre langue. — Latin, *marmo-
reus*, VIRGIL., *Eclog.* 7, v. 35. MARTIAL., l. VIII, *Ep.* 56.
— Italien, *marmoreo*, BOCCAC.; *Vit. di Dante*, 25; *mar-
morino.* ID., *Ninf. fiesol.*, 104. — Espagnol, *marmoleno*,
PONC., *Quar.*, t. I, serm. 5, § 1.

MARRANE, *s. m.* Mauvais chrétien, hérétique;
homme maudit, excommunié. CLÉM. MAROT, *Epist.* 56;
OEuv., tom. I, p. 553. — BRANTOME, *Cap. étr.*, t. II,
p. 110. — Italien, *marrano*, BERN., *Orl.*, I, 3. — Espagnol,
marráno, D. JUAN DE LA PUENTE, *Conven.*, l. II, c. 5, § 2.

MAUGRÉEUR, *s. m.* Celui qui maugrée; blasphé-
mateur. *Elog. de Charles VII*, p. 5. — H. ÉTIENNE,
Apol. d'Hérod., p. 110. — *Gloss. franç. lat.*, *ms. de la
Bibl. du Roi*, n° 7684, etc. — MAUGRÉEMENT, *s. m.* Action
de maugréer; blasphème. *Lett. de rémiss.*, ann. 1394;
Trés. des Chart., reg. 147, ch. 38. — GODEFROY, *Annot.
sur l'hist. de Charles VI*, p. 667. — Je doute que ce
dernier mot puisse être employé avec succès dans le
langage moderne.

MÉMARIER (SE), *v. réfl.* Faire un mariage peu

sortable; se mésallier. GAUTIER DE COINSI, *Mir. de N. Dame*, l. I, c. 11. — IDEM, *du varlet qui se maria à Nostre Dame*, v. 189. — MÉMARIAGE, *s. m.* Droit qu'un serf était obligé de payer à son seigneur, pour obtenir le droit de se marier à une personne de condition libre ou à celle qui dépendait d'un autre seigneur. *Chart. de l'année* 1342; *Trés. des Chart.*, reg. 174, ch. 445. — *Lett. de l'an* 1357; *Ordonn. des Rois de Fr.*, tom. IV, p. 369, 370, etc.

MÉPARLER, *v. n.* Parler d'une manière peu convenable; dire du mal de quelqu'un. MARIE DE FRANCE, *Lai de Graelant*, v. 623. — *Mirouer du chrestien.* — CHOLIÈRES, *Contes*, 2e matin., t. I, fol. 43, v°. — L'infinitif *méparler* a été pris substantivement dans le sens de langage peu mesuré, mauvaises paroles, médisance, injures. P. DE FONTAINES, *Conseils*, c. 11, § 8, p. 89, à la suite de *Joinville*, édit. de Du Cange. — MÉPARLANCE, *s. f.* Action de parler mal; paroles peu mesurées, *Bestiaire*, ms. — Je doute que le substantif *méparlance* puisse être réintégré avec succès dans le langage moderne.

MERCURIALISER, *v. a.* Faire une mercuriale; réprimander d'un ton d'autorité. MONTAIG., *Ess.*, l. III, c. 2. — On a dit aussi, mais moins heureusement, MERCURIER. ET. PASQUIER, *Lett.*, t. I, p. 667.

MÉSAIMER, *v. a.* Ne pas aimer; haïr; donner des marques extérieures de haine et de mépris. *Amour et Jalousie; ms. de S. Germ.*, fol. 111, v°, col. 2. — JOINVILLE, *Hist. de S. Louis*, édit. de la Bibl., p. 139. — *Lett. de rémiss.*, ann. 1364; *Trés. des Chart.*, reg. 95, ch. 191, etc. Voyez DÉSAIMER.

MÉSUSEUR, *s. m.* Celui qui mésuse, qui abuse d'un droit, d'une permission. *Cout. de Beauvoisis*, ch. 24.

MINABLE, *adj. des deux g.* Susceptible d'être détruit ou attaqué par une mine. Juvénal ou Jouvénel des Ursins, *Hist. de Charles VI*, p. 237.

MONCELET, *s. m.* Petit monceau, petit tas. Des Accords (*Et. Tabourot*), *Touches*, p. 44.

MONDE, *adj. des deux g.* Pur, sans tache, sans souillure, élégant, propre, agréable. Baude Fastoul d'Arras, *Congié*, v. 89. — Gautier de Coinsi, *Mir. de N. D. qui gari un moine de son let*, v. 256. — *Complainte de Charolois.* — *Malheur du Monde.* — Clém. Marot, *Ballad.* 10; *OEuv.*, tom. II, p. 21. — Rabel., l. III, c. 7, etc. — L'adjectif *monde* a été employé par quelques écrivains modernes, mais seulement pour désigner les animaux que la loi des Juifs permet de manger ou d'offrir en sacrifice. — Richelet et les auteurs du Dictionnaire de Trévoux observent qu'on ne s'en sert presque jamais, sans qu'il soit accompagné de son contraire l'adjectif *immonde.* Voltaire, *Serm. et homél.; OEuv.*, t. XLI, p. 57, etc. — Latin, *mundus*, Horat., l. I, *Epist.* 5, v. 7. — Italien, *mondo*, Cavalc., *Frutt. ling.* — Espagnol, *mondo*, Cervant., *Quix.*, t. II, c. 5. — Mondation, *s. f.* Action de monder, de purifier. *Anc. trad. de la Bibl.*, Lévit., ch. 16, v. 30. — Barbazan regrette l'usage de ce substantif. « Quel mot plus énergique, dit-il, peut-on « trouver dans notre langue pour l'exprimer? Purgation, « expiation ne le valent pas. » *Gloss. de l'anc. franç.*, *ms.*, au mot *moundation.* — Latin, *mundatio*, S. August., *Confess.*, l. I, c. 11. — Italien, *mundazione*, *Comm. sul Dante*, Purgat. 21.

MONOMACHIE, *s. f.* Combat singulier, d'homme à homme. Ce mot a servi à désigner les duels judiciaires, autorisés autrefois par l'église, et qu'ensuite elle a sagement interdits. *Response des oracl. d'Apollo sur les trois enfans de France, fils de Henri II, ms.*, p. 22. — Duverdier, *Biblioth.*, p. 166, etc.—Latin barb., *monomachia, Chart.*, ann. 1095, citée par D. Calmet, *Hist. de Lorraine*, tom. I, col. 501.—Italien, *monomachia*, J. Alberti, *Dizz. crit. encicl.* — Espagnol, *monomachia*, Gracian, *Moral.*, fol. 264.

MORCELET, *s. m.* Petit morceau. *Cheval. au Barizel*, v. 608.—Italien, *morseletto*, Luig. Pulci, *il Morg.*, 19, 66.

N.

NACELETTE , *s. f.* Petite nacelle.

> A tant trueve une *nacelete*
> Qui molt ert foible et petitete.
> *Castoiement, Cont.* 10 , v. 23.

Voyez aussi *Fabl. mss. de S. Germ.*, fol. 5 , v°, col. 3 , etc.

On a dit, mais moins heureusement, **N**ACELET, *s. m.*

> Lors vit un *nacclet* venant,
> A voile déploié siglant.
> *Rom. de Perceval , ms.*, fol. 345.

NACELÉE , *s. f.* Ce que peut contenir une nacelle.

Item aucun vendeur n'aura à une foiz que une batelée ou *nacelée* de vin pour vendre.

> *Ordonn. de* 1415 ; *Trés. des Chart.*, reg. 170 , c. 1.

NAPPERON , *s. m.* Petite nappe.

> Au haut du *napron* de blanc lin.
> *Récréat. des dev. amour. vent. d'amour*, p. 49.

Une vieille nape, une touaille, un viez *naperon.*

> *Lett. de rémiss.*, ann. 1394 ; *Trés. des Chart.*, reg. 146, c. 278.

NAPPERIE , *s. f.* Lieu où l'on serre le linge de table, soit dans une communauté, soit dans la maison d'un prince ou d'un riche particulier.

Servant de la *napperie.*

> *Ordonn. de la maison de Jean V, duc de Bret.*, ann. 1403 ; *Hist. de Bret.*, preuv., t. II, col. 737.

NAUFRAGER , *v. n.* Faire naufrage.

> Comme l'astre jumeau qui sauve de tempeste
> Du matelot, jà prest à *naufrager,* la teste.
> *Tomb. de Montl.; Mém. de Montluc*, t. II, p. 579.

Le mot *naufragé, ée,* se trouve dans le Dictionnaire de l'Académie, édit. de 1762 ; mais seulement comme

adjectif. L'abbé Féraud observe que « quelques - uns
« disent *naufrager* pour faire naufrage. Ce mot, ajoute-t-il,
« n'est pas dans nos dictionnaires, et je ne me souviens
« pas de l'avoir vu dans aucun auteur. Il serait utile, et
« il est à souhaiter que l'usage l'admette. » *Dict. crit.* —
On lit dans le même dictionnaire que le P. Larue a
cherché à introduire le substantif *naufragant*, pour
désigner celui qui a fait naufrage. L'abbé Desfontaines
a fait, et avec justice, la critique de ce dernier mot, en
le plaçant dans son *Dictionnaire néologique.*

Latin, *naufragare, naufragari.* Quo plus industrius quisque
æquor frequentat, hoc minus *naufragat.*
SIDON. APOLL., l. IV, Epist. 21.

Consultez G. J. Vossius, *de Vit. serm.*, l. IV, c. 14, p. 716.

Italien, *naufragare.* In questo pelago tempestoso, è facil cosa
il *naufragare.*
FR. GIORD., Predich.

Espagnol, *naufragar.* Las demás naves, rotas las gúmenas,
destrozadas las áncoras, *naufragaban* à todas partes.
PELLIC., Argen., part. II, l. I, c. 1.

NESCIEMMENT, *adv.* Sans le savoir, par ignorance;
imprudemment, sans réflexion.

Duquel ayant eu sa dépesche, s'en alla après fort *nesciem-*
ment trouver le roy, qui trouva fort estrange la façon de ce
pauvre philosophe d'avoir abordé premier le vassal que le
seigneur.
BRANTOME, Cap. fr., t. I, p. 52.

Latin, *nescienter.* Ipsis Ægyptiis *nescienter* commodantibus
ea, quibus non bene utebantur.
S. AUGUST., de Doctr. Christ., l. II, c. 40.

Italien, *nescientemente.* Meritare l'ira d'Iddio si è eziandio

nescientemente peccare, ma provocare, sì è scientemente venire contra i comandamenti di Dio.

Moral. di S. Greg.

Nescient, ente, *adj.* Qui ne sait pas, ignorant, qui
agit imprudemment, sans réflexion.

> Li plusor sont si *nescient ;*
> Luès que montez sont sor la roë,
> Ne lor sovient mais de la boë
> Dont sont estrait, né et norri.

Gautier de Coinsi, *Sainte-Léocade*, v. 1646.

Latin, *nesciens.*

> Ut *nescientem* sentiat te id sibi dare.

Terent., *Heautont.*, act. III, sc. 1, v. 59.

Italien, *nesciente.* Disse doversi decretare, che degli ag-
gravi che fanno alle provinzie le mogli, si punissero i mariti,
benchè *nescienti*, come de' proprj loro.

Davanz., *Tac.*, ann., 4 , 88.

O miseri, o *nescienti*, che non mercatare sanno con esso
gran nostro signore.

Guitt., *Lett.* 1.

Espagnol, *nesciente.* Es forzoso sea *nesciente* de lo que
nunca trató.

Figuer., *Passag. Aliv.*, 8.

Quoique l'adjectif *nescient, ente*, se retrouve, comme
on le voit, dans plusieurs langues, je ne le crois pas
susceptible d'être restitué au langage moderne.

Voyez Insciemment.

NIHILITÉ, *s. f.* Qualité de ce qui est considéré
comme nul ou annihilé ; de ce qui n'a aucune valeur ;
de ce qui n'est rien par soi-même.

Nulle particulière qualité n'enorgueillira celuy qui mettra
quant et quant en compte tant d'imparfaites et foibles qualitez
autres, qui sont en luy, et au bout, la *nihilité* de l'humaine
condition.

Montaig., *Ess.*, l. II, c. 6.

Je juge volontiers des actions d'autruy; des miennes je donne peu à juger, à cause de leur *nihilité*.

Id., *ibid*, l. II, c. 18.

Latin barbare, *nihileitas*.

Henric. de Hassia, *Specul. animæ*, p. 7.

Voyez G. J. Vossius, *de Vit. serm.*, l. III, c. 29, p. 518.

Anglais, *nihility*. Not being is considered as excluding all substance, and then all modes are also necessarily excluded; and this we call pure *nihility*, or mere nothing.

Watts, *Logic*.

NONCHALOIR, *v. a.* et *n.* Être nonchalant, ne pas se soucier, négliger.

Dont maintefois ont puis porté de vieux péchiez nouvelles pénitences, en *nonchalant* le jugement de Dieu.

Ordonn. de Philippe-le-Bel, ann. 1305 ou 1306, rapportée par Basnage, *sur les duels*, p. 204.

Voyez aussi *Ordonn. des rois de France*, t. I, p. 441.

Par qui fut la loy renouvellée et recouvrée, qui long-temps avoit demouré oubliée et *nonchalue*.

Al. Chartier, *l'Espér.*; *OEuv.*, p. 362.

Le verbe *nonchaloir* a été plus communément employé comme substantif.

Si, mets l'amour en *nonchaloir*,
Qui te peut nuire et non valoir.

Rom. Rose, v. 3112.

Artazerzès ayant eu cest advertissement, pensa qu'il ne falloit pas du tout mettre à *nonchaloir* une chose de si grande conséquence, qui luy portoit danger de sa vie.

Amyot, *Plut.*, *Artazerzès*, c. 43; *OEuv.*, t. VIII, p. 462.

Certes je puis aysément oublier; mais de mettre à *nonchaloir* la charge que mon amy m'a donnée, je ne le fay pas.

Montaig., *Ess.*, l. I, c. 9.

Voyez aussi *Gérard de Nevers*, part. I, p. 89.—Coquillart, *OEuv.*, p. 125.—Melin de S. Gelais, p. 142, etc., etc.

Le substantif *nonchaloir*, qui offre une légère nuance du mot *nonchalance*, se retrouve quelquefois dans nos écrivains modernes.

> Depuis deux jours, hélas! je l'ai perdu,
> Du *nonchaloir* le héros adorable.
>> Chaulieu, *Epît. à Rousseau; OEuv.*, t. I, p. 355.

NOUVELLET, ETTE, *adj. diminutif*. Récent, très-nouveau; qui est à la fois nouveau et gracieux.

> Serises fresches, *nouvellettes*.
>> *Rom. Rose*, v. 1356.

> Et sur le printemps *nouvelet*,
> Le transmit à son cher enfant.
>> Cl. Marot, *Opusc. I; OEuv.*, t. I, p. 139.

> Veuillent ou non *nouvelletz* advocatz.
>> Guill. Crétin, *Plaid. de l'am. doloreux; Poés.*, p. 149.

Voyez aussi Gill. Durant, à la suite des *OEuv. de Bonnefons*, p. 97, etc., etc.

Ce mot me paraît appartenir de préférence à la poésie légère.

Italien, *novellino*. Ghino, marchese da Cittadella, disse che questi santi *novellini* gli facevano perdere la fe de' vecchi.

>> Fr. Sacch., *Oper. divers.*, 59.

NUAGER, ÈRE, *adj*. Qui appartient aux nuages, qui est d'une nature analogue à celle des nuages; qui habite les nuages.

> Iris voulut à ce Dieu consentir,
> Et rassembla d'une æle *nuagère*
> Chez l'Océan force pluye légère.
>> Amad. Jamyn, *Poés.*, p. 102.

> Ainsi qu'Iris la *nuagère*
> Bigarre sa robe légère
> Aux rais du soleil opposé.
>> Id., *ibid.*, p. 205.

NUBLESSE, *s. f.* Interception des rayons de la lumière, causée par un amas de nuages ; obscurité ; brouillard épais.

Quant ce vint à mienuit, une obscurité, une *nublesse* et un vens si grans esmut sus la mer, que li tourmens fu assés plus grans que il n'avoit devant esté en la mer.

Nangis, Annal., à la suite de Joinville, édit. de la Bibl., p. 271.

> Que tote humaine richece
> Est si vaine comme *nublece*.
>> *Castoiem.*, cont. 25, v. 151.

> Ne ses rois ne peut desvoyer
> Ne vent, ne pluye, ne *nublesse*.
>> *Rom. Rose*, v. 21442.

> Il mit nostre joie en tristece,
> Vie en mort, clarté en *nublece*.
>> Gautier de Coinsi, *Mir. de Nostre-Dame*, l. III.

Le substantif *nublesse* se trouve dans le Dictionnaire de Trévoux ; mais il y est indiqué comme vieux mot.

Voyez Ennublir, *append.*

NUMÉROSITÉ, *s. f.* Qualité de ce qui est nombreux.

A la *numérosité* des créditeurs si vous estimez la parfection des debteurs, vous ne errerez en arithméticque practique.

Rabel., l. III, c. 3.

Latin, *numerositas*. Ad significationem *numerositatis* innumeræ.

Macrob., l. V, c. 20.

Italien, *numerosità*, *numerositate*. Grande, ed ineffabile *numerosità* di tempo, purchè sia finita, non è tanta, quanta una piccola gocciola comparata à quel mare Oceano.

S. Agost. C. D.

Espagnol, *numerosidad*. No quiero en este capitulo tratar

de la naturaleza de los angeles, de sus movimientos, de su muchedumbre y *numerosidád*.

Zuñig., *Annal.*, an. 1515, num. 3.

Anglais, *numerosity*. Of assertion if *numerosity* of assertors were a sufficient demonstration, we might sit down herein at an unquestionable truth.

Brown, *Vulg. err.*

APPENDICE.

N.

NATATOIRE, *s. m.* Lieu disposé pour s'y exercer a la nage. Rabel., l. I, c. 45. — Latin, *natatoria*, Sidon. Apollin., l. II, *Epist.* 2. — Italien, *natatoria*, Fr. Sacchi, *Oper. div.*, 125. — Les auteurs du Dictionnaire de Trévoux disent dans le même sens **Nageoir**, *s. m.*, qu'ils indiquent comme un vieux mot, sans d'ailleurs alléguer aucune autorité. — Quoi qu'il en soit, le mot *nageoir*, qui est en quelque sorte homonyme, ne me paraît point de nature à être restitué au langage moderne.

NAVREUR, *s. m.* Celui qui navre, qui blesse. *Perceforest;* vol. IV, fol. 121, v°, col. 5. — **Navrure**, *s. f.* Action de navrer; blessure. *Chart. de Philippe VI*, ann. 1348; *Chart. de Corbie*, 23. — **Froissart**, *Chron.*, vol. I, ch. 165. — *Lancelot du Lac*, tom. III, fol. 9, v°, col. 1, etc.

NÉANTISE, *s. f.* État ou qualité de ce qui est réduit au néant, mis à néant; nullité, incapacité. Il s'est dit également ment des hommes et des choses. — **Montaig.**, *Ess.*, l. II, ch. 12. **Idem**, *ibid.*, l. III, c. 6. — *Perceforest*, vol. II, fol. 43, v°, col. 2. — **Ét. Pasquier**, *Rech.*, l. I, ch. 7, etc.

NESTORIEN, ENNE, *adj.* Qui appartient ou qui ressemble à Nestor, qui offre quelque rapport avec Nestor, soit pour la sagesse, soit pour l'éloquence persuasive, soit pour l'âge avancé. *Manuel du droit écrit*, épît. dédic. — Grec, Νεςόρεος, Νεςόρειος. **Pindar.**, *Pyth.*,

ol. 6. — Latin, *Nestoreus*. Lucan. *ad Pison.*, v. 64.
Nestorius, Stat., liv. I, *Sylv.* 3, vers. ult. — On sait que
les écrivains ecclésiastiques ont appelé *Nestoriens* une
secte d'hérétiques, qui avaient pour chef l'évêque de
Constantinople Nestorius, fameux prédicateur, et qui
furent condamnés par le concile œcuménique d'Éphèse,
en 441. On prétend que cette secte subsiste encore en
Orient. — Ce mot se trouve sous cette dernière acception dans Voltaire, *Lett. au roi Stanislas*, 15 aug.
1760 ; *OEuv.*, tom. LXXXVIII, p. 426.

NETTOYURE, *s. f.* Ce que l'on enlève d'un lieu
sale en le nettoyant. *Chart. de l'année* 1372 ; *Trés. des
Chart.*, reg. 103, ch. 104. — *Lett. de rémiss.*, ann. 1409.
Ibid., reg. 163, ch. 407.

NICEMENT, *adv.* D'une manière nice, simple,
niaise ; sottement, imprudemment. *Rom. Rose*, v. 8104.
— Beaumanoir, *Cout. de Beauvois.*, c. 44. — Eust.
Deschamps, *Poés. mss.*, fol. 376, col. 3. — Froissart,
Chron., vol. I, c. 269. — *Perceforest*, vol. VI, fol. 63, v°,
col. 1, etc. — J'observerai que si j'ai admis dans ce vocabulaire l'adverbe *nicement*, c'est parce qu'il est complémentaire de l'adjectif *nice*, qui se trouve dans le *Diction.
de l'Acad. Franç.*, édit. de 1762. — Nicettement, *adv.*
— *Anc. poèt. franç.*, ms. de La Clayette, in-4°, fol. 454,
col. 2. — Niceté, *s. f.* Qualité de celui qui est nice ;
simplicité, naïveté, sottise ; puérilité, actions ou paroles
sottes, niaises, peu réfléchies. — Comte Thibaut, *Chans.
mss.*, p. 61. — *Anséis de Carthage*, fol. 122, v°, col. 1.
— Beaumanoir, *Cout. de Beauv.*, c. 22. — *Pathelin*,
p. 57. — Eust. Deschamps, *Poés. mss.*. fol. 139, col. 1,
— Al. Chartier, *Poés. ; OEuv.*, p. 767, etc.

NOBILITATION, *s. f.* Acte par lequel un prince ac-

corde la noblesse à un roturier. *Lett. du roi Jean*,
ann. 1363, *ms. de Colbert*, tom. II. — *Instr. de Charles V*,
roi de Fr., 8 mai 1372; *Ordonn. des rois de Fr.*, t. V,
p. 479, art. 6. — NOBILITER, *v. a.* Accorder à un roturier des lettres de noblesse et tous les priviléges qui en
sont la suite. *Lett. de Charles V, roi de Fr.*, ann. 1371;
Trés. des Chart., reg. 137, ch. 89. — Latin, *nobilitare*,
rendre illustre. CIC., *Tusc.*, 1, c. 15. Mot employé par les
écrivains de la basse latinité, dans le sens d'élever un
roturier au rang de noble. *Litt. Humbert.* II; *Hist. du*
Dauphiné, t. II, p. 537. — Italien, *nobilitare*, BOCCAC.,
Decam., nov. 57, 1.

NOISEUX, EUSE, *adj.* Qui cherche volontiers noise,
turbulent, qui aime le bruit, les querelles. GARIN, *Che-*
valier qui faisoit parler, etc., v. 6. — ÉT. PASQUIER.
Rech., l. VI, c. 17. — Anglais, *noisy*, SWIFT. — NOI-
SER, *v. n.* Chercher noise, disputer, quereller, faire
du bruit. — *Fab. d'Aloul*, v. 211. — *Rom. Rose*,
v. 12950, etc.

NOLOIR, *v. n.* Ne pas vouloir. Ce mot s'est pris
quelquefois substantivement. *Cout. génér.*, tom. II,
p. 871. — Latin, *Nolle*, TERENT., *Eun.*, act. I, sc. 2,
v. 67. — Je regrette de n'avoir pu trouver dans ceux
de nos anciens écrivains français que j'ai explorés, le
substantif NOLONTÉ, action de ne pas vouloir, absence
de volonté, dont quelques personnes font usage. Latin,
noluntas, ENNIUS apud CALPURN. PISON., passage con-
testé. Voy. G. J. VOSSIUS, *de Vit. serm.*, l. III, c. 29. —
Espagnol, *nolición*, *Dicc. de la real Acad. de Madrid.*
— Anglais, *nolition*, HALE.

NORME, *s. f.* Règle, loi, d'après laquelle on doit
diriger sa conduite, ses actions, ses paroles, ses opinions,

ses sentimens. Coquillart, *OEuv.*, p. 119.—Latin,
norma, Cicer., *pro Mur.*, c. 2.—Italien, *norma*, Dant.,
Parad., 1.—Espagnol, *norma*, Espin., *Escud.*, relac. 2,
disc. 12.

NYMPHAL, ALE, *adj.* Semblable à une nymphe.
A la Nymphale, *loc. adverb.* A la manière d'une nymphe, Brantome, *Dam. gal.*, tom. I, p. 352.

O.

* **O**BJURGATION , *s. f.* Reproches, réprimande sévère.

Quant aux *objurgations* ou repréhensions, elles seront sans contumélye , sans injures , n'opprobres.

Amant ressuscité, liv. II, p. 71 , édit. in-4°.

Voyez aussi *Triomphe de la Nobl. Dame*, fol. 37 , v°, etc.

Les auteurs du Dictionnaire de Trévoux condamnent, comme hors d'usage, le mot *objurgation*, dont M. de Bissy, évêque de Meaux , s'est servi, disent-ils, dans les *Anecdotes sur la constitution Unigenitus*, part. I, p. 273. — Néanmoins, ce mot a été employé par quelques-uns de nos meilleurs écrivains modernes.

Le reproche, l'*objurgation*, la honte, la vue de l'opprobre ou d'un plus grand péril, l'enthousiasme de la gloire, l'enivrement que peut causer l'espérance d'un meilleur sort, sont nécessaires pour réchauffer des ames que la crainte a glacées.

MARMONTEL , *Elém. de Littér.* , art. *Pathétique* ; *OEuv.*, t. IX, p. 205.

Latin, *objurgatio.* Tum *objurgatio*, si est auctoritas : tum admonitio, quasi lenior *objurgatio.*

CICER., *de Orat.*, cap. 83.

Italien, *objurgazione.* Che fu la sua vita altro che ingiurie e *objurgazioni* ?

Vit. di S. Girol.

Anglais, *objurgation.* If there be no true liberty, but all things come to pass by inevitable necessity, then what are all interrogations, and *objurgations*, and reprehensions, and expostulations ?

BRAMHALL.

OBNUBILER, OBNUBLER, *v. a.* Obscurcir, couvrir d'un nuage, envelopper d'un brouillard épais.

> Qui s'esclipse comme la lune,
> Que la terre *obnuble* et enombre,
> Quant la clarté chiet en son umbre.
>
> *Rom. Rose,* v. 5000.

Lorsque l'estomach est chargé de viandes, les fumosités montent au cerveau, et l'*obnubilent*, troublent et désordonnent.

> *Triomph. de la Noble Dame,* fol. 39.

> Je sçay comment amour, en quelque lieu qu'il pesche,
> *Obnubilist* de soy la pensée et empesche.
>
> Bar. d'Oppède, *Trad. des triomph. de Pétrarq.,* fol. 34.

Latin, *obnubilare. Obnubilabat* hæc omnia vitium, parum quidem nocens rei communi, sed in alto judice maculosum.

> Ammian. Marcell., l. XXVIII, c. 4.

Voyez Ennublir, *append.* ; Nublesse.

OBRUER, *v. a.* Accabler sous le poids ; écraser sous une masse énorme. Il s'est dit aussi au figuré.

> Les Flamands furent du tout en tout *obruez* et acravantez.
>
> Guill. de Nangis, *Chron. franc.,* ms., ann. 1304.

Latin, *obruere.*

> Concidit, et totis fratrem gravis *obruit* armis.
>
> Stat., *Theb.,* l. XI, v. 573.

His criminibus, his testibus sic *obrutus* atque oppressus est.

> Cicer., *Verr.* III, c. 7.

***OBSÉQUIEUX, EUSE,** *adj.* Prévenant, complaisant à l'excès ; qui cherche à plaire par une soumission constante, par des petits soins continuels, des attentions recherchées, des propos obligeans et flatteurs.

> Par *obséquieux* bénéfice,
> Adoras celui qu'enfantas.
>
> Guill. Crétin, *Orais. à N. D.* ; *Œuv.,* p. 35.

Et la crainte qui se renouvelle souvent fait qu'il se rend plus *obséquieux* à l'endroit dudit Barnevelt que jamais.

Négociations de Jeannin, t. I, p. 414 ; *Lett. au roi*, 16 novembre 1607.

L'abbé Féraud, qui a inséré dans son *Dictionnaire critique* l'adjectif *obséquieux*, observe « que ce mot a été « forgé ou du moins renouvelé de l'ancien langage, par « J. J. Rousseau. » En effet, on le trouve dans les écrits du philosophe de Genève.

Il se moque lui-même, quand il prétend qu'offrir une satis-faction très-*obséquieuse* et très-raisonnable à ceux qui se plaignent, c'est leur faire la loi.

J. J. Rousseau, *Lett. à M. D.*, 8 août 1765; *OEuv.*, édit. des Assoc., t. XXIX, p. 288.

Latin, *obsequiosus*.

Nihilo secius
Obsequiosus mihi semper fuisti.
Plaut., *Capt.*, act. II, sc. 3, v. 57, 58.

Italien, *ossequioso*. Molto era pietoso e *ossequioso* circa le sepulture degli uccisi Giudei.

Comment. sul Dante, Parad., 4.

Espagnol, *obsequioso*, rendido, cortesáno y sujéto à hacer la voluntád de otro.

Dicc. de la real Acad. de Madrid.

Anglais, *obsequious*. Adore not so the rising son, that you forget the father who raised you to this height; nor be you so *obsequious* to the father, that you give just cause to the son to suspect that you neglect him.

Bacon.

OBSTANT, ANTE, *adj.* Qui s'oppose, qui met em-pêchement, obstacle. Ce mot a été employé, ainsi que l'est encore son contraire *nonobstant*, comme préposition, ou, pour parler plus exactement, sous la forme nommée par les grammairiens latins *ablatif absolu*.

Mais enfin, *obstant* ce qu'il vit que la place n'estoit pas tenable, il print argent.
Hist. de Charles VI et VII, attribuée à ALAIN CHARTIER, p. 90.

Obstant l'imperfection et fragilité des sens corporels.
RABEL., l. III, c. 13.

Nous ne pouvons entrer dedans, *obstant* l'eau qui est ès fossez.
Le Jouvencel, fol. 21, r°.

Voyez aussi J. LEFEBVRE DE S. REMY, *Hist. de Charles VI*, p. 110. — *Hist. de la Pucelle d'Orléans*, p. 484. — DUCLOS, *Hist. de Louis XI*, preuv., p. 164, etc., etc.

OBSTATIF, IVE, *adj.* Qui met obstacle, qui empêche.

Telle prévention, comme vraysemblablement faite en fraude, ne pourra induire litispendance préjudiciable ne *obstative* audit remède de la paix des vingt-deux.
Coutum. général, t. II, p. 977.

OBSTER, *v. n.* Mettre obstacle, empêcher, résister, s'opposer.

Je vous envoye présentement le double de la sentence arbitraire donnée et prononcée par nostre sainct père le pape touchant la paix des Véniciens, laquelle ne *obste*, sinon à la ratification de vostre père.
Lett. de Louis XII, tom. IV, p. 282.

Latin, *obstare*. Maxima est in sensibus veritas, si omnia removentur quæ *obstant* et impediunt.
CICER., *Acad.*, IV, cap. 7.

Italien, *ostare*. La caligine *ostando* allo' ntelletto.
BOCCAC., *Amet.* 98.

Espagnol, *obstar*. Habian hecho tales diligéncias por *obstar* à tales inconvenientes, que poquissimos fueron los que se osaron descubrir.

HERRER., *Hist. de Phel. II*, t. III, l. V, cap. 9.

On a dit aussi, dans le même sens, OBSISTER, *v. n.*

Que tu ayes le mot aussi
De la bouteille trismégiste,
Pour entendre si rien *obsiste*
Que tu te doibves marier.

RABEL., l. V, c. 46.

Latin, *obsistere*. Omnibus ejus consiliis occurri atque *obstiti*.

CICER., *Catil.* III, c. 7.

OCCISEUR, ERESSE, *s.* Celui, celle qui tue, qui occit.

Sans dotance fut conut de queil sainteit il astoit, ki le bras de son *ociseor* avoit loiet en l'air.

S. Grégoire, dial., l. III, c. 37.

Pour ce furent *occiséor* des prophètes.

Anc. écriv. fr., ms. de La Clayette, in-4°, fol. 47, col. 2.

Ma vie finera et je mourrai, pourquoi l'en poura dire que vous soyez cause de ma mort, et *occiseresse* de moy, vostre fin amant.

LAUR. DE PREMIERFAICT, *trad. de Boccace.*

Voyez aussi P. FONTAINE, *Conseils*, c. 13, art. 28, p. 92, etc.

Le substantif masculin *occiseur* a été employé par les écrivains modernes; mais seulement dans le style burlesque.

Faisons l'olibrius, l'*occiseur* d'innocens.
MOLIÈRE, *Étourd.*, act. III, sc. 4.

Ainsi qu'une saucisse on rôtira ma fille !
Moi-même j'en serai l'odieux *occiseur !*
La naissance d'Amadis, sc. 9, *Théâtre Italien*, t. III, p. 35.

Latin, *occisor.*

Urbicape, *occisor* regum.
PLAUT., *Mil.*, act. IV, sc. 2, v. 64.

Italien, *occiditore*, *ucciditore*, *trice*; *uccisore*. **Tornando**
alle leggi di quelle di Cesare, dopo la sua morte mantenute
dagli stessi *occiditori*.

Borgh., Col. mil., 449.

Dandovi gli *ucciditori* di quel giovane nelle mani.

Boccac., Nov. 27, 34.

Progne, *ucciditrice* del proprio figliuolo per far dispetto al
marito.

Id., Filocop., 4, 27.

L'*uccisor* delle femmine ti sfida.

Tasso, Gierus. lib., cant. XIX, ott. 5.

OCCULTEMENT, *adv.* D'une manière occulte, se-
crètement, en cachette.

Si ordonnoit la dame tout secrètement son affaire et ses
pourvéances; mais onques si *occultement* ne le peut faire que
messire Hue le despensier ne le sceust.

Froissart, Chron., vol. I, c. 7.

Luy dressèrent *occultement* en embuscade un archier en
angle lointain, et un chevalier errant, par lesquels elle fut
prinse et mise hors le camp.

Rabel., liv. V, ch. 25.

Latin, *occultè*. Quæ res apertè petebatur, ea nunc *occultè*
cuniculis oppugnatur.

Cicer., Agrar. I.

Italien, *occultamente*. Quando possono *occultamente*, il
fanno, o per mattezza lasciano.

Boccac., Nov. 19, 11.

Espagnol, *ocultamente*. Tiró *ocultamente* una saéta, è firió
à Meneláo.

Comend. sobre las 300, copl. 88.

OCCUPATEUR, TRICE, *s.* Celui ou celle qui occupe,
qui envahit, qui s'empare.

Tant s'en falloit que les Ostrogoths *occupateurs* de l'Italie

(à luy appartenant) voulussent la luy rendre, qu'ils conti-
nuoient d'outrager les sujets de l'empire romain.

> Claud. Fauchet, *Antiq. franç.*, l. III, c. 8.

Voyez également Coquillart, *OEuv.*, p. 72.

On a dit aussi, mais moins heureusement, Occupeur.

Occupeur de Sezile.

> Guill. de Nangis, *Chron. franç.*, ms., ann. 1289.

Les dessus nommez *occupeurs* desdites pièces de terre.

> Chart. de l'an 1401; Chartul. de Corb. 23.

Italien, *occupatore, trice.* Diè sentenza contro al detto Piero
d'Araona, come scomunicato, spergiuro, e rubello, e *occupatore* delle possessioni di santa chiesa.

> Giov. Villan., *Stor.*, 7, 86, 3.

La povertà.... *occupatrice* di virtù, adducitrice d'amara
sollecitudine.

> Boccac., *Filocop.*, 5, 184.

Espagnol, *ocupadór.* Por el mismo hecho, el tal *ocupadór....*
pierda y haya perdido qualquier derecho, que tuviere, ò pre-
tendiere haber.

> Recopil., lib. VII, tit. 7, ley 3.

Anglais, *occupier.* If the title of *occupier* be good in a land
unpeopled, why should it be bad accounted in a country
peopled thinly?

> Raleigh.

OCTROYEMENT, *s. m.* Action d'octroyer, d'accorder; permission ou autre grace accordée.

Et les *octroyemens* qu'il a fait ou fera pour nous,.... auront telle valeur et telle fermeté comme se nous l'avions fait
et octroyé.

> Libert. de la ville d'Aigueperse, ann. 1374; Trés. des Chart., reg. 198,
> ch. 360.

ODORER , *v. n.* Exhaler une odeur quelconque.

> En mi le jour s'espanist lors desclose,
> *Odoure* un peu, et plaist, mais la nuit close,
> Flour et bouton et rose est amatie.
>> Eust. Deschamps, *Poés. mss.*, fol. 255 , col. 3.

Italien , *odorare.* Il fiore, quando ha trapassato il suo tempo , in vece di *odorare ,* puzza.
>> Fr. Giord., *Predich.*

Odorer, *v. a.* Flairer, sentir, percevoir, au moyen de l'odorat, les émanations d'une substance.

> L'esglantier que nous *odorons.*
>> Eust. Deschamps, *Poés. mss.*, fol. 72, col. 2.

Les uns portoient herbes, les autres confitures d'espices qu'ils mettoient à leurs nez, et les *odoroient* souvent.
>> Laur. de Premierfaict, *Trad. de Boccace.*

Tenez vostre bouquet en main ; mais s'il se présente quelque autre odeur souefve et profitable, ne laissez pas de l'*odorer* avec action de grâce.
>> S. François de Sales, liv. II, *Epît.* 10.

J'entends la joie de paradis, laquelle nous devons penser en toutes nos opérations , *odorer* et assortir.
>> H. Étienne, *Apolog. d'Hérod.*, part. II, c. 37, p. 202.

Les auteurs du dictionnaire de Trévoux rapportent le verbe actif *odorer*, et ajoutent « qu'il n'est pas reçu. » Il eût été plus exact de dire que ce mot est tombé en désuétude.

Latin , *odorari.*

> Tu cùm timendà voce complesti nemus,
> Projectum *odoraris* cibum.
>> Horat. , *Epod.* , 6 , v. 9, 10.

Italien, *odorare.* Quello (oppio) è il migliore, che è denso, grave, amaro, e che, à *odorarlo,* fa venire il sonno.
>> *Ricett. Fiorent.*, 51.

OESTRE, *s. m.* Taon, sorte de grosse mouche qui pique les animaux, et les fait entrer en fureur ; et au sens figuré, fureur poétique, enthousiasme, soit dans la poésie, soit dans les arts.

Et comme vous voyez ung asne, quand il ha au cul ung *œstre* junonicque, ou une mouche qui le poinct, courir çà et là sans voye ni chemin.

RABEL., l. I, ch. 44.

Quelques écrivains modernes se sont servis de ce mot dans le sens métaphorique ; ce qui m'a déterminé à l'admettre dans mon Archéologie.

Là me livrant à tout l'*œstre* poétique et musical, je composai rapidement, en sept ou huit heures, la meilleure partie de mon acte.

J. J. ROUSSEAU, *Confess.*, l. VII.

Grec, οἶστρος. Τοῖς ταύροις τὸν οἶστρον ἐνδύεσθαι περὶ τε οὖς λέγουσι, καὶ τοῖς κυσὶ τὸν κρότωνα.

PLUT., *De disc. amic.*

Μὴ σε γ' ἀπειρεσίων οἶστρος ἕλῃ κτεάνων.

LUCILL., *Epigr.*, l. II.

Latin, *œstrus.*

Cui nomen asilo
Romanum est, *œstrum* Graii vertère vocantes.

VIRG., *Georg.*, III, v. 146.

Aonio jam nunc mihi pectus ab *œstro*
Æstuat.

NEMESIAN., *Cyneg.*, v. 3.

Italien, *estro.* Questa maniera di fare è un mostrarsi pieno d'*estro* traboccante.

SALVIN., *Pros. tosc.*

OFFICINE, *s. f.* Laboratoire, boutique ; parties ou petites pièces détachées d'un appartement, d'un grand édifice, d'un monument.

Il fonda et fist édifier à Senliz, delez son palès, en l'enneur du

benoiet sainct Morice et de ses compaignons , une église avec
les *officines* qui conviennent à douze frères ou environ de
l'ordre et de l'abit de sainct Morice en Bourgogne.

Vie de S. Louis, par le Confesseur, etc., ch. 6.

S'il (le marchand) prend illueques tavernes ou greniers ou
autres *officines*, et il vent ses besoignes.

P. DE FONTAINES, *Conseils*, ch. 29 , art. 2.

Car je veoye dedans moi toutes les *officines*, ainsi que nature les avoit ordonnées, et de quoy chascune servoit.

Perceforest, vol. **V**, fol. 9 , r°, col. 1.

Faictes d'iceulx bonnes provisions, soubdain que les trou-
verez dans les *officines* des libraires.

RABEL., l. **V**, *prolog.*

Voyez aussi *Anc. poët. franç.*, *ms. de La Clayette*, in-4°,
fol. 447 , col. 2 , etc.

Latin , *officina.*

Dûm graves cyclopum
Vulcanus ardens urit *officinas.*

HORAT., l. I, *Od.* 4 , v. 6 , 7.

Italien, *officina.* Ora dava opera in riguardar l'opere, et
quelle che nell' *officine*, e quelle che nello armamentario.

Volgarizz. di Tit. Liv., dec. 3.

Espagnol, *oficina.* El corazón, que es colorado, es incor-
ruptible, y de ellos tambien se hace el carbón para las fraguas
y otras *oficinas.*

OVED., *Hist. Chil.*, lib. I, cap. 2.

OFFREUR , *s. m.* Celui qui offre.

Quiconque fera le contraire, soit bailleur ou *offreur*, perdra
la monoye, et le preneur payera autant d'amende comme la
monoye vaudra.

Lett. de Philippe V (de Valois), 21 juillet 1347 , art. 5; *Ordonn. des rois
de France* , tom. II , p. 265.

Italien, *offeritore*. Essendo per tutta la città venditori e *offeritori* all' incanto.

> DAVANZATI, *Tac. stor.*, I, 245.

Espagnol, *ofrecedór*. En la missa hai dos *ofrecedóres*, uno es el *ofrecedór* personál, conjunto à la missa sin medio, otro es el *ofrecedór* principál que ofrece, non en sí, mas por medio del ministro.

> VENEG., *Agon.*, punt. 5, cap. 6.

Anglais, *offerer*. If the mind of the *offerer* be good, this is the only thing God respecteth.

> HOOKER.

OISELET, *s. m.* Petit oiseau.

> Je prendrai l'*oiselet* tout en volant.
> > *Chastel. de S. Gille*, v. 76.

> Escoutans les doux *oyseletz*,
> Qui chantent ces sons nouvellets.
> > *Rom. Rose*, v. 10496.

> Les *oysellets* des champs, en leur langage,
> Vont saluant les buyssons et boscages.
> > CL. MAROT, *Epît.* 50; *OEuv.*, t. I, p. 533.

Tous mes efforts ne peuvent seulement arriver à représenter le nid du moindre *oyselet*.

> MONTAIG., *Ess.*, l. I, ch. 30.

> Ainsi qu'*oiselets* volages,
> Voletoient sur les rivages.
> > GILL. DURANT, *Contre l'honneur*; *Poés.*, p. 88.

Voyez aussi *Bataille de Karesme et Charnage*, v. 318. — FROISSART, *Chron.*, tom. II, ch. 8. — RABELAIS, l. III, c. 33. —COQUILLART, *OEuv.*, p. 16. — *Nuits de Straparolle*, tom. I, p. 173, etc., etc.

On trouve dans le Dictionnaire de l'Académie, édit. de 1762, le mot *oisillon*, qui, au reste, y est indiqué comme appartenant exclusivement au style familier. Toutefois, j'ai cru devoir admettre dans mon vocabulaire le vieux français *oiselet*, dont le son, plus doux et moins nasal, le rend susceptible d'être renouvelé avec succès, surtout pour la poésie, et qui a d'ailleurs été employé par quelques-uns de nos meilleurs écrivains modernes.

> Cependant tout le jour, un peuple d'*oiselets*
> De rameaux en rameaux volent dans les bosquets.
>> DELILLE, *Parad. perd.*, l. VII.

Italien , *uccelletto.* Quivi s' odono gli *uccelleti.*
>> BOCCAC., *Introd.*, 57.

OMBRELLE, *s. m.* ou *fém.* Sorte de parasol ou petit pavillon portatif, propre à donner de l'ombre.

Les *ombrelles*, de quoy, depuis les anciens Romains, l'Italie se sert, chargent plus les bras qu'ils ne deschargent la teste.
>> MONTAIG., *Ess.*, l. III, ch. 9.

Ce mot, qui depuis quelque temps est redevenu d'un usage général, a été employé par AND. FÉLIBIEN.

Dans le premier, on voyoit le pape disant la messe dans l'église de Saint-Marc. Dans le second, il estoit représenté au milieu de l'empereur et du doge, ausquels il donnoit à chacun un *ombrelle* ou parasol, après en avoir réservé deux pour lui.
>> *Vies des peintres*, entret. 2ᵉ, J. et Gent. Bellin, t. I, p. 187.

Latin , *umbella.*

> En, cui tu viridem *umbellam*, cui succina mittas.
>> JUVEN., *Sat.* 9, v. 50.

Italien , *ombrello*, *ombrella.*

> Sempre ch'egli esce fuor, porta l'*ombrello.*
>> BUONAR., *Fier.*, 2, 3, 7.

> Facean riparo a' fervidi calori
> De' giorni estivi, con lor spesse *ombrelle.*
>> ARIOST., *Orl. fur.*, cant. VI, ott. 21.

Anglais , *umbrel*, *umbrella.*

> I can carry your *umbrella* and fan, your ladyship.
>> DRYDEN.

OMBREUX, EUSE, *adj.* Qui donne de l'ombre ; qui est couvert d'un ombrage épais.

Cele nativiteiz mist voirement les ténèbres por lei à receleir, jaisoit ceu kil habitet en lumière où om ne put aprochier : el cuer del peire est receleie, el mont *ombrious* et espas.

> S. BERNARD , *Serm. franç. mss.*

> D'arbres estoit li lens *ombreus.*
> *Anc. écriv. fr.*, *ms. de La Clayette*, in-4°, fol. 33 , col. 1.

> Sitost qu'Héro vit que la nuict *ombreuse*
> Noircie estoit d'obscurté ténébreuse.
> CL. MAROT, *Léand. et Héro; OEuv.*, t. III, p. 131.

> Deux soleils flamboyans de rayons esclaircis,
> Et qui d'*ombreuse* nuict ne sont jamais noircis.
> PHIL. DESPORTES, *Poés.*, p. 193.

Voyez aussi J. MAROT, *Poés.*, p. 211. — *Nuits de Straparole*, tom. II, p. 268. — *Légende de Faifeu*, p. 6, etc.

L'abbé Féraud admet dans son *Dictionnaire critique* l'adjectif *ombreux, euse*, en observant que ce mot ne doit être employé qu'en poésie. M. de Marmontel en regrette l'usage. « *Ombreux*, dit-il, n'avait-il pas sa « nuance à côté de sombre ? » *Élém. de Littérature*, art. *usage*, *OEuv.*, tom. X, p. 430. Plusieurs écrivains modernes l'ont employé avec avantage.

> Dans la nuit ténébreuse,
> Dont un bois vaste entoure une vallée *ombreuse,*
> D'un rameau précieux se cache le trésor.
> J. DELILLE, *Enéid.*, l. VI.

> Et souvent, des deux bords de nos vallons *ombreux*,
> Ces lits contemporains se répondent entre eux.
> ID., *Trois Règn.*, ch. IV.

Latin, *umbrosus.*

> Æstibus at mediis *umbrosam* exquirere vallem.
> VIRG., *Georg.*, III, v. 331.

Italien, *ombroso.*

> E le fere ameranno *ombrose* valli.
> PETRARC., *Canzon.*, 16, 5.

Espagnol , *umbróso.* O ! campo del silencio *umbróso.*

Pellic. , *Argen.,* part. II, l. 1, c. 17.

Campos , y árboles *umbrosos.*

Montem., *Dian.,* fol. 208.

On trouve aussi dans nos anciens écrivains l'adverbe Ombreusement , qui, d'ailleurs, ne me paraît point susceptible d'être restitué au langage moderne.

Tantost dans un antre creux,
Ombreusement caverneux.

Jacq. Tahureau, *Poés.,* p. 244.

Ombroyer (s') , *v. réfl.* Se mettre à l'ombre, se reposer à l'ombre.

.... Ses compains qui aux tentes s'*ombroie.*

Rom. d'Alexandre , fol. 22.

Truis pastourel
Sous un arbre s'*ombroie.*

Anc. poèt. franç., ms. du *Vatican,* n° 1490, fol. 110, r°.

Et plusieurs des gens s'en alloient
Avec leur amye *umbroyer*
Soubz les arbres , sans fourvoyer.

Rom. Rose , v. 1474.

Voyez aussi *Poët. franç. avant* 1300, *mss.* tom. IV, p. 1531. — *Athis et Profilias*, ms. de l'évêque d'Auxerre, fol. 128, v°, col. 1. — *Anséis de Carthage*, ms. du Roi, n° 7191, fol. 81, v°, col. 1, etc.

On a dit dans le même sens s'Ombrier.

Et cil qui s'y *ombrieront*
S'entrameront.

Froissart , *Poés. mss.,* fol. 288, col. 2.

Ombratile, *adj. des deux g.* Qui aime l'ombre, qui cherche l'ombre, qui se tient à l'ombre, qui est habituellement caché dans l'ombre.

Que si ces bons religieux se rendoient lors recommandez par le peuple dans leur cloistre hors la ville , par leurs estudes *ombratiles;* ne doutez point que la grande église exposée au

beau milieu de la ville, à la lumière du soleil, n'en voulust
rapporter le dessus.

Ét. Pasquier, *Rech.*, l. III, ch. 29.

Latin, *umbratilis*. Sic ad malam domesticam disciplinam,
vitamque *umbratilem* et delicatam, cùm accesserunt etiam
poetæ, nervos omnes virtutis elidunt.

Cicer., II, *Tusc.*, c. 11.

Au reste, les mots *ombroyer*, *ombrier*, *ombratile*, ne
me paraissent pas de nature à être réintégrés dans notre
langue.

OMNIGÈNE, *adj. des deux g.* Qui appartient à tous
les genres.

Captons la bénivolence de l'omnijuge, omniforme, et *omnigène* sexe féminin.

Rabel., l II, c. 6.

Latin, *omnigenus*.

E quibus *omnigenos* gignunt, variantque colores.
Lucret., *de Nat. rer.*, l. II, v. 758.

ONIROCRITE, *s. m.* Celui qui explique les songes,
qui établit d'après les songes un jugement ou des
conjectures sur les événemens qui doivent arriver.

Pourtant reste à ces vaticinations somniales, interprète qui
soit dextre, saige, industrieux, expert, rational et absolu
onirocrite et oniropole.

Rabel., l. III, c. 13.

Furetière et les auteurs du Dictionnaire de Trévoux
disent dans le même sens *onirocritique*, *s. m.*

Grec, ὀνειροκρίτης.

Οὗτος ἄριστος

Ἐστὶν ὀνειροκρίτας.

Theocrit., *Idyll.* 21, v. 32, 33, edent. Harles.

Latin, *onirocrites*. *Onirocriten* soporis nugas hariolantem
advertas.

Fulgent., *Mytholog.*, l. 1.

5.

Anglais, *oncirocritick*. Having surveyed all rancks and pro-
fessions, I do not find in any quarter of the town an *oneiro-
critick*, or an interpreter of dreams.

ADDISON.

Consultez ARTEMIDORI *Oneirocr.*, ed. *Rigalt.*, Par. 1603,
in-4°.—GARDOR HACHMAN, *l'onérocrite musulman.*—APOMAZAR,
Signification des songes.—J. G. VOSSIUS, *de Philos.*, c. 5, § 50,
51. — ID., *de Hist. Græc.*, l. III, art. *Serapio*, etc., etc.

ONOMATOMANCIE, *s. f.* Divination au moyen du nom ; art de deviner d'après les lettres ou la signification du nom d'une personne, le bien ou le mal qui doit lui arriver.

Par *onomatomancie :* comment as-tu nom ?

RABEL., l. III, c. 25.

Richelet, Furetière, et les auteurs du Dictionnaire de
Trévoux, disent *onomancie*, *nomancie* ; mais, comme
l'observent ces derniers, le mot *onomancie* est moins
conforme à l'analogie et à la véritable étymologie du
nom que le mot *onomatomancie*. *Voyez* aussi *Dictionn.
encycl.*, au mot *Onomantie*.

Italien, *onomantia*, *onomanzia*.

J. ALBERTI, *Dizz. crit. enciclop.*

Espagnol, *onomancia*, falsa y supersticiosa arte de adivinar,
por el nombre de una persóna, la dicha ù desgracia que le ha
de suceder.

Dicc. de la real Acad. de Madrid.

Anglais, *onomancy*. Destinies were superstitiously, by *onomancy*, deciphered out of names.

CAMDEN.

OPÉRATIF, IVE, *adj.* Qui a la faculté, la vertu d'opérer, propre aux opérations, au travail.

Si l'emploi de vos sujets en cette sorte de vie qui semble
estre plutost méditative, oysive et sédentaire que non pas

active, ne les désaccoutumera point de celle *opérative*, pénible, et laborieuse en laquelle ils ont besoin d'estre exercez.

Sully , *Mém.*; édit. in-fol., vol. II, ch. 25, p. 181.

Ce mot a été employé aussi par nos écrivains classiques modernes.

Les qualités formelles sont de simples attributs ; mais les *opératives* doivent soigneusement se diviser en originales et en dérivées.

Voltaire , *Dict. phil.*, art. *Droit*.

Italien, *operativo*. Avvegna che ogni qualità *operativa* si fortifichi in grossa sustanzia , poichè l'avrà ricevuta.

Crescenz., *Agric.*, 6 , 1 , 10.

Espagnol , *operativo*. Que enseña N. P. S. Ignacio en sus exercicios de oración práctica , y *operativa*.

Nieremb., *Var. ilust.*; *vid. del P. Marciel de Lorenzana*, § 6.

Anglais , *operative*. He thought a little discountenance upon those persons , would suppress that spirit within themselves, or make the poison less *operative* upon others.

Clarendon.

OPPORTUNÉMENT, *adv.* D'une manière opportune ; à propos ; dans le temps convenable ; dans une situation propice.

Cotta proteste bien *opportunément*.

Montaig. , *Ess.*, l. 1, c. 22.

Voicy survenir les compaignons *opportunément* et à la bonne heure ; qui remisdrent tout bien à peine.

Noel du Fail , *Cont. d'Eutrap.*, Remoust. d'un juge, fol. 119, v°.

Latin , *opportunè*. Atqui mihi videor venisse *opportunè*.

Cic., *de Nat. Deor.*, I, c. 7.

Italien , *opportunamente* , *opportunatamente*. Quella sola acqua , la quale avea ricercata per sovvenire *opportunamente* all' escreito.

Segner. , *Predich.*, 2 , 2.

Li quali Scipione aveva riposto appresso un monticello *opportunatamente* a ciò posto.

Volgar. di Tit. Liv., dec. 3.

Espagnol, *oportunamente*, comodamente, en tiempo y en sazón.

Dicc. de la real Acad. de Madrid.

Anglais, *opportunely*. He was resolved to chuse a war, rather than to have Bretagne carried by France, being situated so *opportunely* to anoy England either for coast or trade.

BACON, *Henr. VII.*

ORDIR, *v. a.* Rendre ord, impur; salir, souiller, couvrir d'ordures. Il s'est pris aussi au figuré. Le verbe *ordir* se trouve dans le Dictionnaire de Furetière, qui observe au reste que ce mot est vieux.

Tu as *ordy* ma maison.

CHEVALIER DE LA TOUR, *Instruct. à ses filles*, fol. 19, r°, col. 2.

. . . . Maint ruisseau tout *ordy*
Du sang romain que lors j'y espandy.
CLÉM. MAROT, *Jug. de Minos; OEuv.*, t. III, p. 141.

Tant plus les ruisseaus s'esloignoient, plus ils s'*ordissoient*.

CL. FAUCHET, *Ant. franç.*, l. VII, c. 1; *OEuv.*, fol. 238, v°.

On a dit aussi ENORDIR, ORDÉER, ORDOYER.

Tu *enordis* quanque tu tiens,
Car ne te touche tant ne riens
A toi, que ne faches soillir.
Miserere du reclus, str. 19.

Ju endroit de mi suis tachieis et *ordeiz* en la racine misme de ma neixance.

S. BERNARD, *Serm. franç. mss.*

Et *ordéoit* cele Nichole chascun jour le lit où elle gisoit, et cele comtesse le nétoyoit et lavoit quant mestier estoit.

Mir. de S. Louis, ch. 39.

Ou quant l'en *ordoie* les eves, ou les conduiz, ou les las, ou aucune autre chose pour faire tort à aucun.

Livre de just. et de plet; ms. du roi, n° 8407, fol. 178.

Ne vostre villenie ne me peut *ordoyer*, puisque je ne m'y consentz.

Perceforest, vol. III, fol. 82, v°, col. 2.

Voyez aussi *Boece, Consolation*, l. I.—*Recueil de sermons*, ms. de S. Victor, serm. 35. — *Anc. écriv. franç.*, ms. de La Clayette, fol. 73, col. 1; fol. 232, col. 2, etc.—JEAN DE MEUN, *Codic.*, v. 556. — EUST. DESCHAMPS, *Poés. mss.*, fol. 537, col. 4.—*Chron. de S. Denis; Rec. des hist. de France*, t. V, p. 269, —*Boccace, des nobl. malheur.*, l. IX. — *Lancelot du Lac*, t. III, fol. 93, r°, col. 1, etc., etc.

ORDEMENT, *adv.* D'une manière orde, salement, vilainement.

> Et fust sa teste entortillée
> Très-*ordement* d'une touaille,
> Qui moult estoit d'horrible taille.
>
> *Rom. Rose*, v. 155.

Sire, dist Floridan, je ne scay qu'on y fait; mais il put *ordement*.

Perceforest, vol. I, fol. 38, r°, col. 1.

Voyez aussi BEAUMANOIR, *Cout. de Beauv.*, p. 9, etc., etc.

ORDONNÉMENT, *adv.* D'une manière bien ordonnée, avec l'ordre, la mesure, la proportion convenables.

Laquelle amende ou porcion avec le deffaut soit renvoïez *ordencement* par devers noz trésoriers des guerres, pour rabattre, quant lieux et temps sera, de la paie de celuy qui sera en deffaut.

> *Réglem. de Jean I ou Jean II*, dernier avril 1351; *Ordonn. des rois de Fr.*, t. IV, p. 68.

Le zèle tient de la divine raison et justice, se conduisant *ordonnément* et modérément.

MONTAIG., Ess., l. I. c. 56.

> En la saison première, alors que toutes choses
> Furent de leur chaos *ordonnément* descloses.
>
> PHIL. DESPORTES, *Poés.*, p. 346.

Voyez aussi BEAUMANOIR, *Cout. de Beauvoisis*, p. 13, etc.

Italien, *ordinatamente*. Siccome racconta *ordinatamente* il grande dottore Salustio.

Giov. Villani, *Stor.*, 1, 30, 2.

Espagnol, *ordenadamente*. Amado de Dios es aquel que *ordenadamente*, y como debe, usa de todas las cosas naturáles, y nunca dexa de hacer todo el bien que puede.

Fr. Luis de Gran., *Escal.*, l. I, c. 1.

Anglais, *orderly*.

> Ask him his name, and *orderly* proceed
> To swear him.

Shaksp., *Rich. III*.

ORNATEUR, *s. m.* Celui qui orne, qui décore.

C'est pourquoy Homère, dans son Iliade, les bons princes et les grands Roys appelle kosmitorai laôn, c'est-à-dire, *ornateurs* des peuples.

Rabel., l. III, c. 1.

Latin, *ornator*, *tri.r.* Facit Deorum *ornatores*, sive conditores.

Jul. Firmic., l. III, c. 6, *Astron.*, sect. 9.

> Tuta sit *ornatrix*, odi quæ sauciat ora
> Unguibus.

Ovid., *De art. am.*, III, v. 238.

Italien, *ornatore*, *trice*.

> E tosto nelle man pose il bicchiere
> All' *ornatore* e aggiustator di popoli.

Salvin., *Odiss.*

Voi, *ornatrici* della mia bellezza, foste gran cagione di farmi cotale, che io fossi desiderata da colui, il quale io più amo.

Boccac., *Fiamm.*

ORPHANITÉ, *s. f.* État de celui qui est orphelin, et au figuré, dénûment, calamité, misère; état d'abandon dans lequel se trouve celui qui a perdu la protection d'un être supérieur qu'il considérait comme un père. —

Furetière a admis ce mot dans son Dictionnaire, d'après le *Thrésor de la lang. franç.* de J. Nicot.

> France n'est pas en *orfenté*.
> > Rutebeuf, *Ord. de Paris*, v. 112.

> Miex aim' soufrir cest *orfenté*,
> Tout par moi, que mon parenté
> Eust de moi autel reprouche.
> > *Dict de honte et puterie.*

> Or pran garde à la dureté
> De ton aage, et l'*orfenté*.
> > Eust. Deschamps, *poés. mss.*, fol. 93, col. 1.

Si povez veoir en quelle *orphanité* estoit venue Romme.
> *Arbre des batailles*, ms., fol. 37, v°.

Et jetter briefvement hors de ceste langoureuse vie, puisque désormais n'y puis demourer fors en *orfanité*.
> Al. Chartier, *Quadril. invect. ; OEuv.*, p. 421.

Voyez aussi *Anc. écr. franç.*, ms. de La Clayette, fol. 256, col. 1. — *Ovide*, ms. — *Vie de sainte Elisabeth, en vers franç.* — *Lett. de rémiss.*, ann. 1363; *Trés. des Chart.*, reg. 92, ch. 230. — *Vigil. de Charles VII*, tom. II, p. 190, etc.

Latin barbare, *orphanitas*.
> *Vit. S. Heribert. archiep.*, 2, n° 31 ; *Act. SS. Mart.*, t. II, p. 488.

Italien, *orfanità*, *orfanezza*. Morti, e reliquie di morti, pianto, e *orfanità*.
> Buti, *Com. su Dante.*

Fanciullini si truovano in una miserabile *orfanezza*.
> Fr. Giord., *Pred.*

Espagnol, *orphandád.* Sobre haber nacido Fr. Luis en gran pobreza, le sobrevino *orphandád.*
> Muñ., *Vid. de Fr. Luis de Gran.*, lib. I, cap. 1.

ORPHELINAGE, *s. m.* État de celui qui est orphelin.

Gaius Martius.... estant demouré orphelin de son père, fut

nourri soubs sa mère veufve, et feit voir par expérience que *l'orphelinage* apporte bien d'autres incommoditez à un enfant.

Amyot, Plut., Coriol.; OEuv., t. II, p. 392.

Les auteurs du Dictionnaire de Trévoux ont admis ce mot, en observant d'ailleurs qu'il n'est pas autorisé par l'usage. Ils ajoutent que le substantif *orphelinage* a été employé par Filleau de S. Martin, dans sa traduction de Cervantes.

Jetez, s'il vous plaît, les yeux sur *l'orphelinage* de ma pauvre fille, sur sa jeunesse, sa gentillesse, et toutes les autres bonnes qualités qu'elle a.

D. Quich., tom. IV, ch. 48, p. 204.

OSCITATION, *s. f.* Bâillement, action de bâiller.

Adoncques levant la teste et profondément baislant, si bien qu'il, par naturelle sympathie, excita touts ses compaignons à pareillement baisler, demanda remède contre les *oscitations* et baislemens.

Rabel., l. IV, c. 63.

Ce mot n'a jamais été entièrement banni de la langue, et s'emploie quelquefois en médecine. Voyez *Dict. de Trévoux*, *Dict. encyclop.*, etc., etc.

Latin, *oscitatio.* Cùm ille dejerasset, invitissimum sese ac repugnantem *oscitatione* victum.

Plin., Hist. nat., l. IV, c. 20.

Espagnol, *oscitáncia*, au figuré, ennui, négligence produite par l'ennui.

Con tanta *oscitáncia*, que citando un texto del derecho.... lo refieren en el título de sacrosanctis ecclesiis, en el código Theodosiano, donde no hai tal título.

Alderete, Antiq., l. I, c. 3.

Messieurs de l'Académie de Madrid observent que l'espagnol *oscitáncia* est peu usité.

Anglais, *oscitation*. **I** shall defer considering this subject,
till I come to my treatise of *oscitation*, laughter, and ridicule.

> *The Tatler.*

OSSU, UE, *adj.* Qui a de gros os.

> Li uns l'a à son col gieté,
> Et dist k'ains bacons si corsus
> Ne fu mais : et s'est molt *ossus*,
> Dist li autres, qui le portast.
>> *Prestre c'on porte*, v. 586 et suiv.

> Qu'autant que la souris est mendre
> Que le lyon, est moins *ossue*.
>> *Rom. Rose*, v. 22142.

> Tant parestoit forte, grande et *ossue*.
>> *Anséis de Carth.*, fol. 42, v°, col. 2.

Elle estoit grande et *ossue*, et si avoit un visage appert et
esveillé.

> *Perceforest*, vol. I, fol. 141, v°, col. 1.

L'adjectif *ossu*, qui se trouve dans le Dictionnaire de
l'Académie, édit. de 1718, dans le Dictionnaire de Furetière, dans celui de l'abbé Féraud, et dont les auteurs
du Dictionnaire de Trévoux regrettent la perte, a été
employé par quelques-uns des écrivains du siècle de
Louis XIV.

> Plus d'un cœur fut épouvanté
> De voir ses épaules *ossues*.
>> **Scarron,** *Virg. trav.*, c. V.

Italien, *ossuto*.

> Bisogna che chi fa questo mestiero,
> Sia ben fatto e *ossuto*.
>> *Canti carnascialesch.*, 35.

Espagnol, *ossúdo*. Era Calígula hombre mui alto de cuerpo,
y mui corpúdo y *ossúdo*.

> **Ped. Mexia,** *Hist. imp.; Vid. de Calig.*, cap. 1.

OSTENTATEUR, TRICE, *adj.* Qui a de l'osten-

tation, qui étale avec affectation ses avantages, vrais
ou prétendus.

Voylà le conseil de la vraye et naïfve philosophie, non d'une
philosophie *ostentatrice* et parlière.

Montaig., *Ess.*, l. I, c. 38.

Ce mot, que Richelet, Furetière, les auteurs du
Dictionnaire de Trévoux et l'abbé Féraud considèrent
comme « pouvant être en certains cas employé avec
« grace » se trouve dans quelques écrivains modernes.

> Quel est ce bel esprit, à la perruque antique,
> Dont l'art *ostentateur*, à nos yeux éblouis,
> Donne un mauvais sonnet pour trois cents beaux louis?
>
> S. Évremont, *OEuv. mêlées.*

Une philosophie *ostentatrice*, qui ne veut que des actes
d'éclat, et n'apprend rien tant à ses sectateurs qu'à beaucoup
se montrer.

J. J. Rousseau, *Rouss. jug. de J. J.*, dial. 2e.

Latin, *ostentator*, *trix*. Omnium quæ diceret aut ageret,
arte quâdam *ostentator*.

Tacit., *Hist.*, II, c. 80.

Superba et contumax, et veluti sui *ostentatrix* continentia.

Macrob., *Satur.*, l. VII, c. 4.

Italien, *ostentatore*.

> *Ostentator* ciascun per se far mostra
> D'aver parte nel pubblico consiglio.
>
> Buonar., *Fier.*, 3 , 4 , 9.

Ostension, *s. f.* action de montrer.

> De leurs armes firent *ostension*.
> Eust. Deschamps, *Poés. mss.*, fol. 114, col. 4.

Si Dieu veult en sa grand'maison manifester les richesses
de sa gloire à aucuns par *ostension* de sa miséricorde.

Triumph. de la Noble Dame, l. III, fol. 365, r°.

Les auteurs du Dictionnaire de Trévoux ont admis
le substantif *ostension ;* mais ils observent que « ce mot

« ne se dit qu'en parlant des reliques qu'on expose à la
« dévotion des fidèles. »

Latin, *ostensio.* Luctans ac renitens præcedens facinus
instaurare novâ *ostensione*.

Apul., Metam., l. III.

Espagnol, *ostención*, manifestación de alguna cosa.

Dicc. de la real Acad. de Madrid.

OTIEUX, EUSE, *adj.* Inoccupé, qui n'a rien à faire,
qui se livre aux douceurs du repos, qui jouit en paix
et sans souci des charmes d'un doux loisir. — Il s'est pris
aussi en mauvaise part et dans le sens d'*oisif*.

Semblablement ung moyne (j'entends de ces *ocieux* moynes)
ne laboure comme le paysant.

Rabel., l. I, ch. 40.

Pendant qu'eulx seroient *otieux* spectateurs de leurs pertes
et malheurs en toute seureté.

Amyot, Plut., Coriol.; OEuv., t. I, p. 440.

Cependant Charles n'estoit *otieux*.
Cl. Fauchet, Antiq. franç., l. VII, c. 6; OEuv., fol. 249, r^o.

Comme ce sont choses ordinaires entre les *otieux* courtisans.
Sully, Mém.; édit. in-fol., tom. II, c. 51.

> Et ores que suis *ocieux*,
> A Nostre Dame m'en iray.
Jodelle, Eugène, act. II, sc. 2.

Voyez aussi Des Accords (*Et. Tabourot*), *Bigarr.*, p. 32. —
Le Prince de Machiavel, p. 101, etc.

Le mot *otieux* s'est dit également des choses, et a
signifié tranquille, paisible, exempt de peines, de
travaux; propre à donner du délassement, ou à faire
mieux goûter les douceurs du repos. Il a été pris aussi
dans le sens d'*inutile*, qui ne procure aucun avantage.

Doresnavant ne soyez faciles à ces *otieux* et inutiles voyaiges.
Rabel., l. I, c. 45.

Il n'y a rien en la structure du corps humain qui soit *ocieux*, ne qui soit ordonné à autre usage.

Amyot, *Plut.*, *OEuv. mor.*, t. XV, p. 81.

> Le lict m'est une gène, et la plume *ocieuse*
> Redouble, en la pressant, ma langueur soucieuse.
Phil. Desportes, *Poés.*, p. 367.

M. de Marmontel désirait voir réintégrer dans notre langue l'adjectif *otieux*. « Oisif, observe-t-il, se dirait de « la personne ; *ocieux*, de la situation : pourquoi l'avoir « abandonné ? » *Elém. de Littér.*, art. *Usage* ; *OEuv.*, tom. X, p. 432.

Latin, *otiosus*. Cum inambularem in xysto, et essem *otiosus* domi.

Cicer., *De Claris orat.*, c. 3.

Italien, *ozioso*. E quasi *oziose* sedendosi, volendo e non volendo in una medesima ora, seco rivolgono diversi pensieri.

Boccac., *Proem.* 6.

Espagnol, *ocióso*. Donde dice que, nunca estaba menos *ocióso* que quando *ocióso*.

Hect. Pinto, *Dial. de la vid solit.*, cap. 4.

OTIOSITÉ, *s. f.* Inaction, état de celui qui se livre sans souci, sans inquiétude, aux douceurs d'une vie tranquille, qui goûte les charmes du loisir. — Comme l'adjectif *otieux*, le substantif *otiosité* a été pris aussi en mauvaise part, et a signifié oisiveté, inutilité.

Ociosité, qui est la mère de tous vices.
J. Lefebvre de S. Remy, *Hist. de Charles VI*, p. 6.

Voyez aussi G. Crétin, *OEuv.*, p. 252. — Cartheny, *Voyag. du chev. errant*, fol. 48, v°, etc.

Latin, *otiositas*. Verecundia vetat, quam suas *otiositates* trepidanter edentem meliorum carminum comparatio premit.
Sidon. Apollin., l. II, *Epist.* 10. Voy. G. J. Vossius, *de Vit. serm.*, l. II, c. 30, p. 525.

Italien, *oziosità*. Nel coltivamento della villa agevolmente si truova stato tranquillo, imperocchè eccita dall' *oziosità*.

CRESCENZ., *Agric. proem.*, 5.

Espagnol, *ociosidád*. Por que su avaricia, para no darles limosna, culpaba su mendiguéz, con la torpe nota de *ociosidád* y poltroneria.

CORN., *Chron.*, t. III, l. III, c. 63.

OUBLIABLE, *adj. des deux g.* Susceptible d'être oublié; qui doit être oublié.

Oubliable, non oublieuse.
EUST. DESCHAMPS, *Poés. mss.*, fol. 17, col. 3.

OURDISSEUR, *s. m.* Celui qui ourdit.

Retirez-vous, *ourdisseurs* de finesse,
Propos flatteurs qui gastez la jeunesse.
JOACH. DU BELLAY, *OEuv.*. p. 482.

Italien, *orditore*.

SEGN., *Pred.*

Espagnol, *urdidór*, *urdidóra*. Rastrilladóres, *urdidóres*, texedóres, algodonéros, y toquéros.

FIGUER., *Plaz.*, disc. 50.

La Julia *urdidóra* de esta tela, quedó con liviano castigo.
PEDR. MEX., *Hist. imp.; Vida de Ner.*, cap. 1.

OUTREMARIN, INE, *adj.* Situé au-delà des mers; venu d'outre-mer.

Couvert d'un drap *oultremarin*,
Qui sis, sept pois valoit d'or fin.
Rom. de la guerre de Troie, ms.

Voyez aussi *Anséis de Carth.*, fol. 67, v°, col. 2, etc.

Italien, *oltramarino*. Allora comincia l'uomo a crescere il suo arnese, e a pulire i suoi casamenti di marmo *oltramarino*, e di pinture di diversi modi.

Senec. Pist., 114.

Espagnol, *ultramarino.* Comandantes generales de las provincias *ultramarinas.*

Orden. Milit., año 1728, l. III, tit. 1, art. 2.

Anglais, *ultramarine.*

AINSWORTH.

APPENDICE.

O.

OBLECTER (S'), *v. réfl.* Prendre du plaisir, trouver des délices, s'amuser, se délecter. RABEL., l. V, c. 42. — Latin, *oblectare se*, CICER., *Ad Quint. fratr.*, II, epist. 3.

OCCURRIR, *v. n.* Courir à la rencontre, venir au-devant, rencontrer, se présenter avec empressement. *Act. de* 1297, rapporté par MARTEN., *Collect.*, t. I, col. 1401. — *Trad. de la Bible*, Jug., ch. 11, v. 34. — Latin, *occurrere*, BRUT., *Ad Cicer.*, epist. 6. — Italien, *occorrere*, BOCCAC., *Dec.*, nov. 41, 32. — Espagnol, *ocurrir*, J. RUFO, *Austriad.*, cant. VI, oct. 4. — Anglais, *to occur*, BENTLEY.

ONDELÉ, ÉE, *adj.* Qui forme des ondes, qui ressemble aux ondes, qui a le mouvement des ondes. GILL. DURANT, *Poés.*, *imitation de* J. DE BONNEFONS, *Quis barbatule*, p. 9.

OPINATIF, IVE, *adj.* Qui appartient à l'opinion, à la pensée ; qui n'est fondé que sur l'opinion. AL. CHARTIER, *l'Espér.*, OEuv., p. 340. — OPINATION, *s. f.* Acte d'opiner, de juger. MONTAIG., *Ess.*, l. II, c. 12. — Latin, *opinatio*, CICER., *Tusc.* IV, c. 11. — OPINÉ, ÉE, *adj.* Jugé, prévu à l'avance. BRANT., *Cap. franç.*, t. III, p. 323. Ce mot a été banni de notre langue, tandis que son contraire *inopiné* est resté en usage.

OPPROBRIEUX, EUSE, *adj.* Infamant, qui couvre d'opprobres. *Histoire de la toison d'or*, t. I, fol. 72, v°. — *Mém. de Villeroy*, tom. VII, p. 202. — Latin, *opprobriosus*, Imper. JUSTIN., *Cod.*, l. I, tit. 3, leg. 41. — Italien, *obbrobrioso*, GUICC., *Storia* 4, 201. — Anglais, *opprobrious*, ADDISON.

OPPUGNER, *v. a.* Attaquer, assaillir, combattre. AMYOT, *Plut.*, *Marius*, c. 51 ; *OEuv.*, t. IV, p. 258. — Latin, *oppugnare*, CICER., *Famil.* V, epist. 2. — Italien, *oppugnare*, FR. GIORD., *Predich.* — Espagnol, *opugnar*, PELLIC., *Argen.*, part. II, lib. 3, cap. 1. — Anglais, *to oppugn*, CLARENDON.

OSEUR, *s. m.* Celui qui ose. S. JULIEN, *Mesl. hist.*, p. 163.

P.

PACTISER, *v. n.* Faire un pacte, une convention; entrer en accommodement.

Le gain, si aucun y en a..., est départy entre eux selon ce qui a été *pactisé* et accordé.
Coutum. génér., tom. II, p. 701.

Falloit fuir vous cacher dans quelque maison de ceux-là qui avoient *pactisé* avec eux.
Mém. de Montluc, tom. II, p. 25.

Ils ont avec Satan contre moi *pactisé*.
THÉOPHILE, OEuv., 3ᵉ part., p. 138.

Ce mot, qui se trouve dans les Dictionnaires de Richelet, de Furetière, de Trévoux et de l'abbé Féraud, a été employé par quelques écrivains modernes.

Pactisons seulement, tout le reste ira bien :
Es-tu traitable ?
THOM. CORNEILLE, le Charme de la voix, act. IV, sc. 4.

Il faut toujours vous faire payer une heure d'assiduité par huit jours de complaisance : il faut toujours *pactiser* avec lui.
J. J. ROUSSEAU, Emil., l. II.

Italien, *patteggiare*. Avendo *patteggiata* la sua salute per danari.
PETRARC., Uom. ill.

On a dit aussi PACTIONNER.

Une personne ayant commis un homicide, sera privée et exclue de *pactionner* et faire paix d'aucuns siens parens occis.
Cout. génér., tom. II, p. 58, col. 2.

*PANTOIS, OISE, *adj.** Haletant, hors d'haleine; dont la respiration est embarrassée, courte, entrecoupée.

Son estomach *pantois* souz la chaleur frissonne.
MAT. RÉGNIER, Épist. 1, Disc. au roy.

6. "

La laissa là dedans avec son ami, fort *pantoise* et désolée,
et en grande altération.

> Brantome, *Dam. gal.*, t. 1, p. 83.

Pour vous avoir fait perdre et repos et repas, et parole et
haleine, venir la sueur au front, l'estomach *pantois*.

> Ét. Pasquier, *Lett.*, t. III, p. 601.

Ce mot a été quelquefois employé par nos écrivains
modernes.

> Cependant, tout triste et *pantois*,
> Il s'en alloit rongeant ses doigts.
>> Scarron, *Virg. travesti*, ch. 6.

> Le chevalier tout *pantois* et confus,
> Cherchant en vain sa bourse et sa monture,
> Veut s'excuser.
>> Voltaire, *Ce qui plaît aux dames*.

Je m'en allai tout *pantois*, louant la Providence, mais grom-
melant entre mes dents ces tristes paroles.

> Id., *L'homme aux quarante écus*.

Pantoisement, *adv.* En haletant, en respirant avec
peine.

> Mais tout *pantoisement*, il halète de rage.
>> Ph. Desportes, *Poés.*, p. 450.

Anglais, *pantingly*.

> She heav'd the name of father
> *Pantingly* forth, as if it prest her heart.
>> Shakspeare.

Pantoiser, **Pantoyer**, *v. n.* Haleter, être hors d'haleine; avoir la respiration courte, embarrassée, entrecoupée.

> Et quant ce vient as eures dire,
> Si nos *pantoise*, si nos point
> Que n'i savons mettre nul point.
>> *Anc. écriv. fr.*, ms. de la Clayette, fol. 821, col. 2.

> De la frayeur *pantoye* mon haleine.
>> Loys le Caron, *Poés.*, fol. 28, v°.

Voyez *Mercure de Fr.*, mai 1733, p. 865.

me paraissent point susceptibles d'être réintégrés dans le langage moderne.

*PAPELARDIE, ou mieux PAPELARDISE, *s. f.* Caractère de celui qui est papelard ; hypocrisie, bigoterie, douceur affectée.

> N'ainc Diex n'ama *papelardie*.
> GAUTIER DE COINSI, *Hist. de sainte Léocade*, v. 1370.

> Car ad celos n'en monte nus,
> Por demener *papelardie*.
> *Credo au Ribaut*, v. 154.

> Si dois chascuns, que que nus die,
> Servir Dieu sanz *papelardie*.
> *Anc. poët. franç.*, ms. de la Clayette, fol. 285, col. 1.

> Une autre imaige estoit escripte
> Qui sembloit bien estre ypocrite,
> *Papelardie* est appelée.
> *Rom. Rose*, v. 416.

Les mots *papelardie*, *papelardise*, se trouvent dans le Dictionnaire de Richelet, qui préfère ce dernier, en ajoutant toutefois qu'on ne peut guère l'employer que dans le style burlesque. — La Fontaine a dit *papelardie*.

> Nous vîmes que son fait étoit *papelardie*.
> *Ballade*, Hier je vis Cloris, etc. ; *OEuv. divers.*, tom. I, p. 279.

Latin barbare, *papelardia*. Unde nec *papelardia* sola semper est omnibus aliis præferenda.
OSTIENS., *in cap.*, Constit. extra., etc.; *Gall. Christ.*, tom. IV, col. 134.

On a dit aussi PAPELARDERIE, *s. f.*

> Ne vaut riens *papelarderie*.
> RUTEBEUF, *Sougret.*, v. 402.

PAPELARDISME, *s. m.*

Sans toutesfois omettre ce qui sert à faire le style de *papelardisme*, que tenoyent les frères frapparts.
H. ÉTIENNE, *Apol. d'Hérod.*, t. II, c. 39, p. 364.

PAPELARDE, *s. f.* Femme hypocrite, bigote, qui affecte un extérieur dévot et composé.

> Mal brasiers et male flambe arde
> Et papelart et *papelarde*.
> GAUTIER DE COINSI, *Hist. de sainte Léocade*, v. 1151.

> Ne soyez aussi *papelarde*,
> Ne ypocrite en amourettes.
> *Confess. de la belle fille.*

> Véez-vous celle qui fait la *papelarde*,
> Et celuy-là qui fait bien le béguin.
> EUST. DESCHAMPS, *Poés. mss.*, fol. 206, col. 1.

Ce mot a été employé par La Fontaine, qui en a fait un adjectif.

> Dès qu'il la voit partie, il contrefait son ton,
> Et d'une voix *papelarde*,
> Il demande qu'on ouvre, en disant foiu du loup.
> Liv. IV, fab. 16.

PAPELARDER, *v. n.* Faire le papelard, l'hypocrite; affecter un maintien dévot et composé.

> Papelart set bien ce qu'il doit,
> Qui si souvent *papelardoit*.
> RUTEBEUF, *Sougret.*, v. 399.

> Et vraiement s'uns hons de douce orine,
> Au temps qui court, savoit *papelarder*.
> EUST. DESCHAMPS, *Poés. mss.*, fol. 300, col. 1.

> Que fasse de la chatemite,
> *Papelardant* comme un ermite.
> *Blason des faulces amours*, fol. 9, v°.

Voyez APAPELARDIR (s').

*PARACHÈVEMENT, *s. m.* Action de parachever, de terminer entièrement.

Il me semble, souz votre correction, qu'à vous plus-tost appartient le *parachèvement* de l'œuvre duquel vous êtes inventeur et premier auteur.

> *L'Amant ressuscité*, l. IV, édit. in-4°, p. 219.

Se contentant de la honte qu'il leur avoit fait recevoir, il retourna toutes ses pensées au *parachèvement* de son siège.

Sully, Mém., édit. in-fol., t. I, ch. 5.

Parachevable, *adj. des deux g.* Susceptible d'être parachevé.

Et l'exécution contre iceluy commencée déclarée contre eulx *parachevable*.

Cout. de Clermont, ch. 18, § 7 ; Cout. génér., t. II, p. 885, col. 1.

PARADOXALEMENT , *adv.* D'une manière paradoxale, en forme de paradoxe.

Combien que Cicéron ayt dit *paradoxalement* que liberté est puissance de vivre ainsi qu'on veut.

S. Julien , Mesl. hist., p. 204.

Anglais , *paradoxically*. If their vanity of appearing singular puts them upon advancing paradoxes , and proving them as *paradoxically*, they are usually laught at.

Collier.

Paradoxologie, *s. f.* Action de débiter des paradoxes.

Ains au contraire : par les practiciens a esté , et est, et sera efforcéement retenue en son entier contre la nouvelle *paradoxologie*.

Ch. Fontaine, Quintil. cens., l. II, c. 7, p. 242 , édit. de 1573.

Anglais, *paradoxology*. Perpend the difficulty, which obscurity , or unavoidable *paradoxology* must put upon the attempter.

Brown, Vulg. err.

Quelques écrivains modernes ont essayé d'introduire dans notre langue le substantif masculin *paradoxologue*, pour désigner un homme qui débite des paradoxes. Voyez *Observ. sur les écrits modernes*, tom. III, p. 206 ; mais leurs efforts ont été vains. Ce mot n'a pas été admis, et en effet il ne méritait pas de l'être.

PARATRE, *s. m.* 1° Beau-père, mari d'une femme qui a déja des enfans d'un premier lit.

Quant un hons ou une fame se marie deux fois, ou trois, ou plus, et il a enfans de chascun mariage, et li enfans dou premier mariage si demeurent avec leur *parastre* ou leur marrastre, sans partir.

BEAUMANOIR, Cout. de Beauvoisis, c. 21.

Car elle leur donra parastre,
De mère leur sera marastre.
EUST. DESCHAMPS, Poés. mss., fol. 502, col. 1.

Celluy chevalier qui avoit espousée sa mère, il l'appeloit son père ; mais ce n'estoit que son *parastre*.

Lancelot du Lac, t. II, fol. 93, r°, col. 1.

Vous savez que rare est l'affection des *parastres*, vitrices, noverces et marastres envers les privings et enfants des défuncts premiers pères et mères.

RABEL., l. III, c. 42.

Ils usèrent du mot de *parastre*, comme de marastre, pour découvrir celui que nostre mère avoit espousé en secondes nopces.

ÉT. PASQUIER, Rech., l. VIII, c. 50.

Voyez aussi *Poët. franç. avant* 1300, *mss.* t. IV, p. 1364.— PHIL. MOUSKES, *ms.*, p. 174.—*Lett. de rémiss.*, ann. 1383 ; *Trés. des Chart.*, reg. 123, ch. 271.—*Cout. génér.*, t. I, p. 387, etc.

2° Mauvais père, celui qui traite ses enfans avec la dureté, l'injustice, que ceux qui ont épousé une veuve font souvent éprouver aux enfans d'un premier lit.

Uns ans est père, autre parrastre.
Cortois d'Arras, v. 509.

Et pourtant au lieu d'appeler Dieu *parastre*, appela la nature marastre.

H. ÉTIENNE, Lang. franç. ital., dial. 2, p. 439.

Et le père n'est père, ains inique pèrastre,

Et la mère n'est mère, ains inique mèrastre,
Qui ne veut de son part élever que le corps.

P. PERRIN, *Poés.*, p. 65, r°.

Latin barbare, *paraster.* Qui propter *parastrem* suum cognominatus est Rasorius.

Anc. *notice* citée par DUCHESNE, *Hist. de Montmorr.*, p. 12.

Espagnol, *padrastro.*

Jove que evitar no pudo
Los achaques de *padrastro.*

REBOLLEDO, *Ocios*, rom. 60.

PARBOUILLIR, *v. a.* Faire bouillir entièrement, achever de faire bouillir.

Une pièce de lard peleis *parbouilly.*

Chart. de l'an 1450; *Trés. des Chart.*, reg. 185, ch. 61.

PAN. Doibt-il pas estre bruslé? FR. Doibt.... PAN. Sans le faire *parbouillir?*

RABEL., l. V, c. 29.

Anglais, *to parboil. Parboil* two large capons upon a soft fire, by the space of an hour, till, in effect, the blood be gone.

BACON.

PARDONNEUR, *s. m.* Celui qui pardonne. Il s'est dit aussi des moines et des autres ecclésiastiques qui parcouraient les villes et les villages, pour distribuer les indulgences, les pardons accordés par la cour de Rome.

Et par ma foy (je luy respons): Je ne suis grand *pardonneur* en ce monde icy, je ne sçai si je le seray en l'aultre.

RABEL., l. II, ch. 17.

Venez-y tous bons *pardonneurs,*
Qui sçavez faire les honneurs,
Aux villages, de bons pastez.

Repues franches, à la suite des *OEuv. de Villon*, p. 5.

Ce mot a été employé par nos écrivains classiques modernes.

La croyance d'un Dieu rémunérateur des bonnes actions,

punisseur des méchantes, *pardonneur* des fautes légères, est donc la croyance la plus utile au genre humain.

VOLTAIRE, *Hist. de Jenny*, (Jemmy) ch. 11.

C'est ainsi que ces monstres impitoyables invoquaient le Dieu de la clémence et de la bonté, le Dieu *pardonneur*, en commettant le crime le plus atroce et le plus barbare.

ID., *Serm. du rabb. Akib.*

Italien, *perdonatore, perdonatrice*. Molto è da amare questo largo *perdonatore*, il quale così liberamente e presto, ogni offesa perdona.

CAVALC., *Frutt. ling.*

Tu nemica delle miserie se' dell' offese graziosa *perdonatrice*.

BOCC., *Filocop.* 7, 86.

Espagnol, *perdonadór*. Y le dán nombre de *perdonadór* de ellos.

HORTENS., *Mar. y Santor.*, fol. 16.

Anglais, *pardoner*.

> This is his pardon, purchas'd by such sin,
> For which the *pardoner* himself is in.

SHAKSPEARE.

PARESSEUSEMENT, *adv.* A la manière des paresseux ; négligemment, nonchalamment.

> Faictes-vous servir grandement,
> Et servez *paresseusement*.

EUST. DESCHAMPS, *Poés. mss.*; fol. 401, col. 1.

La guerre.... avoit esté mauvesement et *paresseusement* faite.

Chron. de S. Denis, tom. I, fol. 166, r°.

Ce mot se retrouve dans madame de SÉVIGNÉ.

Il me semble, ma très-chère, que vous devez m'en aimer mieux, quand vous êtes couchée bien *paresseusement*.

Lettre du 4 août 1680, édit. de Blaise, *lett.* 764, t. VI, p. 402.

Espagnol, *perezosamente*. Si el cuerpo usa de ello *perezosamente* y no de buena gana.

GRAC., *Mor.*, fol. 138.

*PARFILER , *v. a.* Entremêler , en filant ou en tissant une étoffe, des fils d'une matière ou d'une couleur différente.

Pour la robe furent levées neuf mille six cents aulnes moins deux tiers de velours bleu comme dessus, tout *parfilé* d'or en figures diagonales.

Rabel., l. I, ch. 8.

On a dit aussi Pourfiler.

Chausses, chemise et pourpoint *pourfilé.*
Clém. Marot , *Epigr.* 158; Œuv., t. II, p. 371.

Le verbe *parfiler* ne se trouve point dans le Dictionnaire de l'Académie , édition de 1762. Cependant il est encore en usage ; mais il signifie : effiler une étoffe, en séparant les brins de la chaîne de ceux de la trame ; détacher dans une étoffe richement tissue l'or et l'argent de la soie à laquelle ils sont mêlés. Voyez *Dictionn. de Trévoux, Dictionn. encyclopédique*, etc.

Il a *parfilé* la lumière du soleil, comme nos dames *parfilent* une étoffe d'or. — Tullia : Qu'est-ce que *parfiler*, monsieur ? — Le Duc : Madame, l'équivalent de ce mot ne se trouve pas dans les Oraisons de Cicéron. C'est effiler une étoffe, la détisser fil à fil et en séparer l'or ; c'est ce que Newton a fait des rayons du soleil.

Voltaire , *Dial.* 13e; *Œuv.,* t. XLV, p. 119, 120.

PARLIER , ÈRE, *adj.* Qui parle beaucoup, avec facilité , avec abondance. Il s'est dit aussi des discours vides de fond, et qui ne consistent qu'en paroles.

Roumains a la langue legière ,
Quant ele est ointe , et bien *parlière.*
Rom. de Charité, str. 19.

Tant que vint à un chevalier
Moult cortois , et moult bien *parlier.*
Baudouin ou Jehan de Condé, *Sentier battu*, v. 33.

Un ambassadeur de la ville d'Abdère, après avoir longuement parlé au roi Agis de Sparte, luy demanda : Eh bien, sire, quelle response veux-tu que je rapporte à nos citoyens? — Que je t'ay laissé dire tout ce que tu as voulu sans jamais dire mot. — Voylà pas un taire *parlier* et bien intelligible?

MONTAIG., *Ess.*, l. II, c. 12.

La poésie est un amusement propre à leur besoin : c'est un art follastre et subtil, desguisé, *parlier*, tout en plaisir, tout en montre comme elle.

ID., *ibid*, l. III, c. 3.

Les autres sont *parlières*, qui enseignent les langues, le parler et le raisonner.

CHARRON, *Sagesse*, l. I, c. 57.

Voyez aussi *Athis et Profil.*, fol. 36, r°, col. 2, etc.

Ce mot a été employé par nos auteurs modernes.

Quoique, au fond, je ne fasse pas grand cas, non plus que toi, de toute cette philosophie *parlière*.

J. J. ROUSSEAU, *Nouv. Héloïse*, part. I, lett. 65, éd. de Kell, t. I, p. 335.

Vos pièces seules ont du mouvement et de l'intérêt ; et, ce qui vaut bien cela, de la philosophie, non pas de la philosophie froide et *parlière*, mais de la philosophie en action.

D'ALEMBERT, *Lett. à Voltaire*, 31 octob. 1762; *Œuv.*, t. XV, p. 185.

Italien, *parliere*. Essendo M. Busone a uno corredo punto di parlare per uno *parliere*, egli non rispondendo.

Lib. Mott.

Espagnol, *parléro*. Si la mugér es una loca *parléra*, derramada, andariega, liviana, absoluta y dissoluta : el marido es el que primero lo ha de saber.

GUEV., *Epist. à Mosen Puche.*

PARLERESSE, *s. f.* Celle qui parle.

Si ne puet faillir que ne die
Tel *parleresse* tel folie.
ROBERT DE BLOIS, *Chastis. des Dames*, v. 11.

Parlure, *s. f.* Action de parler; faculté de parler; manière de parler.

Et se aucuns demandois pour coi chius livres est escris en romanche selonc le patois de Franche, puis ke nous sommes Italyens, je dirois que chest pour deux raisons; l'une que nous sommes en Franche; l'autre pour chose que la *parléure* est plus délitable et plus kemune à tous langages.

Brun. Lat., *Thrés.*, n° 7066, fol. 1.

N. B. Ce passage prouve que le *Thrésor de Brunetto Latini* a été originairement écrit en français.

Bel nez et bele bouche, et bele *parléure.*

Rom. de Vace, ms.

Lequel Mahieu est affolez d'un bras, et d'une jambe, et de la *parleure* ou loquence.

Lett. de rémiss., ann. 1375; *Trés. des Chart.*, reg. 107, c. 155.

Italien, *parlatura.* Qui si profferà l'autore, che quanto ello si potrà tenere, umanamente fia sua *parlatura* nella presente cantica.

Com. su Dante, Parad. 1.

Je ne pense pas au reste que les mots *parleresse*, *parlure* soient susceptibles d'être restitués au langage moderne.

PARSÉCHER, *v. a.* Sécher entièrement; réduire à un état de siccité absolue.

Onques puanteur de son corps n'yssist; ainçois fut tout *parseiché.*

Perceforest, vol. V, fol. 95, v°, col. 1.

Latin, *persiccare. Persiccatam* et expressam.

Apicius, l. VII, ch. 6.

PARTAGEUR, *s. m.* Celui qui fait un partage, qui préside à un partage.

Tous les sorts, divisions et partages des biens fonds ou

rentes.... se doivent faire à l'intervention et assistance desdits *partageurs*.

Cout. de Brux.; Cout. génér., t. I, p. 1265, 1266.

A l'occasion de quoy, Cimon, pour lors, fut, au jugement de la commune, estimé mauvais *partageur*.

Amyot, Plut., Cim., c. 15; OEuv., t. V, p. 23.

Si l'on en croit les auteurs du Dictionnaire de Trévoux, le mot *partageur* a été employé autrefois comme terme d'arithmétique, synonyme du mot *diviseur*.

Les Anglais se servent du substantif masculin *partaker*; mais ils lui ont assigné un sens un peu différent de celui du vieux français *partageur*, l'anglais *partaker* signifiant celui qui prend part.

Didst thou
Make us partakers of a little gain.

Shakspeare.

On a dit aussi, mais moins heureusement, Par-teur, *s. m.*

Commettront des priseurs et *parteurs*.

Cout. de Richebourg l'Advoyé, § 41; Cout. génér., t. I, p. 394, col. 1.

Anglais, *parter*. The *parter* of the fray was night.

Sidney.

Partisseur, *s. m.*

Se jettent les billets par le mayeur, sur les royes et enseignemens que font lesdits *partisseurs*.

Cout. de Nyelles; Cout. génér., t. I, p. 398, col. 2.

Latin, *partitor*. *Partitorem* ad partiendas merces missum putares.

Cicer., In Vatin., 12.

Italien, *partitore*.

E come è saggio e giusto partitore.

Bern., Orl. II, 21, 24.

Espagnol, *partidór*, el quel hace particiones, ò parte alguna cosa.

Dicc. de la real Acad. de Madrid.

PARTISANE, *s. f.* Celle qui est attachée à un parti, qui prend parti pour une personne, pour une nation, pour un sentiment, ou pour une opinion.

Cette sage et belle dame, qui estoit morte en l'aage de vingt et neuf ans ; grande *partisane* des François.
COMINES, Mém., l. VIII, c. 12.

Il ne faut pas oublier le traict de ceux qui furent assiégez à Salone, ville *partisane* pour César contre Pompeius.
MONTAIGNE, Ess., l. II, c. 34.

Ce mot a été quelquefois employé par nos écrivains modernes.

Elle vous rendait bien justice ; vous n'aviez pas de *parti-sane* plus sincère.
VOLTAIRE, Lett. à madame Du Boccage, 12 octobre 1749 ; OEuv.,
t. LXXI, p. 53.

Qu'avec lui l'univers me condamne,
Je ris de ces emportemens,
Pourvu que vous soyez toujours ma partisane.
BOISSY, la Frivolité, sc. 1.

Les auteurs du Dictionnaire de Trévoux observent que le substantif féminin *partisane* « n'a pas fait fortune. » L'abbé Féraud, *Dict. critique*, dit qu'il ne saurait en blâmer l'usage.

PARTROUBLER, PERTROUBLER, *v. a.* Troubler à l'excès ; jeter dans le trouble, la confusion, le désordre.

Finablement ne se peust tenir qu'estant jà tout *pertroublé*, il ne dist luy-mesme son nom à l'estranger.
AMIOT, Plut., Solon; OEuv., t. I, p. 294.

Voyez aussi *Chart. de l'ann.* 1428 ; *Chartul. de Lagny*, fol. 208, v°. — SULLY, *Mém.*, *édit.* de Trévoux, tom. II, p. 150, etc., etc.

On a dit dans le même sens PERTURBER, PERTURBLER.

Ne mist fors nules voix, ne par alcun cri ne *perturblast* alcun des malades.
> *Dial. de S. Greg.*, liv. III, c. 35.

> Si maladie, au visage blesmy,
> N'eust *perturbé* le sens à ton amy.
>> Cl. MAROT, *Epist.* 31 ; *OEuv.*, t. I, p. 457.

Saisy de grand desplaisir et *perturbé* en son entendement.
> RABEL., l I, c. 31.

Plus pour *perturber* leur feste qu'ils célébroient, que pour autre chose.
> BRANTOME, *Cap. fr.*, t. I, p. 158.

Voyez aussi AMYOT, *Plut.*, *OEuv. mor.*, tom. XIV, p. 256, etc., etc.

Ce mot a été employé par SCARRON.

> Moi-même, j'en suis *perturbé*.
>> *Virg. travest.*, ch. 2.

Latin, *perturbare.* Cincius est ab hoc in ulteriorem Hispaniam missus, ut eam provinciam *perturbaret.*
> CICER., *Pro Sull.*, cap. 20.

Italien, *perturbare.* Il loglio.... oppia la mente, e *perturbala,* et inebbria.
> CRESCENZ. *Agr.* 3, 11, 1.

Espagnol, *perturbar.* Mandamos que ninguna persona.... sea osada à los *perturbar*, damnificar, hacer, ni permitir que les sea hecho daño, ù agravio alguno.
> *Recop. de las ley. de Ind.*, lib. 1, tit. 19, ley 2.

Anglais, *to perturb.*

> And his *perturbed* soul within him mourns.
>> G. SANDYS.

PARVITÉ, *s. f.* Petitesse; qualité de ce qui n'a que peu de valeur; défaut d'importance.

Affin que les causes plaidées en nostre court, qui pour la

parvité ou qualité d'icelles, sont renvoyées au conseil sans escripre pour comptes ordinaires, puissent estre plus seurement entendues et jugées.

Ordonn. de l'eschiquier de Normandie, à la suite de l'ancienne Cout. de Norm., foi. 42, r°, col. 2.

Latin, *parvitas*. Terræ *parvitatem* declarat sol deficiens.

PLIN., *Hist. nat.*, l. II, c. 11.

Italien, *parvità*. La *parvità* del mio intelletto tanto ha cresciuta la tua esposizione.

Dialog. di S. Greg. 2, 38.

Espagnol, *parvedád*, *parvidád*. Solo excusa de pecádo mortal el hurto, la *parvedád* de materia en el hurto?

PARR., *Luz de verd. Cath.*, part. II, fol. 44.

Anglais, *parvity*, *parvitude*, mots peu usités. What are these for fineness and *parvity*, to those minute animalcula discovered in pepper-water?

RAY, *On creat.*

The little ones of *parvitude* cannot reach to the same floor with them.

GLANVILLE.

PASSERELLE, *s. f.* Femelle du passereau.

Qui a veu le passereau.
. . . .
Quand, d'un infini retour,
Il mignarde sans séjour
Sa lascive *passerelle*.

JACQ. TAHUREAU, *Poés.*, p. 276, 277.

On voit le passereau dessus la *passerelle*,
En une heure, cent fois lascivement monter.

BAÏF, *OEuv.*, p. 62, v°.

Italien, *passeretta*.

La *passeretta* gracchia, e attorno romba.

ANG. POLIZ., *Stanz.* 1, 91.

Espagnol, *paxarilla*, páxara pequeña.

Dicc. de la real Acad. de Madrid.

PASTOPHORES, *s. m. pl.* Prêtres égyptiens consacrés au culte d'Isis, réunis en collège, et dont la principale fonction était de porter les arches qui renfermaient les objets mystérieux du culte. — Ce mot a été quelquefois employé figurément et par extension, pour désigner les prêtres des autres religions.

D'elle sont les isiaques ornés , les *pastophores* revestus.

RABEL., l. III , c. 51.

Ici derrière , vers ceste mer Tyrrhène et lieux circonvoisins de l'Apennin, voyez-vous quelles tragédies sont excitées par certains *pastophores*.

ID., l. IV, *Prol.*

Le mot *pastophore*, quoiqu'il ne se trouve point dans le Dictionn. de l'Académie, n'a cependant jamais cessé d'appartenir à notre langue.

Les prêtres d'Isis se nommoient *pastophores*.
LE BEAU, *Dissert. sur l'Ane d'or d'Apulée; Acad. des Inscript.*, Hist., t. XXXIV, p. 54.

Les *pastophores* vont s'assembler , et tout est à craindre.
VOLT. , *Lett. à D'Alembert*, 8 avril 1775 ; *OEuv.* , t. XCI , p. 137.

Latin , *pastophori.* In collegium me *pastophororum* suorum recepit.

APUL. , *Metam.*, in fin.

PATEMMENT , *adv.* D'une manière patente; ouvertement.

Sont mis et establis *patemment* en l'aire de ladite église.
P. DESREY, à la suite de MONSTRELET, *Chron.*, fol. 97 , 1°.

On a dit aussi, mais moins heureusement, PATEN-TEMENT.

Il ne peut estre vraisemblable que telle chose leur peust demeurer inconnue ou celée, laquelle sera cy *patentement* déclarée.

MONSTRELET, *Chron.* , vol. II , fol. 163 , 1°.

Latin, *patenter*. Sed *patentius*, et expeditius recti et non recti quæstionem continet.

Cicer., De Invent., II, cap. 13.

Italien, *patentemente*. Lo riconobbi *patentemente* dal primo ponte d'Ombrone stesso.

Vinc. Viviani, Disc. al Granduc. Cosim. III, fol. 14.

Espagnol, *patentemente*. Estará *patentemente* extendido à la disposicion de la eternidád.

Maner., Apolog., cap. 48.

PATERNE, *adj. des deux g.* Paternel; qui a le caractère, la bonté, l'indulgence, la tendresse d'un père; qui offre les apparences, l'extérieur de l'affection paternelle.

> Encontre toy, pères *paternes*,
> Qui la terre et le ciel gouvernes.

Hist. des trois Maries, ms., p. 435.

M. de Voltaire a employé d'une manière très-heureuse ce vieux mot français.

> Il les relève avec un air *paterne*.

Pucelle, ch. I.

Latin, *paternus*.

> Notus in fratres animi *paterni*.

Horat., l. II, od. 2, v. 5.

Italien, *paterno*. Con tanta amorevolezza *paterna*.

Cas., Lett. 19.

Espagnol, *paterno*. Assi gastó y despendió todos los bienes *paternos*.

Grac., Mor., f. 130.

PATROCINIEN, ENNE, *adj.* Qui appartient à la qualité de patron, à la profession d'avocat.

Puisque monstré ay la manière de faire sa demande de bouche en cour laye, après veux monstrer comment on la peut et doit faire articuler par escrit, qui est un des notables faits *patrociniens* d'advocasserie.

Boutill., Somm. rur., tit. 22, p. 112.

PAUCITÉ, *s. f.* Petit nombre.

Quant l'ost de Judas vit la grant multitude des ennemis et la *paucité* de eulx qui estoient très-petite compagnie, ils furent surprins de paour.

Hist. de la Toison d'or, fol. 51, col. 1.

Ce mot a été quelquefois employé par nos écrivains modernes.

La *paucité* de la race humaine rend la terre inhabitable, et cette terre abandonnée contribue à son tour à la dépopulation.

Voltaire, *Philos. de Newt.*, *sing. nat.*, ch. 39.

Je renvoie à notre Dodwell, qui a démontré la *paucité* des martyrs.

Idem, *Hist. Établiss. du christ.*, ch. 12.

Latin, *paucitas*. Quanta oratorum sit, semperque fuerit *paucitas*.

Cicer., *De Orat.*, 1, c. 2.

Italien, *pochezza*. La *pochezza* de' buoni, per comunanza di vertude, non possa scusare le malvagità di molti.

Ammaestr. ant. 22, 3, 4.

Anglais, *paucity*. Socrates well understood what he said touching the rarity and *paucity* of friends.

L'Estrange.

* **PEINTURER**, *v. a.* Enduire de peinture ; barbouiller, peindre sans aucun talent ou d'une manière bizarre.

Dedenz et dehors *painturé*.

Eust. Deschamps, *Poés. mss.*, fol. 496, col. 3.

Nous n'apercevons les graces que *peinturées*, bouffies et enflées d'artifices.

Montaic., *Ess.*, l. III, c. 12.

Elles sont affétées comme poupines, et d'autres fardées et *peinturées*.

Brantome, *Dam. gal.*, t. I, p. 312.

Voyez aussi *Blanchand.*, ms. de S. Germain, fol. 191, r°, col. 1. — *Athis et Prophilias*, fol. 44, v°, col. 1, etc.

Le verbe *peinturer*, qui d'ailleurs n'est point agréable à l'oreille, se trouve dans le Dictionnaire de Richelet et dans celui de Furetière. Les auteurs du Dictionnaire de Trévoux observent, d'après M. Andr. de Beauregard, *Réfl. sur l'usage présent de la lang. franç.*, que « ce mot « est bon, et même nécessaire. » En effet, le verbe *peinturer*, encore en usage dans le style familier, offre une nuance très-distincte de la signification du verbe *peindre*, et c'est pourquoi il a été souvent réclamé par les artistes et les amateurs des arts. Voyez WATTELET, *Dictionn. de peinture*.

Latin, *picturare*.

> Fert *picturatas* auri sub tegmine vestes.
>
> VIRG., Æneid., III, v. 483.

Italien, *pitturare*.

> Di ghirlande e di fior fa *pitturato*.
>
> BOCCAC., Teseid.

Espagnol, *pintorrear*, *pintarrajar*.

> PALOMINO, Ind. de las voc. privat. de la pint.

Anglais, *to picture*.

> I have not seen him so *pictur'd*.
>
> SHAKSPEARE.

* PEINTURAGE, *s. m.* Peinture grossière ; réunion de couleurs employées bizarrement et sans art.

> Et comme les nuages
> Paroissent enflammez de mille *peinturages*.
>
> BAÏF, OEuv., fol. 1, v°.

Le substantif *peinturage* ne me paraît point admissible.

PÉLERINER, *v. n.* Aller en pélerinage. voyager en pays étranger.

> Guères n'y sert *péleriner*,
> Toujours les douleurs s'entre-tiennent :

L'on peut tant qu'on veut cheminer;
Ceulx qui s'en vont après reviennent.
L'Amant rendu cordelier, p. 543.

On a dit aussi Pérégriner, d'où le substantif *péré-grination*, qui se trouve dans le *Dict. de l'Académie*, édit. de 1762.

Les jours de la pérégrination de ma vie sont cent trente ans de petit et de mal, et ils ne parvindrent pas desques as jours de mes pères esqueus ils ont *pérégriné*.
Anc. trad. de la Bibl., Gen., ch. 47, v. 9.

Ulysse *pérégrinet* d'un pays en un autre; mais encore arestet il quelquefois en une place.
H. Étienne, *Lang. franç. ital.*, dial. 1, p. 224.

Au rebours, je *pérégrine* très saoul de nos façons, non pour chercher des Gascons en Sicile, j'en ay assez laissé au logis.
Montaig., *Ess.*, l. III, c. 9.

Latin, *peregrinari*. Ita latè longèque *peregrinatur*, ut nullam tandem oram ultimi videat, in quâ possit insistere.
Cicer., *de Natur. Deor.*, l. I, c. 20.

Italien, *peregrinare*, *pellegrinare*. Se necessità è immante-nente di *peregrinare* et di far grandi giornate.
Maestruzz., 1, 29.

Per inopia e per fame faceva le famiglie de' suoi popoli in grande numero *pellegrinare* negli altrui paesi.
Matt. Villani, *Stor.*, II, 61.

Espagnol, *peregrinar*. Todos estos han de ir desconocidos *peregrinando* por el mundo.
Marmol., *Descr.*, l. II, cap. 3.

Voyez Pérégrinité.

PÉNAILLERIE, *s. f.* Assemblage de pénaillons, de haillons, de vieilleries, d'objets sans aucune valeur.

Les pastez estoient remplis de toutes vieilles *pénailleries* de

ses chevaux de poste, les unes en petits morceaux et en me-
nutailles, les autres en grandes pièces, en forme de venaison.

Brantome, Cap. étrang., t. II, p. 251.

Ce mot, qui appartient au style familier et burlesque,
a servi aussi à désigner un rassemblement d'hommes qui
ne méritent aucune espèce de considération. Quelques
écrivains modernes l'ont employé en parlant des moines.

C'était l'honneur de la pénaillerie.

Voltaire, Puc., ch. II.

La Fontaine a dit dans le même sens Pénaille.

La pénaille ensemble enfermée
Fut en peu d'heures consumée.

Cont.; Cordel. de Catalogne.

PÉNITENTIEL, ELLE, *adj.* Qui appartient à la
pénitence, consacré à la pénitence.

Ainsi devoit M. de Montgommery expier ce meurtre par
œuvres *pénitencielles*, et non par actions d'hostilité.

Brantome, Cap. franç., tom. II, p. 61.

Italien, *penitenziale*. Nondimeno in foro *penitenziale* questi
cotali sono da essere puniti.

Maestruzz., 1, 78.

Anglais, *penitential*.

With bitter fasts and penitential groans.

Shakspeare.

On a dit aussi dans le même sens Pénitencier, ère.

Comment il trouva sa mère en la maison *pénitencière*.

Perceforest, vol. IV, fol. 119, v°, col. 1.

Les mots *pénitentiel*, *pénitencier*, se trouvent, à la vérité, dans le Dictionnaire de l'Académie, édit. de 1762;
mais seulement comme substantifs. « *Pénitentiel*, rituel
« de la pénitence. — *Pénitencier*, prêtre commis par
« l'évêque pour absoudre des cas réservés. »

PERCHÉE, *s. f.* Réunion d'oiseaux perchés ensemble, dans le même lieu.

Voyez ceste *perchée* d'oiseaulx, comme ilz sont douilletz et en bon poinct, des rentes qui nous en viennent.

RABEL., l. V, c. 6.

PERCLUSION, *s. f.* État de celui qui est perclus, qui n'a pas le libre usage de ses membres.

Luy estant aux forges près Chynon, à son disner, luy vint comme une *perclusion*, et perdit la parole.

COMINES, *Mém.*, l. VI, c. 7.

PERCLUSER, *v. a.* Rendre perclus ; faire perdre l'usage des membres.

Il ne faut qu'un catarrhe qui vous la *perclusera* de ses membres, la difformera et la rendra regrignée et hideuse à veoir.

CHOLIÈRES, *Cont.*, fol. 159, r°.

Le verbe *percluser* ne me paraît pas de nature à être restitué au langage moderne.

***PERDABLE**, *adj. des deux g.* Susceptible d'être perdu.

> L'aage leur vient, et l'avoir acquesté
> Par cas sodain, est à un coup *perdable*.

EUST. DESCHAMPS, *Poés. mss.*, fol. 105, col. 3.

Je me compose pourtant à la perdre sans regret ; mais comme *perdable* de sa condition, non comme moleste et importune.

MONTAIG., *Ess.*, l. III, c. 13.

PERDEUR, *s. m.* Celui qui perd, ou qui feint d'avoir perdu quelque chose.

Ainsi faictes à ces *perdeurs* de coignées.

RABEL., l. IV, *Prolog.*

PERDURABLE, *adj. des deux g.* Qui dure toujours, stable, permanent; qui ne doit jamais finir.

> Et l'autre emportèrent deable
> En l'enfernal feu *pardurable*.
>
> *Castoiement, Cont.* 17, v. 77.

> Oncques ne fiz rieus *perdurable*,
> Tout ce que fais est corrompable.
>
> *Rom. Rose*, v. 19948.

> Et de la mort la porte qui m'est close
> Prolonge et faict le mien regret durable,
> En aage et temps éterne et *perdurable*.
>
> Cl. Marot, *Métam.*, l. 1; *OEuv.*, t. III, p. 55.

> Son amour est si ferme et *pardurable*,
> Que par nul cas elle n'est variable.
>
> *Marg. de la Marg.*, *Mir. de l'ame pécher.*, p. 67.

Imaginez de vrai combien seroit une vie *pardurable*, moins supportable à l'homme, et plus pénible, que n'est la vie que je luy ay donnée.

> Montaig., *Ess.*, l. 1, c. 19.

Voyez aussi *Charte de l'an* 1256; *Chartul. de S. Eloy de Noyon. — Vie de S. Louis par le Confesseur*, ch. 19. — *Mir. de S. Louis*, conclus. — *Vie d'Isabelle*, à la suite de *Joinville*, édit. de Du Cange, p. 170. — Eust. Deschamps, *Poés. mss.*, fol. 295, col. 1. — *Vigil. de Charles VII*, p. 18. — Al. Chartier, *l'Espér.*; *OEuv.*, p. 287. — Jacq. Tahureau, *Dial.*, p. 170, v°. — Amyot, *Plut.*, *OEuv. mor.*, t. XVII, p. 351. — Brantome, *Cap. franç.*, t. IV, p. 90, etc., etc.

M. de Marmontel regrette l'usage de ce mot. « Pourquoi, « observe-t-il, dit-on *durable*, et ne dit-on plus *perdu-* « *rable*, qui l'agrandit? » *Elém. de littér.*, art. *usage*, tom. X, p. 431.

Italien, *perdurabile*, *perdurevole*. La morte, che voi ci fate fare, ci mena alla vita *perdurabile*.

> *Vit. Barl.* 7.

Lacedemonia e Atene fecero leggi e usanze *perdurevoli*.

> *Coment. su Dante*, Purgat., 6.

Espagnol, *perduráble*. Mas muchos de los tuyos, à quien ya está aparejado el descanso *perduráble*, recibirán en la batalla coróna de martyrio.

Ambros. de Moral., lib. IX, cap. 7.

Anglais, *perdurable*.

> O *perdurable* shame; let's stab ourselves.

Shakspeare.

PERDURABLEMENT, *adv.* D'une manière durable, permanente; éternellement.

A jamais, *pardurablement*.

Joinville, *Hist. de S. Louis*, édit. de Du Cange, p. 115.

> Fors que bien fet tant seulement,
> Ce durra *perdurablement*.

Fouques, *Credo à l'usurier*, v. 179.

> Qui dure *perdurablement*,
> Sans fin et sans commencement.

Rom. Rose, v. 21468.

Voyez aussi *Vie de S. Louis par le Confesseur*, ch. 4, etc.

Italien, *perdurabilmente*. Perch' egli avviene che la follia ci tiene sì *perdurabilmente* e sì continuamente, senza allentare.

Sen. Pist.

Espagnol, *perdurablemente*. Y la conservó en sì *perdurablemente*.

Laeun., *Sobre Dioscor.*, l. 1, cap. 90.

Anglais, *perdurably*.

> Why would he, for the momentary trick,
> Be *perdurably* fin'd?

Shakspeare.

PERDURABILITÉ, *s. f.* Qualité de ce qui est durable, permanent; perpétuité, éternité.

> Par trace l'aiguel ensuyvant,
> En *pardurableté* vivant.

Rom. Rose, v. 21557.

Car tant que à *pardurableté*, ne verrez-vous outre les Égi-
ptiens, lesqueus vous voiez ore.

> *Trad. de la Bible*, Exod., ch. 14, v. 13.

> Vivens en *pardurableté*,
> A dampnement ou sauveté.
> EUST. DESCHAMPS, *Poés. mss.*, fol. 477, col. 1.

Et afin que ce soit ferme et estable et permaigne à *perdura-
bleté*, nous y fismes mettre nostre scel.

> ÉT. PASQUIER, *Rech.*, l. III, ch. 42.

Voyez aussi *Chart. de l'ann.* 1296 ; *liv. rouge de la chambre
des comptes de Paris*, fol. 247, v°, col. 1. — *Preuv. sur le
meurtre du duc de Bourgogne*, etc.

Italien, *perdurabilità. Perdurabilità e* contumacia.

> BRUNETT. LAT., *Tes.* 7, 82.

PERDURER, *v. n.* Durer toujours, persévérer.

Cil adecertes qui *pardurra* tanque enfin, cil sera sauf.

> *Trad. de la Bible*, S. Matthieu, c. 10, v. 22.

Latin, *perdurare.*

> Sola, nec in regem *perduratura* secundum.
> STAT., *Theb.*, l. I, v. 142.

Italien, *perdurare.* Esti cotali piati foraini *perdurano* eter-
namente.

> *Tratt. gov. fam.*

***PÉRÉGRINITÉ**, *s. f.* Condition de celui qui voyage,
qui est hors de sa patrie; qualité d'étranger; manières,
habitudes des étrangers.

Je vous ay de long-temps cogneu amateur de *pérégrinité*, et
désirant tousjours veoir et tousjours apprendre.

> RABEL., l. III, c. 47.

Ce mot a été employé par *Deslandes*, qui au reste a
eu la précaution de le mettre en italiques, pour indiquer
qu'il le considérait comme hors d'usage.

Faut-il que l'air de *pérégrinité* nous plaise si fort que nous perdons celui qui nous est naturel?

Art de ne point s'ennuyer, p. 26.

Les auteurs du Dictionnaire de Trévoux, et l'abbé Féraud, *Dictionn. crit.*, observent que le substantif *pérégrinité* est encore en usage comme terme de jurisprudence.

Latin, *peregrinitas*. Non modo albo judicum erasit, sed etiam in *peregrinitatem* redegit.

Suéton., *Claud.*, c. 16.

Cùm in urbem nostram infusa est *peregrinitas.*

Cicer., *Famil.*, IX, epist. 15.

Espagnol, *peregrinidad*. Pero que no se extrañe todo, y que haya otro argumento de falsedad distinto de la admiracion y la *peregrinidad.*

Sandov., *Hist. Ethiop.*, l. III, *argum.*

On trouve dans nos anciens écrivains français l'adjectif Pérégrin, ine, voyageur, étranger, mot qui d'ailleurs ne me paraît pas susceptible d'être réintégré dans le langage moderne.

Trois en la terre de Chanaan, autresi bien as fils de Israël comme as advenutz et as *pérégrins.*

Trad. de la Bib., Deut., c. 35, v. 13.

Lesquels fuyans la peine à eux prochaine,
Sont *pérégrins* en région lointaine.
Cl. Marot, *Opusc. II: OEuv.*, t. I, p. 267.

Mais aussi ceulx qui ayant dedans eulx-mesmes assez de quoy se récréer et se resjouir, s'efforcent de mendier des délectations *pérégrines* en dehors.

Amyot, *Plut.*, *prop. de table*, l. VII, quest. 8; *OEuv.*, t. XVIII, p. 358.

L'autorité peut seule envers les communs entendemens, et pèse plus en langage *pérégrin.*

Montaig., *Ess.*, l. III, c. 13.

Latin, *peregrinus*.

Prima *peregrinos* obscœna pecunia mores
Intulit.
JUVEN., *Sat.* 6, v. 297.

Italien, *peregrino*, *pellegrino*.

Passar nell' Asia l'armi *peregrine*.
TASSO, *Gierus.*, IX, 4.

In largo.... è *pellegrino* chiunque è fuor della sua patria; in
modo stretto, non s'intende *pellegrino*, se non chi va verso la
casa di san Jacopo, o riede.
Vit. nuov. di Dante, 69.

Espagnol, *peregrino*.

Nosotros *peregrinos*
Transcendiendo caminos.
CALDER., *Aut. la siembra del senor.*

Anglais, *peregrine*. The received opinion, that putrefaction
is caused by cold, or *peregrine* and preternatural heat, is but
nugation.
BACON.

Voyez PÉLERINER.

PÉRENNITÉ, *s. f.* Perpétuité; qualité de ce qui
continue d'exister sans interruption, durant un temps
très-long et indéfini.

Rendez-moy de non beuvant beuvant; *pérannité* d'arrouse-
ment par ces nerveux et secs boyaux.
RABEL., l. I, c. 5.

Latin, *perennitas*. Adde huc fontium gelidas *perennitates*.
CICER., *de Nat. Deor.*, II, c. 39.

Italien, *perennità*.
MAGAL., *Lett.*

Espagnol, *perennidád*. Ni fué menor invención la de los
rios admirables, en los principios y fines: aquellos con *perennidád*, y estos sin redundancia.
L. GRAC., *Critic.*, part. I, cris. 3.

Anglais, *perennity*. That springs have their origin from the sea, and not from rains and vapours, I conclude from the *perennity* of divers springs.

DERHAM.

On trouve aussi dans nos anciens écrivains français les mots :

PÉRENNE, *adj. des deux g*.

PÉRENNEL, **ELLE**, *adj*. Perpétuel, qui continue d'exister sans interruption durant un espace de temps très-long et indéfini.

Le monde n'est qu'une branloire *pérenne :* toutes choses y branlent sans cesse, la terre, les rochers du Caucase, les pyramides d'Egypte.

MONTAIG., *Ess.*, l. III, c. 2.

Deux ruisseaux *pérennes*, bordez de beaux arbres qu'ils nomment moly.

ID., *ibid.*, l. III, c. 6.

Ponr ne tarir jamais de larmes éternelles ,
En toy nous esmouvons ces sources *pérennelles*.

BAÏF, *OEuv.*, fol. 69, r°.

Latin, *perennis*. Stellarum *perennes* cursus atque perpetui.

CICER., *de Nat. Deor.*, II, c. 21.

Italien, *perenne*. Per lo scarico delle acque basse e *perenni*.

VINC. VIVIAN., *Disc. a Cosim.* III, p. 25.

Espagnol, *perenne*, *perennál*. Sola la infinita sabiduria de aquel suprémo Hacedór pudo hallar el modo y el concierto de tan hermosa y *perenne* variedád.

L. GRAC., *Critic.*, part. I, cris. 1.

Porque de ella, como de *perennál* fuente, nacen.

Comend. sobre las 300, copl. 85.

Anglais, *perennial*. The matter wherewith these *perennial* clouds are raised, is the sea that surrounds them.

HARVEY.

Au reste, les adjectifs *pérenne*, *pérennel*, ne me paraissent pas susceptibles d'être réintégrés dans le langage moderne.

PERLETTE, *s. f.* Petite perle.

Quoy ! cette *perlette*
Rougit de fierté !
LOYS LE CARON, *Poés.*, fol. 63, v°.

Italien, *perletta*. Ve ne avevano talora de' colorati, e delle plasme insieme con qualche *perletta*.

BENVEN. CELLINI, *Oref.* 21.

PERLUCIDE, *adj. des deux g.* Transparent, qui est facilement traversé par les rayons lumineux ; brillant, éclatant.

Qui eust le lustre clair, et qui fust *pellucide*.
REM. BELLEAU, *Poés.*, tom. I, p. 10, v°.

Latin, *perlucidus*. Natura oculos membranis vestivit, quas *perlucidas* fecit, ut per eas cerni possit.

CICER., *de Nat. Deor.*, l. II, c. 57.

Illustris et *perlucida* stella.

ID., *de Divin.*, l. I, c. 57.

Voyez TRANSLUCIDE.

PERSCRUTER, *v. a.* Examiner, rechercher avec le plus grand soin, avec une attention, une exactitude scrupuleuse.

Il se trouble du cerveau, comme font tous ces hommes qui perscrutent immodérément les cognoissances qui sont hors de leur appartenance.

MONTAIG., *Ess.*, l. II, c. 12.

Latin, *perscrutare*, *perscrutari*.

Postremò hunc jam *perscrutavi* : Nihil hic habet.
PLAUT., *Aulul.*, act. IV, sc. 4, v. 30.

Immittebantur illi Cibyratici canes , qui investigabant et
perscrutabantur omnia.

Cicer., Verr. 6 , c. 21.

Perscrutation , *s. f.* Examen scrupuleux, recherche
exacte , perquisition sévère.

La *perscrutation* de telz secretz luy desplaist.

Triumph. de la Noble Dame , l. III , fol. 365 , v°.

Les premières et universelles raisons sont de difficile *perscrutation*.

Montaig. , Ess., l. I , ch. 22.

Latin, *perscrutatio.* Quid opus est profundi *perscrutatione ?*

Senec. , de Consol. ad Helv. , c. 9.

PERTINENCE , *s. f.* Qualité de ce qui est pertinent, convenable, bien ordonné ; justesse , décence.

La pluspart de leurs responces et des négociations faictes
avec eux tesmoignent qu'ils ne nous devoient rien en clarté
d'esprit naturelle et en *pertinence.*

Montaig. , Ess. , l. III , ch. 6.

J'en ay estonné quelques-uns par la *pertinence* de ma
description.

Id. , ibid. , l. III , c. 13.

Le sixième et principal est de garder partout la forme ,
l'ordre , la *pertinence.*

Charron , Sagesse, l. II , c. 9.

Italien , *pertinenza.*

Vocab. della Crusca.

Anglais , *pertinence , pertinency.* I have shewn the fitness
and *pertinency* of the apostle's discourse to the persons he
addressed to.

Bentley.

PERTUISER , *v. a.* Faire un pertuis , un trou ; percer
d'outre en outre.

Nul ver ne la puist *pertuisier.*

Jehan de Meung , Testam. , v. 633.

Si commencèrent tous à férir et à frapper, et à tirer hors pierres, et à *pertuiser* ladite muraille en plusieurs lieux.

Froissart, *Chron.*, vol. I, c. 308.

Gands *pertuisez*,
Chapeaux frisez.
Blason des faulces amours, édit. orig., fol. 26, v°.

Qui le premier les roseaux *pertuisa*,
Et d'en former des flustes s'advisa.

Cl. Marot, *Opusc.* 3; *OEuv.*, t. 1, p. 177.

Eguillon en long éguisé,
Et qui pourtant est *pertuisé.*

Cl. Binet, *La Puce*, à la suite des lettres de Pasquier, t. III, p. 612.

Voyez aussi *Fabl. de S. Pierre et du jougleor*, v. 17. — Rabelais, l. II, c. 26, etc., etc.

Ce mot se retrouve quelquefois dans les auteurs modernes.

Fut aussi fort scandalisé
De se voir le corps *pertuisé.*

Scarron, *Virg. trav.*, ch. VII.

Latin barbare, *pertusare.* Pedules ac soleas *pertusando* per extrema progreditur.

Guibertus, *de Vit. suâ*, l. I, cap. 22.

Italien, *pertugiare.* E di fuori *pertugiaro* il muro in due parti, per modo que vi poteano mettere il cavallo.

Giov. Villani, *Stor.* X, 59, 3.

Pertuisage, *s. m.* Droit qui était dû au seigneur, sur le vin que l'on mettait en perce pour le vendre.

Et si doit quatre deniers de *pertuisage* pour chascune pièce, depuis le jour S. Denis, jusqu'à la Saint-Andry, du vin afforé en icelluy temps.

Doublet, *Hist. de S. Denis*, l. I, c. 60, p. 434.

Latin barbare, *pertusagium.* Eleemosynam xl sol., quos illustris comes palatinus Henricus ecclesiæ Lingonensi, ad men-

8.

sam canonicorum, apud Barrum super **Albam**, in *pertusagio* nundinarum.... donavit.

Chart. ann. 1157 ; *Gall. Christ.* , t. **IV**, instrum., col. 18.

* **PESEUR** , *s. m.* Celui qui pèse, qui examine, qui vérifie.

Tous les chemin de hom apparissent à ses oels ; nostre seignor est *poysour* des esperits.

Trad. de la Bible , Prov. ch. 16 , v. 2.

Ce mot se trouve dans le Dictionnaire de Trévoux. Les auteurs ajoutent « qu'on le dit plus particulièrement de celui « qui tient le poids du roi, qui pèse les marchandises. »

Italien , *pesatore*. Conciossiachè questi misuratori, e *pesatori* degli elementi dicano.

S. Agost. , *Citt. di Dio.*

Espagnol, *pesadór*. Con los geómetras se numeran assimismo todos los medidóres y *pesadóres*.

Figuer. , *Plaz.* , disc. 23.

Pesage , *s. m.* Action de peser. Droit qui se perçoit lorsque l'on pèse les marchandises au poids du roi ou de la ville. *Chart. de Marguer., comtesse de Fland.*, ann. 1274; *Chart. de Fland.*, I, ch. 264.

PHILADELPHE , *adj.* et *s. m.* Qui aime ses frères ; qui a pour ses semblables une amitié fraternelle.

Ne se faschoient point les hommes d'honorer les princes et les roys, qui ne cherchoient point à se faire appeler dieux ou enfans des dieux , ains *philadelphes*, c'est-à-dire aimant leurs frères et sœurs.

Amyot , *Plut.* , *OEuv. mor.* , tom. XIV, p. 411.

Grec, φιλάδελφος. Διὸ καὶ τῶν βασιλεών τοὺς μὴ θεοὺς μηδὲ παῖδας θεῶν ἀναγορεύεσθαι θέλοντας , ἀλλὰ φιλαδέλφους , ἢ φιλομήτορας.

Plutarch. , *De suí laude.*

On a nommé aussi *philadelphes* une espèce parti-

culière de pierres, dont la figure se rapproche de celle
de l'homme. Consultez l'Abbé Sévin, *Rech. sur la vie et
les ouvr. de Thrasylle; Acad. des Inscriptions, Mém.,*
t. X, pag. 97.

PHILAUTIE, *s. f.* Amour de soi-même.

Et congnois que *philautie* et amour de soy vous déçoipt.

Rabel., l. III, c. 19.

Mais sur toutes passions, se faut très soigneusement garder
et délivrer de ceste *philautie*, présomption et fol amour de
soy-mesme.

Charron, *Sag.*, l. II, ch. 1.

Ce mot, qui se trouve dans le Dictionnaire de Trévoux, a été employé par quelques écrivains modernes.

> Nous ne nous faisons point justice,
> Et la *philautie* est un vice
> Dont le plus sage est entaché.
> Scarron, *Poés. div.*; *OEuv.*, tom. VII, p. 185.

Grec, φιλαυτία. Φιλαυτίας, ὑπερηφανίας.

Suid., *Lexic.*

Nisi forte me communis φιλαυτία decipit.

Cicer., *Ad Attic.*, III, epist. 13.

Italien, *filauzia.*

Fr. d'Alberti, *Dizz. critic. enciclop.*

Espagnol, *philáucia.*

> Por mas que la *philaucia* glorias pida.
> Villeg., *Erot.*, eleg. 1.

PHILOPOLITE, *s. m.* Celui qui aime ses concitoyens.

« En nostre ville tout le monde m'appelle philolacôn, c'est-à-dire
« amateur des Lacédémoniens : Il te seroit plus honneste, res-
« pondit-il, d'estre surnommé *philopolitès*, c'est-à-dire aimant
« ses citoyens. »

Amyot, *Plut.*, *Lycurg.*; *OEuv.*, t. I, p. 190.

Grec, φιλοπολίτης. Καλὸν ἦν τοι, εἶπεν, ὦ ξένε, φιλοπολίτην καλεῖσθαι.

Plutarch., *Lycurg.*

PHILOSOPHATRE, *s. m.* Faux philosophe: celui qui n'a que les dehors de la philosophie.

N'en voit-on pas les exemples par un nombre infini de tels gentils *philosophastres?*

                  Jacq. Tahureau, *Dial.* 2ᵉ, p. 229.

Plus en apprendra, à un instant, par soy-mesmes, que non par tous les livres de tels quels *philosophastres*, non expérimentez en tels œuvres.

               Ét. Pasquier, *Monoph.*, l. I, p. 15.

Les auteurs du Dictionnaire de Trévoux observent que « les maîtres du grand œuvre ont donné aussi ce nom « à ceux qui ne connaissent pas bien les principes de « l'alchimie. »

Latin barbare, *philosophaster.*

           G. J. Vossius, *De vit. serm.*, l. III, c. 34, p. 542.

Italien, *filosofastro.* Sordastro e *filosofastro* sono cattivi.

                    Varch., *Ercol.* 255.

PIÉCETTE, *s. f.* Petite pièce, petite partie.

      Par *pecettes* le depécièrent.
           Guill. Guiart, *Roy. lig.*, p. 148.

Italien, *pezzetta.* Così fatto, si distenda sopra una *pezzetta* di panno bianco.

                Lib. cur. malatt.

PIGNORATION, *s. f.* Action de faire un contrat pignoratif, de mettre en gage, de recevoir en gage, de saisir comme nantissement.

Le seigneur de l'héritage ou son messager, loccandier, serviteur, ou commis peut faire la prinse, ou *pignoration*, ou carnalage dudit bestail, de son auctorité.

            Coutum. général, t. II, p. 682.

Latin, *pigneratio, pignoratio.* Quod emptionem venditionemque recipit, etiam *pignerationem* potest recipere.

           Cæius, *Digest.*, l. XX, tit. 1, leg. 9.

Italien, *pignoramento*. Ovvero per istaggimenti, o seque-strazioni di cose, e *pignoramenti*, e rivocagioni di esse.

Strum. de' Pacial.

On trouve aussi dans nos anciens jurisconsultes fran-çais le mot

Pignorer, *v. a.* Donner ou recevoir en gage; saisir comme nantissement, comme gage, comme sûreté d'un paiement.

Le seigneur propriétaire peut *pignorer* lesdits porceaux pour le dommage, et en tuer un à son choix.

Cout. génér., t. II, p. 681.

Latin, *pignerare*, *pignorare*. Utque ex aure matris detrac-tam unionem *pigneraverit* ad itineris impensas.

Sueton., *Vitell.*, c. 7.

Italien, *pegnorare*, *pignorare*. Ed i cittadini erano *pegnorati*, o presi.

Mat. Villani, *Stor.* 4, 84.

Espagnol, *piñorar*. A lo que nos otros llamamos sacar prendas, llamaban ellos *piñorar*.

Guev. *Epist. al Obisbo de Badajoz.*

PILLOTER, *v. a.* et *n.* Exercer de petits pillages multipliés; piller de côté et d'autre, par petites portions.

Ainsi nos pédans vont *pillotans* la science dans les livres, et ne la logent qu'au bout de leurs lèvres.

Montaig., *Ess.*, l. I, c. 24.

Les abeilles vont *pillotant* deçà et delà les fleurs; mais elles en font après le miel qui est tout leur.

Id., *ibid.*, l. I, ch. 25.

Ils ne faut pas faire comme les bouquetières, qui *pillotent* par cy par là des fleurs toutes entières, et telles qu'elles sont les emportent pour faire des bouquets et puis des présens.

Charron, *Sagesse*, l. III, c. 14.

Pilloterie, *s. f.* Petit pillage; vols peu considérables, mais fréquemment réitérés.

Si vous donnez de vostre main, toutes ces *pilloteries* ne se feront pas.

Montluc, Mém., t. II, p. 524.

Les mots *pilloter*, *pilloterie*, ne peuvent être admis que dans le style familier, ou dans la poésie badine.

PIPERESSE, *adj.* et *s. f.* Celle qui pipe, qui trompe.

Une douce amertume, une délectable maladie, un plaisant supplice, une mort *piperesse*.

Nature d'amour, fol. 14, r°.

En manière que j'en rendoye ma loyauté mesnagère et aucunement *piperesse*.

Montaig., Ess., l. I, c. 39.

On a dit aussi dans le même sens: **Pipeuse**.

Pipeuse feinte.

Des Accords (Et. Tabourot), Escr. Dijon., p. 3, v°.

Pipable, *adj. des deux g.* Facile à piper, à tromper.

Au cas que cette pipperie m'eschape à veoir, au moins, ne m'eschape-il pas à veoir que je suis très-*pippable*.

Montaig., Ess., l. II, c. 8.

PLACABLE, *adj. des deux g.* Qui n'est point implacable; que l'on peut apaiser.

Voire et hostie, à Dieu seule agréable,
Qui aux pécheurs rens le père placable.

Marg. de la Marg., de la nativ. de Jés. Christ, édit. de J. de Tournes; part. I, fol. 163.

M. de Voltaire se plaint de ce que la langue française est privée de ce mot.

Il y a des gens implacables, et pas un de *placable*. On ne finirait pas si l'on voulait exposer tous nos besoins.

Lett. à M. Guyot, avocat, 7 d'Auguste 1767; Œuv., t. LXXIX, p. 24.

Latin, *placabilis.*

> Quo quisque est major, magis est *placabilis* ira.
> > Ovid., *Trist.*, eleg. 5 , v. 31.

Italien, *placabile.*

> O benigno Gesù, deh! sii *placabile.*
> > *Ciriff. calvan.*, 3 , 85.

Espagnol, *placáble.* Conviene se descubra áspero con los soberbios, blando con los afligidos, rígido con los pertináces, y *placáble* con los humildes.
> > Figuer., *Var. Notic.*, varied. 16.

Anglais, *placable.*

> Methought I saw him *placable* and mild,
> Bending his ear.
> > Milton.

PLAIDERESQUE, *adj. des deux g.* Qui a le caractère propre aux plaideurs; qui appartient aux plaidoyers, à la chicane.

> Non pédantesque, non fratesque, non *plaideresque.*
> > Montaig., *Ess.*, l. I, ch. 25.

Plaiderie, *s. f.* Art ou habitude de plaider ; chicane ; procès.

> Chassant et abolissant ce vilain et pernicieux mestier de *playderie*, qui est une foire ouverte, un légitime et honorable brigandage.
> > Charron, *Sagesse*, l. III, ch. 2, § 4.

> Ceulx qui y sont venus depuis y ont meslé parmy, les arts de la *plaiderie*, et peu à peu en ont transporté l'exercice des effects aux paroles nues.
> > Amyot, *Plut.*, *Thémist.*, c. 3 ; *OEuv.*, t. II, p. 6.

Ce mot a été employé par Molière.

> Je verrai, dans cette *plaiderie*,
> Si les hommes auront assez d'effronterie,

Seront assez méchans, scélérats et pervers
Pour me faire injustice aux yeux de l'univers.
Misanthr., act. I, sc. 1.

N. B. On lit dans quelques éditions *plaidoirie.*

PLAIDEREAU, *s. m.* Mauvais plaideur; mauvais avocat.

Tant a partout de *plaideriaus*,
D'eschevins, de sergenteriaus.
Gautier de Coinsi, *Mir. de N. D.*, l. I, ch. 10.

Ce dernier mot ne me paraît point admissible.

PLUVINER, *v. n. imp.* Pleuvoir légèrement.

Tel fois va-il *plouvinant*
Au main, qu'ançois jour faillant,
Luist li solaus.
Anc. poèt. franç., ms. du *Vatican*, n° 1490, fol. 152, r°.

Dura celle pluye et froidure jusques à soleil levant, et tousjours *plouvina* jusques à prime.
Froissart, *Chron.*, vol. II, c. 9.

D'autant qu'il avoit *pluviné*, et que la terre estoit fort glissante.
Brantome, *Cap. franç.*, t. III, p. 96.

Voyez aussi Ét. Pasquier, *Rech.*, l. VIII, ch. 41. — *Hist. du chev. Bayard*, p. 275, etc.

Italien, *piovegginare*. Egli è notte buia, e *pioveggina*, e par che sia per piover piu forte.
Franc. Sacch.

Espagnol, *lloviznar*, caer algunas gotas de agua menúda sobre la tierra.
Dicc. de la real Acad. de Madrid.

POCHON, *s. m.* Petite poche.

Descousirent aussi de leur part leurs petits *pochons*, où reposoit leur argent mignon.
Noel du Fail, *Contes d'Eutrapel*, cont. 26, p. 358.

*POETESSE, *s. f.* Femme qui fait des vers, qui s'adonne à la poésie.

La défense de leur ville d'Argos, qu'elles entreprirent, soubs la conduite et par l'enhortement de Télésilla, *poëtesse.*
Amyot, *Plut.*, *OEuv. mor.*, t. XVI, p. 141.

Ce mot a été employé par quelques écrivains modernes.

La métamorphose d'une nouvelle Iphis, de *poëtesse* devenue poëte, et protégée sous le sexe féminin par le périodique messager des dieux, a su fournir les traits les plus plaisans au génie vraiment comique de l'auteur de la Métromanie.
Observ. sur les écrits modernes, t. XII, p. 218.

M. l'abbé Féraud ne paraît pas disposé à approuver l'usage de ce substantif « Quelques-uns, dit-il, ont voulu « introduire *poëtesse;* mais ils n'ont pas réussi. » *Dict. crit.*

Grec, ποιήτρια. Τῆς Μεγαλοςράτης ἐρασθεὶς ποιητρίας οὔσης.
Athen., l. XIII.

Latin, *poëtria.*
Grata lyram posui tibi, Phœbe, *poëtria* Sappho.
Ovid., *Heroïd.*, epist. 15, v. 183.

Italien, *poetessa.*
Da queste *poetesse*
Sarete messe per la buona via.
Lasca, *Cant. carnal.* 430.

Pur anch' ella *poetessa* provenzale.
Red., *annot. ditir.* 98.

Espagnol, *poetisa.* Si Sapho *poetisa* fue verdaderamente casta ò raméra.
D. Gom. de la Rocha, *Philos.*, l. XII, c. 2.

Anglais, *poëtess, poëtress.*
Most peerless *poëtress,*
The true Pandora of all heavenly graces.
Spenser.

POISSEUX , EUSE , *adj.* Enduit de poix ou d'une matière analogue; qui se rapproche de la nature de la poix.

> Et le rouleau glissant , en haute mer retire
> La *poisseuse* navire.
>
> AMAD. JAMYN , *Poés.* , p. 90 , v°.

Ce mot a été employé par quelques écrivains modernes.

On peut en juger par la nature même de ce laitier : car s'il est fort rouge, s'il coule difficilement, s'il est *poisseux*, ou mêlé de mine mal fondue, il indiquera le mauvais travail du fourneau.

> BUFFON , *Hist. nat.* ; *min.*, t. IV, p. 118 , art. *fer.*

POLLU , UE , *adj.* et *part.* Pollué , profané , souillé.

> Ne sa vallue
> Ne doibt estre souillée , ne *pollue.*
>
> AL. CHARTIER , *Poés.*, p. 578.

Cela fait , ils estimoient que la pierre en fust *pollue*, et l'abominoient comme chose interdite.

> AMYOT , *Plut.*, *OEuv. mesl*, t. XXI, p. 352.

Les Athéniens eurent en telle abomination ceux qui en avoient esté cause, qu'on les fuyoit comme personnes excommuniées : on tenoit *pollu* tout ce à quoy ils avoient touché.

> MONTAIG. , *Ess.*, l. III, c. 12.

Voyez aussi GUILL. CRÉTIN, *OEuv.* , p. 29, 31. — *Nuits de Straparole*, tom. II, p. 358, etc. , etc.

Ce mot a été employé par nos écrivains modernes, mais seulement dans le style familier, ou dans la poésie légère.

> Par quoi, mon fils , votre muse *pollue*
> Sera rôtie, et c'est chose conclue.
>
> VOLTAIRE , *Apolog. du luxe ; OEuv.*, t. XIV, p. 137.

Latin, *pollutus.*

> Qui *polluta* dolis , jam fœdera sanciet ensis.
>
> SIL. ITAL., l. XI, v. 322.

Italien, *polluto*. Essendo *polluto* di fornicazione.
Vit. SS. Padr.

Espagnol, *polúto*. La sangre de nuestro pontifice Christo, conculcada y *polúta* con varios pretextos de justicia.
MAR. DE AGREDA, t. II, num. 413.

POLTRONESQUE, *adj. des deux g.* Qui offre les caractères de la mollesse, de la pusillanimité.

Après qu'il eust gousté des doux fruicts des jardins *poltronesques* d'Epicurus.
MONTAIG., *Ess.*, l. II, c. 12.

Italien, *poltronesco*.

> E de' vini miglior colmo il vivagno
> Del ventre *poltronesco*.
> BUONAROTTI, *Fier.* 3, 2, 2.

POLTRONESQUEMENT, *adv.* D'une manière poltronne, pusillanime, efféminée; sans force, sans vigueur, sans courage.

De poltron, nous avons tiré non-seulement poltronerie, mais aussi poltronizer, et depuis quelque temps, *poltronesquement* aussi.
H. ÉTIENNE, *Lang. franç. ital.*, dial. 1ᵉʳ, p. 64.

Italien, *poltronescamente*. Vivere *poltronescamente*.
Vocab. della Crusca, au mot *poltroneggiare*.

On a dit aussi POLTRONEMENT.

Il vaut bien mieux que je vous l'aye donné pour vous faire arrester en un combat où vous alliez trop hazardeusement, que si je le vous eusse donné pour vous y faire aller et avancer en le refusant *poltronnement*.
BRANT., *Cap. franç.*, t. III, p. 116.

Ce guerrier inexpugnable est mort, et a esté tué le plus *poltronnement* que l'on sçauroit dire, par un portant le nom de Poltrot.
ÉT. PASQUIER, *Lett.*, t. I, p. 241.

Poltroniser, *v. n.* Être poltron, devenir poltron; manquer de courage, de vigueur, de force, vivre d'une manière molle et efféminée.

> A un mot seul de Dieu ne deviser,
> A parler peu et à *poltronniser*.
> Clém. Marot, *Épist.* 49; *OEuv.*, t. I, p. 530.

> Bref, il est si poltron, pour le bien deviser,
> Que, depuis quatre mois qu'en ma chambre il demeure,
> Son ombre seulement me fait *poltroniser*.
> Joach. du Bellay, *OEuv.*, p. 397, v°.

Voyez aussi H. Étienne, *Lang. franç. ital.*, dial. 1ᵉʳ, p. 64, etc., etc.

Italien, *poltroneggiare*. Pochi acquistarono l'amor degli eserciti con le virtù, come questi col *poltroneggiare*.
Davanz., *Tac.*, stor. 3, 328.

Espagnol, *poltronízarse*. Se les prohibiessen los coches, en que se *poltroniza* la juventúd.
Navarret., *Conserv.; disc.* 37.

Je ne crois pas au reste que les mots *poltronement*, *poltroniser*, soient susceptibles d'être réintégrés dans le langage moderne.

Voyez Apoltronir.

POLYPHAGE, *adj. des deux g.* Qui se nourrit de toute espèce d'alimens; *omnivore*.

Et ne croy pas que selon leur naturel, ils soyent *polyphages* ou lichnophages.
H. Étienne, *Lang. franç. ital.*, dial. 2ᵉ, p. 334.

Grec, πολυφάγος.

> Θηρῶν, οἱ πάντ' ἐν γαίᾳ
> Γένυσι πολυφάγοις
> Ἀποβόσκεται.
> Aristoph., *Av.*, v. 1065.

Ἀλλόθι πού φησιν ὁ Ἀριϛοφάνης ὅτι αἱ γυναῖκες, ἵνα μὴ δοκοῖεν πολυφάγοι εἶναι, ποιοῦσι μάζας γογγύλας, τουτέϛι στρογγύλας. *Scholiast.*

Aristoph. Thesmoph. v. 61. — Mon savant confrère, M. Gail, observe que le passage d'Aristophane auquel le scholiaste fait allusion ici, se trouve v. 28 et suiv. de la comédie intitulée : Εἰρήνη (la Paix).

Latin, *polyphagus. Polyphago* cuidam, Ægyptii generis, crudam carnem, et quidquid daretur mandere assueto.

Suet., Ner., c. 37.

POMMELU, UE, *adj.* Qui a la forme d'une pomme, arrondi comme une pomme.

> Au sein plus blanc que neige, au teton *pommelu.*
> Jacq. Tahureau, Poés., p. 79.

> Ce menton fosselu,
> Poli, grasselu, *pommelu.*
> Rem. Belleau, Berger., t. I, p. 50.

Pommelette, *s. f.* Petite pomme.

> Voyant ces deux *pommelettes.*
> Verdelettes, rondelettes.
> Gil. Durant, Poés., 53.

Son petit sein, garni de deux *pommelettes*, dures, et rondes, et eslevées.

Laurent de Premierfaict, Trad. de Boccace.

PONDÉROSITÉ, *s. f.* Poids, pesanteur ; gravité.

Le corps aggravé de la *pondérosité* de ses viandes, submerge avec lui la pensée, et l'empesche en sa propre opération.

Triumph. de la Noble Dame, fol. 39.

Latin, *ponderitas. Ponderitatem* gravitatemque hominis.

Accius apud Nonium, c. 2, n° 671.

Italien, *ponderosità.*

Fr. d'Alberti, Dizz. crit. encicl.

Espagnol, *ponderosidád.* Tambien ayudaria à esto la compression que daba à las aguas la *ponderosidád* del aire.

Alvar. de Toled., Hist. de la Igles. l. I, c. 6.

Anglais, *ponderosity*. Gold is remarkable for its admirable ductility and *ponderosity*, wherein it excels all other bodies.

RAY, *On creat.*

PONDÉREUX, EUSE, *adj.* Qui a du poids ; pesant, grave, important.

Pour longuement le *pondéreux* fais de la guerre soustenir.

J. D'AUTON, *Ann. de Louis XII,* ann. 1499, 1500, 1501, p. 42.

Une oraison aornée et polye de sages sentences, de termes et dictions graves et *pondéreuses*.

THÉOD. VALENTYN, *Amant Ressusc.*, l. IV, édit. in-4°, p. 144.

Latin, *ponderosus*.

Ubi *ponderosas*, crassas capiat compedes.

PLAUT., *Capt.*, act. III, sc. 5, v. 64.

Ponderosa vox.

VALER. MAXIM., l. VI, c. 4, § 1.

Italien, *ponderoso*.

Troppo grave quel colpo e *ponderoso*.

BERN., *Orland.*, 2, 14, 31.

Espagnol, *ponderóso*. Aunque los Latinos y Griegos sean mas graves, y *ponderósos*, mas poéticos en la lengua y tér-minos.

F. HERR., *sobr. Garcil.*, canc. 1.

Anglais, *ponderous*.

If your more *ponderous* and settled project
May suffer alteration.

SHAKSPEARE.

*** POPULEUX, EUSE,** *adj.* Dont la *population* est abondante et nombreuse; où il y a un grand concours de peuple, d'assistans, de spectateurs.

Ile grande, fertile, riche et *populeuse*.

RABEL., l. IV, c. 10.

Notre vie, disoit Pythagoras, retire à la grande et *populeuse*
assemblée des jeux olympiques.

Montaig., *Ess.*; l. I, c. 25.

Nation forte, puissante et *populeuse*.

Sat. Ménip., t. 1er, p. 221.

M. l'abbé Féraud, *Dict. critique*, signale l'adjectif
populeux comme « un mot nouveau, dont l'usage est
« encore incertain. » M. de Marmontel le range avec plus
de justice parmi les mots anciens qu'il voudrait voir
réintégrés dans la langue. « Si l'on disait d'une province
« qu'elle n'était pas *populeuse* de sa nature, mais qu'elle
« a été peuplée par l'industrie et le commerce, ... par-
« lerait-on une langue étrangère ? » *Elém. de littérat.*,
art. *usage* : *OEuv.*, t. X, p. 434. — Au reste, plusieurs
autres écrivains modernes ont employé fort heureusement le vieux français *populeux*.

L'instinct propagateur de leur race amoureuse
Sans cesse reproduit leur foule *populeuse*.

J. Delille, *Trois Règn.*, ch. VIII.

Latin, *populosus*. Indi, gens *populosa*, cultoribus et finibus
maxima.

Apul., *Florid.* l. I, n° 6.

Italien, *popoloso*. Sacchegiata pieve di Saccho, *popoloso* e
pleno castello.

Guicciard., *Stor.*, XI, 562.

Espagnol, *populóso*. Habia en la China muchos Tártaros,
avecindados antes de la guerra, como suele suceder en todas
partes, donde hai reinos *populósos*.

Palaf., *Conq. de la China*, cap. 26.

Anglais, *populous*.

Heaven, yet *populous*, retains
Number sufficient to possess her realms.

Milton.

N. B. Je regrette de n'avoir pas rencontré dans les

auteurs anciens, manuscrits ou imprimés, que j'ai eu occasion de compulser, le mot *population*, qui ne se trouve point dans le Dictionnaire de l'Académie, édit. de 1762.

PORTELETTE, *s. f.* Petite porte.

Chart. de l'ann. 1340; *Chartul. de Corbie*, 23.

Latin, *portula*. Convenerat autem ut Philemenus. *portulâ* assuetâ venationem inferens, armatos induceret.

Tit. Liv., l. XXV, cap. 9.

Italien, portella. Cacciandoli, con loro insieme si misero per una *portella*, che era aperta, per ricoglierli.

Ser Giovan. Fiorent., *il Pecor.*, giorn. 25, nov. 2, 196.

Espagnol, *portezuela*, *puertecilla*. Pero descuidaos con la *portezuela* de la jaula.

Hortens., *Quar.*, fol. 154.

En ella estaba metido un relicario de oro y diamantes : y en dos *puertecillas* que le cerraban, habia dos retrátos.

Cast. Solorz., *Trapaz.*, cap. 9.

PORTIONNER, *v. a.* Diviser par portions; assigner à chacun la portion qui lui convient, ou celle qu'il doit donner.

Se sont efforcez et efforcent contraindre lesdictz libraires de payer lesdictes sommes, auxquelles ils les ont extraordinairement, et excessivement, et induement taxez, cotizez et *portionnez* pour ledict octroy.

Privil. des Libr. de Paris, en 1513, à la suite de l'*Anc. cout. de Norm.*, fol. 154, r°, col. 2.

Anglais, *to portion.*

And *portion* to his tribes the wide domains.

Pope, *Odyss.*

POSSÉDABLE, *adj. des deux g*. Susceptible d'être possédé ; que l'on a droit de posséder.

Je luy cède la mestayrie de la Pomardière, à perpétuité pour luy et les siens, *possédable* en franc alloy.

RABEL., l. I, ch. 32.

POSTPOSER, *v. a*. Mettre à la suite ; placer dans un rang inférieur ; estimer à plus bas prix.

Aulcuns de ceulx eurent honte et horreur de telle tant abominable amende, la *postposarent* à la crainte de mort, et furent pendus.

RABEL., liv. IV, ch. 45.

J'estime tous les hommes mes compatriotes, et embrasse un Polonois comme un François : *postposant* cette liaison nationale, à l'universelle et commune.

MONTAIG., *Ess*, l. III, ch. 9.

D'avoir ainsi *postposé* son particulier au public.

AMYOT, *Plut.*, *Sylla*, ch. 9 ; *OEuv*, t. IV, p. 479.

Non-seulement il ne doit estre *postposé* à l'italien, mais luy doit estre préféré, n'en desplaise à l'Italie.

H. ÉTIENNE, *Lang. franç. ital.*, dial. 2, p. 621.

Voyez aussi *Marg. de la Marg.*, fol. 208, r°. — GUIL. BOUCHET, *Sérées*, l. III, p. 186, etc.

Latin, *postponere*.

> Dormiet in lucem, scorto *postponet* honestum
> Officium.

HORAT., l. I, *Epist.* 18, v. 34.

Italien, *posporre*. L'opposito fa, che 'l proprio amore propone al proprio odio, e l'amor di Dio *pospone* per lo proprio amore.

CAVALC., *Specch. crist.*

Espagnol, *posponer*. E assi anteponen la edat que deben *posponer*, è costriñen la edat à venir à lo que non debe.

Fuer. Juzg., l. III, tit. 1, ley 5.

9.

Anglais, *to postpone*. All other considerations should give way, and be *postponed* to this.

LOCKE.

POSTRÈME, *adj. des deux g.* Dernier, qui est placé après tous les autres.

Attribuants au rang le los qui appartenoit au mérite ; et, qui appartient au premier mérite, au *postrème* et dernier rang.

MONTAIGNE, *Ess.*, l. I, c. 3.

Latin, *postremus*. In agmine, in primis modo, modo in *postremis*, sæpe in medio adesse.

SALLUST., *Jugurth.*, c. 49.

Italien, *postremo*.

Che Fiorenza fesse
Vittima nella sua pace *postrema*.

DANTE, *Parad.*, 16.

Espagnol, *postréro*, *postriméro*. No cessando, hasta la hora *postrera*, de besar sus pies.

GIL GONZAL., *Theat. de Avila*, l. III, c. 9.

Soi reducido à términos, que muerte
Serà mi *postriméro* beneficio.

GARCIL., *Eleg.* 2, terc. 34.

POTATION, *s. f.* Action de boire.

Le suppliant d'une part, et Drouet Ferrant d'autre, désavans de leur sens et bon mémoire par leur trop grant *potation*.

Lett. de rémiss., ann. 1373 ; *Trés. des Chart.*, reg. 104, ch. 375.

Latin, *potatio*. Deditos vino *potatio* extrema delectat, illa quæ mergit, quæ ebrietati summam manum imponit.

SENEC., *Epist.* 12.

Anglais, *potation*.

Roderigo,
Whom love hath turned almost the wrong side out,
To Desdemona has to-night carouz'd
Potations pottle deep.

SHAKSPEARE.

POUDRIERE, *s. f.* Lieu où l'on fabrique et où l'on dépose la poudre à canon.

Il y avoit beaucoup de poudre, sans ce que travailloient journellement trois cents ouvriers employez à la *poudrière.*
Mém. du duc de Guise, l. 1, p. 45.

Le substantif *poudrière* se trouve dans le *Dictionnaire critique* de l'abbé Féraud, qui prétend, je ne sais pourquoi, que « c'est un mot de province. »

Italien, *polveriera* si dice l'edifizio dove si fabbrica la polvere per l'armi da fuoco.
Vocab. della Crusca.

POUPINER, *v. a.* Donner un extérieur poupin ; parer d'une manière affectée et enfantine. — Il s'est dit par extension du langage, du style.

Il ne leur faut point tant d'agiots et béatilles pour les *poupiner,* qu'à ces jeunes esventées : elles se passent à peu.
CHOLIÈRES, *Cont.*, fol. 219.

Vous parlez de bien *poupiner* un langage : où en voulez-vous chercher les maistres ouvriers qu'en l'eschole de vertu, entre nous autres qui portons l'espée ?
ID., *ibid.*, fol. 221.

POUPINET, ETTE, *adj.* Qui fait le poupin, qui affecte des graces enfantines.

Le baut, le doux, le poupinet,
Le long, le droit, le gay, le savoureux.
EUST. DESCHAMPS, Poés. mss., fol. 207, col. 2.

Voyez aussi J. MAROT, p. 162, etc.

POUPINEMENT, *adv.* En affectant un air poupin, des graces enfantines.

Joliment, mistement, cointement, mignardement, *poupinement,* bragardinement, leggiadrement.
H. ÉTIENNE, *Lang. franç. ital.*, dial. 1, p. 179.

Les mots POUPINET, POUPINEMENT, ne me paraissent

point susceptibles d'être réintégrés dans le langage moderne.

POURPARLER, *v. a.* et *n.* Avoir un pourparler, une conférence ; traiter de vive voix d'une affaire.

Aucun d'eulx s'entremistrent d'apaisier le conte Perron audit conte Tybaut, et fu la chose *pourparlée* en tele manière, que le conte Tybaut promist que il prenroit à femme la fille le conte Perron de Bretaigne.

Joinville, Hist. de S. Louis, édit. de Du Cange, p. 18.

> Guillaume qui preus fu et sages,
> Ne cuidoit que li mariages
> Fust *porparlez* en itel point.

Huon le Roy, l'air palefroy, v. 739.

Pourparleur, *s. m.* Celui qui est chargé d'une négociation, d'un pourparler ; interlocuteur.

Qui ne pouvoit estre fait, pour l'entregent requis en telles matières que par une personne autre que des *pourparleurs.*

Ét. Pasquier, Lett., l. XXI, t. II, p. 682.

POURRISSABLE, *adj. des deux g.* Sujet à la pourriture, susceptible de se pourrir.

Ainçois, baille tout le guerredon au corps *pourrissable*, et à l'appétit de la charongne.

Al. Chartier, l'Espér.; Œuv., p. 352.

Charles Bonnet a dit dans le même sens **Putrescible**.

Elle (la substance du grain du froment) est visqueuse alkaline, et très-*putrescible*, on peut la nommer la substance glutineuse.

Contemplat. de la nat., XIe part., ch. 27, not. 11; Œuv., t. IX, p. 144.

J'estime que le mot *putrescible* est préférable à l'ancien français *pourrissable*.

POURSUIVABLE, *adj. des deux g.* Susceptible d'être poursuivi.

Leurs biens par la paix ne seront, ne aussi leurs héritages, *poursuivables* des rentes foncières et surcens, pour le temps de la guerre.

Comines, *Mém.*, t. III, preuv., p. 285.

PRÉACHETER, *v. a.* Acheter à l'avance, acquérir antérieurement à l'époque fixée par les règlemens ou les coutumes, avant la mise en vente légale.

Prohibons et défendons que nuls marchands de grains, blaviers, ne recolpeurs, ne soient si osez ne si hardis de *préacheter* bleds ny autres grains et vins du pays en verd, devant la cueillette, et estant encores sur les champs et vignobles.

Cout. génér., t. II, p. 974.

PRÉALLÉGUÉ, ÉE, *part. pass.* Allégué précédemment ; cité antérieurement.

Ce doute vous sera levé par Abélard, au passage par moy non entièrement *préallégué*.

Ét. Pasquier, *Rech.*, l. IX, ch. 5.

Italien, *preallegato*. Boezio, nell' ultima prosa del primo libro della *preallegata* opera.

Buti, *sul Dante*, Infern., pr.

PRÉAMBULAIRE, *adj. des deux g.* Qui sert de préambule, de préliminaires, d'introduction ; qui précède, qui annonce.

Si n'ay-je sceu si bien faire que je n'en aye eu deux atteintes, légères toutesfois et *préambulaires*.

Montaig., *Ess.*, l. III, c. 3.

Anglais, *preambulary*, *preambulous*. He not only undermineth the base of religion ; but destroyeth the principle *preambulous* unto all belief, and puts upon us the remotest error from truth.

Brown.

Le docteur Sam. Johnson, *Engl. Dict.*, observe que l'adjectif *preambulary*, *preambulous*, n'est point en usage, quoique, ajoute-t-il, ce mot ne soit pas dénué d'élégance.

PRÉAVISER, *v. a.* Aviser d'avance.

Et d'icelles esté fait un recueil et concept, auquel on avoit donné le nom de chartes *préadvisées.*
Chart. nouv. de Hainaut; Coutum. général, t. II, p. 41.

Adonc le seigneur, *préadvisé* de la chose, fist mettre le cuer devant sa femme.
Laur. de Premierfaict, *Trad. de Boccace.*

Voyez aussi J. Molinet, *Poés.*, p. 168, etc., etc.

PRÉCÉDENCE, *s. f.* Action ou droit de précéder; état de ce qui précède.

Sur toutes autres *précédences*, les hommes coustumièrement en débattent et querellent.... Mais l'a *précédence* du temps, qui proprement s'appelle presbion, comme qui diroit l'honneur de vieillesse, il n'y a personne qui en soit jaloux.
Amyot, *Plut.*, *OEuv. mor.*, t. XV, p. 227.

A l'advis d'Anacharsis, le plus heureux estat d'une police seroit où, toutes autres choses estant esgales, la *précédence* se mesureroit à la vertu, et le rebut au vice.
Montaig., *Ess.*, l. I, c. 24.

Surtout vous prendrez garde qu'auxdits serment et acte, le roi d'Espagne ne soit nommé devant moy; car outre que ma *précédence* ne peut estre débatue justement par lui, etc.
Mémoires de Bellièvre et de Sillery, p. 419.

Nous nous trouvâmes en peine de le disposer en sorte qu'il pust avoir ses *précédences* et subséquences, à cause que toutes les lettres dans leurs minutes n'avoient point d'autres dates que celles des jours.
Sully, *Mém.*, t. II, ch. 45, p. 272.

Italien, *precedenza.*

> Fatton' un memoriale, o un inventario,
> Senz' ordine però di *precedenza*,
> Come le feste son nel calendario.

Allegri, *lett. e rim.*, 114.

Espagnol, *precedéncia.* Comenzó en este tiempo à descubrirse la competencia de *precedéncia* entre los duques de Florencia y Ferrára.

HERRER., *Hist. de Phel.*, II, t. I, l. 3, ch. 2.

Anglais, *precedence*, *precedency*.

None sure will claim in hell
Precedence.
MILTON.

Which of them has the *precedency* in determining the will to the next action.

LOCKE.

PRÉCONISEUR, *s. m.* Celui qui préconise, qui loue hautement et publiquement. Il a été employé aussi comme terme de jurisprudence, pour désigner celui qui fait une proclamation judiciaire.

Après trois cris faits par le *préconiseur* dudit lieu, à haute voix, j'ai fait lecture, à voix claire, et entendible des lettres patentes du roy.

Procès-verbal des cout. de Nivern.; *Cout génér.*, t. III, p. 1173.

Ce mot se trouve aussi dans quelques écrivains modernes.

Ne pense pas pourtant qu'en ce langage,
Je vienne ici, *préconiseur* peu sage,
Tenter ton zèle, humble, religieux,
Par un encens à toi-même odieux.
J. B. ROUSSEAU, l. II, *Epît.* 4.

Italien, *preconizzatore*.

SEGNER., *Predich.*

PRÉCONNAITRE, *v. a.* Connaître à l'avance.

Il en naistra des herbes et des plantes et boccages que mangeront et pastureront les sacrées victimes, qui auront toutes sortes de formes et diverses qualités en leurs entrailles, par lesquelles les hommes prédiront et *précognoistront* ce qui leur devra advenir.

AMYOT, *Plut.*, *OEuv. mél.*, t. XXII, p. 326.

Latin, *præcognoscere*. Si latro, *præcognito* **nostro adventu**, rursus in Italiam se recipere cœperit.

PLANC., *ad Cicer.*; *Famil.* 10, epist. 15.

Italien, *preconoscere*. Laonde, se egli non solo i fatti degli uomini, ma esiandio i pensieri, e le volontà *preconosce*, l'arbitrio nostro non arà libertà nessuna.

VARCH., *Boez.*, 5 pros. 3.

Espagnol, *preconocer*. Antevió, como divina, y *preconoció*, como diosa, que los Romanos habian de destruir à los Griegos.

MANER., *Apolog.*, cap. 25.

PRÉÉLIRE, *v. a.* Élire à l'avance; élire avant un autre; choisir de préférence à tout autre.

> La parfaite amie singulière,
> De Dieu eslue et *préeslue*.
>
> *Mistère de la Conception.*

> Tu fus, comme es, de Dieu si bien vouluë,
> Que pour sa mère et fille *préesleuë*,
> Dame te feit des vertus renommer.
>
> GUILL. CRÉTIN, *Rondeau*; *Poés.*, p. 29.

Italien, *preeleggere*. Oltre al suo maggior desiderio, *preelesse* di stare in esilio, anzi chè per cotal via tornare in casa sua.

BOCCAC., *Vit. del Dante*, 252.

PRÉEXCELLENCE, *s. f.* Le plus haut degré d'excellence; supériorité absolue.

Le misérable n'a garde d'enjamber au-delà : il est entravé et engagé, il est assubjecti de pareille obligation que les autres créatures de son ordre et d'une condition fort moyenne, sans aulcune prérogative, *préexcellence* vraye et essentielle.

MONTAIG., *Ess.*, l. II, c. 12.

On a dit aussi PRÉCELLENCE.

La nature ne leur a pas donné la veüe qui se puisse estendre à tant de peuples pour en discerner la *précellence*.

MONTAIG., *Ess.*, l. III, c. 8.

Ce que vous tournez au mespris des femmes, je vous vay

monstrer qu'il n'est que pour tesmoigner leur *précellence* sur les hommes.

Cholières, *Contes*, 5ᵉ après-disnée; t. II, p. 159, v°.

H. Étienne a publié un ouvrage qui a pour titre : « Project du livre intitulé de la *Précellence* du langage « françois. » Paris, Mamert Patisson, 1579, un vol. in-8°. La Monnoye, *sur les jugements de Baillet*, in-4", tome II, p. 653, blâme H. Étienne d'avoir employé ce mot *précellence.*

Latin, *præcellentia.* Ubi est ergo *præcellentia* divinitatis, quam utique superiorem omni potestate credendum est?

Tertull., *Apologet.*, c. 23.

Précellent, ente, *adj.* Qui surpasse tous les autres, excellent au suprême degré.

Divine vierge *précellente*,
Eu toutes vertus accomplie.
Oraison à N. D., ms.

Latin, *præcellens.* Vir et animo et virtute *præcellens.*

Cicer., *Pro Balbo*, cap. 10.

Italien, *precellente.*

Fr. d'Alberti, *Dizz. critic. enciclop.*

Espagnol, *precelente.* Virgen *precelente*, y martyr esforza-dissima, santa Cathalina.

Navarr., *Man.*, cap. 27, num. 291.

Préceller, *v. a.* et *n.* Atteindre le plus haut degré d'excellence, surpasser tous les autres.

Oses-tu bien tes faits
Si mal bastis présenter devant celle
Qui de sçavoir toutes autres *précelle?*
Cl. Marot, *Epist.* 2 ; *OEuv.*, t. I, p. 370.

Le premier exploitta la sienne à plus de visaiges, et *précelle* en exploits militaires et en utilité de ses vacations publiques.

Montaig., *Ess.*, l. II, c. 28.

Voyez aussi *Marguer. de la Marguer.*, p. 3, 76, etc.

Latin , *præcellere*. Malus Assyria odore *præcellit* fo-
liorum.

Plin., *Hist. nat.*, l. XII, c. 3.

PRÉFIGURER, *v. a.* Figurer à l'avance ; représenter
par des figures, par des signes ou des emblèmes un
événement futur.

> Des prophètes fustes *préfigurée* ,
> Diversement en plusieurs nobles signes.
>
> Guill. de Machault , *Compl. de Charolois.*

Pour ce qu'il vouloit déclarer mieux le miracle, pour ce
qu'il vouloit *préfigurer* le sacrement de l'eucharistie.

H. Étienne, *Apolog. d'Hérod.*, t. II, c. 36, p. 178.

Latin, *præfigurare*. Admonentur utique quid facere possint,
ac se quisque pro sexu in illis imaginibus *præfigurat*.

Lactant., *De Spectac.*, l. VI, c. 10.

Italien , *prefigurare*. Le predizioni , e l'ombre luminose
prefiguranti il gran sole di verità.

Salvini, *Pros. tosc.*

Espagnol, *prefigurár*.

> La tierra que en sus hijos temerosa,
> El mal futúro siente, y *prefigura*.
>
> Villav., *Mosch.*, cant. I, oct. 6.

Quelques écrivains modernes ont dit **Préfiguration**, *s. f.* pour désigner l'action de figurer à l'avance.

Il (Servet) traita de la *préfiguration* du Christ dans le
verbe, de la vision de Dieu, de la substance des anges, de la
manducation supérieure.

Voltaire, *Ess. sur les Mœurs*, ch. 134; *ŒEuv.*, t. XIX, p. 289.

Latin, *præfiguratio*. Hæc scripturæ secreta divinæ inda-
gamus, certum tenentes non ea , sine aliquâ *præfiguratione*
futurorum, gesta atque conscripta.

S. August., *De Civit. Dei*, l. XVI, c. 2.

Italien, *prefigurazione*. Il battesimo della *prefigurazione* ,

nel quale con Moïsè furono battezzati tutti i Giudei, passando
il mar rosso.

Boccac. *sul Dante.*

Anglais, *prefiguration.* The variety of prophecies and *pre-
figurations* had their punctual accomplishment in the author
of this institution.

Norris.

PRÉHONORER, *v. a.* Honorer d'une manière particulière ; accorder des prérogatives honorables ou
quelque avantage particulier.

Si tels enfans, ainsi *préhonorez,* ne se contenteroient, vou-
lans avec leurs autres frères et sœurs venir en partage.
Cout. de Brusselles, tit. 20 , § 283 ; *Coutum. général*, t. I, p. 1256 .
col. 2.

Italien, *preonorare.* Vedi che scorgendo alcuno *preonorato,*
o ingrandito,.... tu non lo predichi per felice.

Salvin., *Man. di Epit.*

*PRÉLASSER (SE), *v. réfl.* Faire le prélat, affecter
la démarche grave et imposante d'un prélat.

Je veys Diogènes qui *se prélassoit* en magnificence avecq' une
grande robbe de pourpre, et un sceptre en sa dextre.
Rabel., l. II, c. 30.

Ainsi s'en va *prélassant* par le pays, faisant bonne troigne
parmi ses parochiens et voisins.
Id., l. IV, *Prol.*

On a dit aussi se Prélater.

J'en vois.... qui *se prélatent* jusques au foye et aux intestins :
et entraînent leur office jusques en leur garderobe.
Montaig., *Ess.*, l. III, c. 10.

Le verbe *se prélasser* a été employé par La Fontaine.

L'âne *se prélassant* marche seul devant eux.
Liv. III, fab. 1.

PRÉNOMMÉ, ÉE, *part. pass.* **Nommé ou mentionné** précédemment.

Ce fait, le *prénommé* roy d'armes cria par trois fois, à haute voix, fort piteusement.
BRANTOME, Dam. ill., p. 21.

Italien, *prenominato.* Ma in tutti i *prenominati* modi, il letame, nella fossa, sopra à terra intorno alla propaggine si ponga.
CRESCENZ., Agric. 4, 10, 2.

Anglais, *prenominate.*

He you would sound,
Having ever seen, in the *prenominate* crimes,
The youth, you breathe of, guilty.

SHAKSPEARE.

PRÉORDONNER, *v. a.* et *n.* Ordonner, disposer à l'avance ; établir à l'avance un ordre fixe, invariable.

Préordonna la proclamer
Toute belle en ame et en corps.

G. CRÉTIN, Balad.; OEuv., p. 22.

Je te prouveroy, de l'enfance,
Avoir esté *préordonné*,
D'un cuenr de loix environné,
Pour aimer la plume et la lance.

JACQ. TAHUREAU, Poés., fol. 3, r^o.

Tesmoin le peuple thébain, lequel ayant mis en justice d'accusation capitale ses capitaines, pour avoir continué leur charge outre le temps qui leur avoit esté *préordonné*, absolut Pélopidas.
MONTAIG., Ess., l. 1, c. 1.

Et comme ainsi soit, que les choses qui ont esté *préordonnées* par un jugement très-certain de Dieu, ont toutesfois leurs heurts et rencontres fluctuantes.
ÉT. PASQUIER, Rech., l. III, ch. 1.

Ce mot a été employé par nos écrivains classiques modernes.

Que falloit-il donc dire pour cela, si ce n'est pas assez de

dire que Dieu *préordonne*, que Dieu pousse, que Dieu est
cause?

Bossuet, *Variat.* 2ᵉ avertiss., § 8; t. IV, p. 94.

Latin, *præordinare*. Causæ *præordinatæ* atque fixæ.

Cæl. Aurel., *De morb. acut.*, l. I, c. 4.

Italien, *preordinare*. Quel travaglio, che il signore or ti
manda, fu da esso *preordinato*.

Segner., *Mann.*

Espagnol, *preordinar*. Es el asiento destinado antes de la
constitucion del mundo, y como un palácio real y solio *preor-
dinado* desde abinicio, para todos aquellos que han de reinar
en el conspecto de Dios y del cordéro.

Lop., *Pereg.*, l. IV.

Anglais, *to preordain*. Sin is the contrariety to the will of
God, and if all things be *preordained* by God, and so de-
monstrated to be willed by him, it remains there is no such
thing as sin.

Hammond.

Préordonnance, *s. f.* Action d'ordonner, de disposer
à l'avance; ordre préalablement établi.

Ils croyoient si fermement, en leur religion, les jours d'un
chacun estre de toute éternité préfix et comptez d'une *préordonnance* inévitable.

Montaig., *Ess.*, l. II, c. 29.

Quelques écrivains modernes ont dit dans le même
sens Préordination.

J'admets donc partout, dans les corps organisés, une *préordination*, qui détermine les reproductions de tout genre.

Bonnet; *Lett.* 9ᵉ, *hist. nat.*; *OEuv.*, tom. XI, p. 326.

Je doute au reste, malgré l'autorité de Montaigne et
de Bonnet, que les mots *préordonnance*, *préordination*,
puissent être employés heureusement, excepté dans le
style didactique.

Espagnol , *preordinación* , la prevención y disposición de la voluntád de Dios , con que abeterno determinó todas las cosas , para que tuviesen su efecto à sus tiempos.

Dicc. de la real Acad. de Madrid.

Anglais , *preordinance*.

> These lowly courtesies
> Might stir the blood of ordinary men,
> And turn *preordinance* and first decree
> Into the law of children.
>
> Shakspeare.

PRÉPARATIVEMENT , *adv.* D'une manière préparatoire.

Est requis *préparativement* faire apparoir dudit titre, par lettres , instrumens ou tesmoings.

Cout. général , t. II , p. 915.

Anglais , *preparatively*. It is *preparatively* necessary to many useful things in this life , as to make a man a good physician.

Hale.

PRÉSCIENT , ENTE , *adj.* Qui a la prescience d'un événement, qui sait, qui connaît à l'avance.

> S'ilz voit les biens et les iniquitez,
> A son miroer *prescient,* pardurable.
>
> Eust. Deschamps, *Poés. mss.*, fol. 104, col. 3.

Latin , *præscius*.

> Miseris heu ! *præscia* longè
> Horrescunt corda agricolis.
>
> Virg. , *Æneid.*, XII, v. 452.

Italien , *presciente*. Volea farsi credere *presciente* di quel fatto.

Fr. Giord. , *Predich.*

Anglais , *prescient*.

> Who taught the nations of the fields and wood ,
> *Prescient*, the tides or tempests to withstand ?
>
> Pope.

Présavoir, *v. a.*, *n.* et *s. m.* Savoir, connaître à l'avance.

> Affin que par sa vertu et conduicte,
> La nostre vie à bonne fin réduicte,
> Fruition du bien puissions avoir
> Mys en réserve au divin *présçavoir*.
> Guill. Crétin, *Invect. contre la mort*; OEuv., p. 264.

Latin, *præscire*. Existimant quidam *præscisse* hæc eum peritiâ futurorum.

> Sueton., *Tiber.*, c. 67.

Italien, *prescire*. Non ci sforzassimo di dimostrare l'avvenimento delle cose *prescite*, cio è saputo innanzi.

> Varchi, *Volgar. di Boez.* 5, 3.

PRÉSERVATION, *s. f.* Action de préserver, de garantir; moyen par lequel on garantit, on préserve.

Abstinence est *préservation* des maladies.

> J. Lefebvre de S. Remy, *Hist. de Charles VI*, p. 38.

Italien, *preservazione*. Non è tanta la *preservazione*, che non s'incorra nel peccato.

> *Espos. di salm.*

Espagnol, *preservación.*

> Si en su memoria ticue
> Clara *preservacion* de obscuro olvido.
> Villamedian., *Fab. de Phaet*, oct. 103.

Anglais, *preservation*. The eyes of the lord are upon them that love him, he is their mighty protection, a *preservation* from stumbling, and a help from falling.

> *Bib., ecclesiast.*

PRÉSIGNIFICATION, *s. f.* Action de signifier à l'avance; signe indicatif d'un événement futur.

Mais là où l'on dit non-seulement ce qui adviendra, mais aussi comment, et quand, et après quoy, et avec qui, cela n'est point une conjecture de ce qui à l'adventure sera, ains une *présignification* de ce qui résoluement sera.

> Amyot, *Plut.*, OEuv. mél, t. XXII, p. 329

Latin, *præsignificatio.* Quod facinus, quamvis ad præsens virtutem Dei hominibus ostenderet, tamen *præsignificatio* et figura majoris rei fuit.

LACTANT., lib. VII, c. 15.

PRÉSOMPTIVEMENT, *adv.* Par induction tirée d'une simple présomption, sur de simples présomptions, légèrement, sans réflexion.

Tous ceux qui en vostre séneschaussie et juridiction, ont ainsy *présomptivement* et notoirement fait et accepté contre icelle ordenance.

Lett. de Philippe VI (de Valois), 21 juillet 1347 : *Ordonn. des rois de France*, tom. II, p. 264.

Celuy qui a la haute justice est *présomptivement* fondé de la moyenne et de la basse.

Cout. génér., t. II, p. 1064.

Italien, *presuntivamente*, termine de' legali.

FR. D'ALBERTI, *Dizzion. crit. enciclop.*

Espagnol, *presuntivamente.* Diximos *presuntivamente*, para mcluir à los que verdaderamente no pecan en esto contra la justicia; pero si *presuntivamente.*

NAVARR., *Man. coment. de la defens. del proximo*, num. 31.

PRESSEUR, *s. m.* Celui qui presse, qui serre. Il s'est dit plus particulièrement des ouvriers qui mettent en presse les étoffes de drap, afin de leur donner du lustre.

Que nuls tondeurs, drappiers, foulons, *presseurs* ou autres qui s'entremettent du fait et marchandise de draps, ne puissent mettre doresenavant aucuns essellettes en draps moulliez et tonduz.

Lett. de Charles VI, dec. 1384, art. XIV; *Ordonn. des rois de France,* tom. VII, p. 101.

Quoique ce mot ne se trouve point dans le Diction-naire de l'Académie, édition de 1762, il n'a pas néanmoins cessé de faire partie de la langue. Voyez *Dictionn. encyclop.*, *Dictionn. de Trévoux*, etc.

Italien, *pressore*.

> *Pressor* di letta, occupator di prode.
> > BUONAR., *Fier.*, 1, 1, 2.

Anglais, *presser*. Of the stuffs I give the profits to dyers and *pressers*.

> > SWIFT.

PRÉVIGILE, *s. f.* Avant-veille, surveille : jour qui précède la veille, la vigile d'une grande fête.

> Le 30 de may, *prévigile* de la Pentecouste.
> > MONSTRELET, *Chron.*, (an. 1422); vol. I, c. 262.

***PRIMESAUTIER**, **ÈRE**, *adj.* Qui se détermine, qui agit, qui parle ou qui écrit de premier mouvement, sans délibération, sans réflexion préalable.

> Le empereres li a dit :
> Lor bien faire durra petit,
> Trop se par-haste de péner ;
> Au tiers jor les devez loer.
> Ceus sont moult meillor chevalier,
> Qui ne sont pas si *prinsautier*.
> > *Partenop. de Blois, ms. de S. Germ.*, n° 1830, fol. 154, r°, col. 3.

> En soy monstrant soudain et *prinsaultier*,
> Ces motz chanta en tenant son psaultier.
> > G. CRÉTIN, *Poés.*, p. 42.

> Pour ce n'en sui tenu jà *prinsaultier*.
> > ID., *ibid*, p. 214.

J'ai un esprit *primsautier* : ce que je ne voy de la première charge, je le voy moins en m'y obstinant.

> > MONTAIG., *Ess.*, l. II, c. 10.

Ce mot a été quelquefois employé par nos écrivains classiques modernes.

Il y a long-temps que je vous ai entendu dire que vous étiez *prime-sautier*.

> > VOLT., *Lett. au mar. de Richelieu*, 3 mai 1756 ; *OEuv.*, t. LXXII
> > p 313.

Primesaut, *s. m.* **DE Primesaut**, *loc. adv.* De premier abord, de premier mouvement, sans délibération, sans réflexion.

> Et *de prinsault*, devant les yeux se boute
> Du père sien, dont il estoit en doute.
>> Cl. Marot, *Métam.*, l. II ; *OEuv.*, t. III, p. 65.

Et se jettent de *prinsault* au beau milieu des affaires de gouvernement.

>> Amyot, *Plut.*, *OEuv. mor.*, t. XV, p. 130.

Elles ne nous sautent pas toujours au collet d'un *prinsault* ; il y a de la menasse et des dégrez.

>> Montaig., *Ess.*, l. III, c. 13.

Voyez aussi Bourdigné, *Légend. de Faifeu*, p. 20, 83. — Et. Pasquier, *Épît. de Montmorr.*, à la suite de ses lettres, t. III, p. 521, etc.

Je doute au reste que le substantif *primesaut* et la locution adverbiale *de primesaut* puissent être réintégrés avec succès dans le langage moderne. — On voit que Montaigne n'est pas le premier qui se soit servi de l'adjectif *primesautier*.

PRINCIPESQUE, *adj. des deux g.* Propre, convenable à un prince ; qui a le caractère d'un prince.

Les avantages *principesques* sont quasi avantages imaginaires, chaque degré de fortune a quelque image de principauté.

>> Montaig., *Ess.*, l. I, c. 42.

La piété, la justice, la vaillance, la clémence, ce sont les quatre vertus *principesques*, et princesses en la principauté.

>> Charron, *Sag.*, l. III, c. 2.

Italien, *principesco*.

>> Fr. d'Alberti, *Dizzion. crit. encicl.*

PRISABLE, *adj. des deux g.* Digne d'être prisé.

Et encore que ces deux pièces soyent nécessaires, et qu'il

faille qu'elles s'y trouvent toutes deux, si est-ce qu'à la vérité celle du sçavoir est moins *prisable* que celle du jugement.

MONTAIG., *Ess.*, l. 1, c. 24.

Italien, *pregiabile*. Conforme si conviene alla vostra *pregiabile* onoranza.

GUITT., *Lett.*

PRIVILÉGIER, *v. a.* Accorder un privilège, une immunité, une exemption.

Comme il n'affiert qu'aux grands poëtes d'user des licences de l'art, aussi n'est-il supportable qu'aux grandes ames et illustres de se *privilégier* au-dessus de la coustume.

MONTAIG., *Ess.*, l. 1, c. 25.

Latin barbare, *privilegiare*. Deus, apud quem melior est obedientia quàm victima, quidquid emancipet aut *privilegiet* homo, inobedientiam detestatur.

PETRUS BLESENSIS, *Epist.* 90

Voyez G. J. VOSSIUS, *De vit. serm.*, l. 1, cap. 23. p. 99; ID., *ibid.*, l. IV, c. 17, p. 728. etc.

Italien, *privilegiare*. Questo Otto primo *privilegiò* i Lucchesi, che potessero battere moneta d'oro e d'ariento.

GIOV. VILLANI, *Stor.*, 4, 1, 8

Privilegiare è dare di grazia, e cosi si dee intendere.

BUTI, *su Dante*, Purgat., 8, 2.

Espagnol, *privilegiar*. O ley por todas partes terrible la de la muerte, única en no tener excepcion, y en no *privilegiar* à nadie.

L. GRACIAN *Critic.*, part. 3, cris. 11.

Anglais, *to privilege*.

> This place
> Doth *privilege* me, speak what reason will.
>
> DAVIS

> He took this place for sanctuary,
> And it shall *privilege* him from your hands
>
> SHAKESPEARE

PROCÉRITÉ, *s. f.* Hauteur, élévation, haute taille.

Les Éthiopes et les Indiens, dit-il, élisants leurs roys et magistrats, avoyent esgard à la beauté et *procérité* des personnes.

MONTAIG., *Ess.*, l. II, c. 17.

Latin, *proceritas*. Rhadamistus decorà *proceritate*, vi corporis insignis.

TACIT., *Annal.*, XII, c. 44.

Espagnol, *proceridád*. Pues ocupando y llenando la tierra sus fecundas ramas, llegaba su excelsa *proceridád* à tocar en la cumbre del firmamento.

M. AYAL., *Serm.*, t. I, p. 308.

Anglais, *procerity*. We shall make attempts to lengthen out the human figure, and restore it to its ancient *procerity*.

ADDISON.

PROCLIVE, *adj. des deux g.* Qui a du penchant, de l'inclination.

Il est toujours *proclive* aux femmes de disconvenir à leurs maris : elles saisissent à deux mains toutes couvertures de leur contraster.

MONTAIG., *Ess.*, l. II, c. 8.

Latin, *proclivus*, *proclivis*. Quibus erat *proclive* transnare flumen.

CÆSAR, *De Bell. civil.*, c. 48.

Italien, *proclive*

FR. D'ALBERTI, *Dizz. critic. enciel.*

Espagnol, *proclive*. Toda edád es mas enclinada y *proclive* al mal que al bien.

BOBAD., *Polit.*, l. II, c. 11, num. 1.

PRODITION, *s. f.* Trahison, délation.

Lesquels l'assailloient de tous costez, non-seulement par armes apertes et descouvertes, mais aussi par ruses, cautelles, blandices, perfidies, trahisons, *proditions* et assassinats.

SULLY, *Mém* ; tom. II, c. 49, p. 306.

Conspirations par luy faictes contre la personne du roy, entreprises sur son estat, *proditions* et traictez avec ses ennemis.

Arrét contre Biron; Lett. d'Ét. Pasquier, l. XVII, t. II, p. 364.

Latin, *proditio*. Multorum in nos perfidiam, insidias, *proditionem* notabis.

CICER., *Famil.*, V, epist. 12

Italien, *prodizione*.

GUICCIARD., *Stor.*

Espagnol, *prodición*. Este delito poco differe de alevosia y *prodición*; y assi debe regularse como si fuesse lo mismo.

BOBAD., *Polit.*, l. II, c. 14, num. 37.

PRODITEUR, *s. m.* Traître, celui qui livre aux ennemis sa patrie ou les siens.

Aussi égales-tu aux anges les *proditeurs* de la patrie

La Fulminante contre Sixte V.

Latin, *proditor, proditrix*. Nec magis vituperandus est *proditor* patriæ, quàm communis utilitatis aut salutis desertor

CICER., *De Finib.*, III, c. 19.

Patris *proditricem* in conjugium sibi vindicavit.

LACTANT., l. I, c. 10.

Italien, *proditore*.

BEMB., *Stor.*

Anglais, *proditor*.

I do, thou most usurping *proditor*.

SHAKSPEARE.

Le docteur Sam. Johnson, *English Diction.*, observe que l'anglais *proditor*, quoique employé par Shakspeare, n'est pas d'un usage général.

PROFITABLEMENT, *adv.* D'une manière profitable.

Je ne veux pas priver la tromperie de son rang, ce seroit mal entendre le monde : je sçay qu'elle a servy souvent pro-

fitablement, et qu'elle maintient et nourrit la pluspart des
vacations des hommes.

MONTAIG., *Ess.*, l. III, c. 1.

Italien, *profittevolmente*. Uomo nelle lettere, infin da fanciullo, assai *profittevolmente* esercitato.

BEMB., *Asol.*, 2, 76.

Anglais, *profitably*. You have had many opportunities to settle this reflection, and have *profitably* employed them.

WAKE.

PROFLUVION, *s. f.* Fiux ou écoulement rapide et abondant.

Ils ont à payer mille vœux à Æsculape, et autant d'escus à leur médecin, de la *profluvion* de sable aisée et abondante que je reçoy souvent par le bénéfice de nature.

MONTAIG., *Ess.*, l. III, c. 13.

Latin, *profluvium*.

Profluvium verò qui tetri sanguinis acre
Exierat.

LUCRET., *De Nat. rer.*, l. VI, v. 1203.

Italien, *profluvio*. Al *profluvio* del sangue dal naso adoperano molti le radici d'ortica.

Libr. cur. malatt.

PROFUS, USE, *adj.* Qui dépense, qui donne avec profusion, avec prodigalité, sans retenue, sans réserve.

Poppea Sabina, femme de Néron, qui estoit la plus favorite des siennes, laquelle fut la plus *profuse* en toutes sortes de superfluités, d'ornemens, de parures, de pompes, et de ses coustumes d'habits.

BRANTOME, *Dam. gal.*, t. I, p. 347.

La libéralité des dames est trop *profuse* au mariage, et esmousse la poincte de l'affection et du désir.

MONTAIG., *Ess.*, l. III, c. 5.

Latin, *profusus*. Alieni appetens, sui *profusus*.

SALLUST., *Catil.*, c. 5

Italien, *profuso*. Era necessitato continuamente a pensare modi nuovi da sostenere le *profuse* spese sue.

Guicciard., *Stor.*, 14, 666.

Espagnol, *profuso*, abundante, copioso, superfluamente excessívo en el gasto.

Dicc. de la real Acad. de Madrid.

Anglais, *profuse*. In *profuse* governments, it has been observed that the people, from bad example, have grown lazy and expensive, the court has become luxurious and mercenary, and the camp insolent and seditious.

Davenant.

* **Profusément**, *adv.* Avec profusion, avec prodigalité, sans retenue, sans réserve.

L'aultre est d'aymer comme si l'on avoit à hayr, et hayr comme si l'on avoit à aymer; c'est-à-dire tenir tousjours la bride en la main, et ne s'abandonner pas si *profusément* que l'on s'en puisse repentir, si l'amitié venoit à se desnouër.

Charron, *Sag.*, l. III, c. 7.

Latin, *profusè*. Eò *profusiùs* omnibus modis quæstui atque sumptui deditus erat.

Sallust., *Catil.*, c. 13.

Italien, *profusamente*. Tutte le dimostrazioni di liberalità e di benevolenzia le furono *profusamente* usate.

Bemb., *Stor.*, 6, 82.

Espagnol, *profusamente*.

> Y en todas derrama Bacho
> *Profusamente* sus copas.

Reboll., *Ocios*, rom. 35

Anglais, *profusely*.

> The prince of poets, who before as went,
> Had a vast income, and *profusely* spent.

Hart.

PROGÉNITEUR, *s. m.* Ancêtre, le premier de sa race.

Souvenez-vous du sang de vos *progéniteurs* cruellement respandu par les mains des Juifs.

Math. de Coucy ; *Hist. de Charles VII*, p. 717.

Des François tes *progéniteurs.*

G. Crétin, *Poes.*, p. 125.

Cherchant par là à donner à leurs *progéniteurs* la plus digne et honorable sépulture.

Montaig., *Ess.*, l. II, c. 12.

Latin, *progenitor.*

Et forti genitore, et *progenitore* tonante,
Esse satam prodest.

Ovid., *Metam.*, XI, v. 319.

Italien, *progenitore.* Della più ricca, e più orrevol famiglia di quelle contrade discesero i miei antichi *progenitori.*

Fir.. *As.*, 7.

Espagnol, *progenitor.* Y que por esso, les debian tribúto y vasalláge todos los demás hombres, como à sus *progenitóres.*

Acost., *Hist. Ind.*, l. VI, cap. 19.

Anglais, *progenitor.* Power by right of fatherhood is not possible in any one, otherwise than as Adam's heir, or as *progenitor* over his own descendants.

Locke.

On a dit dans le même sens : **Primogéniteur**, *s. m.*

Les lettres que vous m'avez envoyé monstrent bien la bonne foy et loyauté que vous avez envers nous, ainsi comme toujoursvous et vos *primogéniteurs* avez eu, dont tant plus nous sommes contens.

Lett. de Charles V, roi de France, au comte de Périgord, 26 juin 1375 ; *ms. de Colbert*, tom. IV.

Feu nos prédécesseurs et *primogéniteurs* rois, et meismement feu de bonne mémoire, lui ont accordé des lettres.

Lett. de François I, ann. 1517 ; *ibid.*, t. V.

Progénie, *s. f.* Race, extraction.

> Eureux seroit qui auroit tele amie.
> Il en ystroit noble *progénie*.
> > Eust. Deschamps, *Poés. mss.*, fol. 329, col. 4.

Le chevalier doit regarder la courtoysie et les honneurs qu'il a trouvez en elle, et le sang de sa *progénie*.
> > Perceforest, vol. IV, fol. 154, r°, col. 1.

Plust à Dieu qu'ils vous fuissent toujours aussi loyaulx à la conservation de vostre personne, *progénie*, et de votre seignourie, demaine et royaulme, comme j'ay esté et seray toute ma vie.
> > J. Lefebvre de S. Remy, *Hist. de Charles VI*, p. 50.

Latin, *progenies*.

> Progeniem vestram, usque ab avo atque atavo proferens.
> > Terent., *Phorm.*, act. I, sc. 3, v. 48.

Italien, *progenie, progenia*. Sono discesi di nobile *progenie* e di vertudiose genti.
> > Giov. Villani, *Stor.*, l. I, 4.

Espagnol, *progénie*. Hayamos memoria del Cid Rui Diaz, y del Conde Fernan Gonzalez, è de vuestra clara *progénie* el Rey D. Alonso el Magno, y el Rey D. Fernando.
> > Santill., *Provérb.*, introd.

Anglais, *progeny*.

> Not me begotten of a shepherd swain.
> But issu'd from the *progeny* of kings.
> > Shakspeare.

Progénier, *v. a.* Engendrer; être le chef de sa race, la source première.

De la fosse du cratère est *progéniée* une pépinière de gens qui n'aiment leurs maistres d'autre point, sinon à raison de leurs biens.
> > Ét. Pasquier, *Pourparler du prince*, à la suite des *Rech.*, p. 376.

Latin, *progignere*. In seminibus vis inest earum rerum, quæ
ex iis *progignuntur.*

Cic., *de Divin.*, I , c. 56.

Au reste, je ne crois pas que l'on puisse réintégrer
dans le langage moderne ni le verbe *progénier*, ni le
substantif *progénie*, moins heureux que le substantif
progéniture, qui ne se trouve point dans le Dictionnaire
de l'Académie, édit. de 1762, quoiqu'il ait été employé
par nos écrivains classiques modernes.

Les lions marins sont indolens et fort lourds, et ils ne mar-
quent que bien peu d'attachement pour leur *progéniture.*

Buffon, *Hist. nat.*; *Quadrup.*, t. XI, p. 250, art. *Lion-marin*, suppl.

Voyez Géniteur.

PROLOCUTEUR, *s. m.* Celui qui parle au nom d'un
autre, avocat.

Ceulx qui pledent en demandant ou en deffendant sont
appelez plédeurs; mais les advocatz qui parlent pour eulx
sont appelez *prolocuteurs*, ou conteurs, comme il appert au
chapitre ensuivant

Anc. cout. de Norm., ch. 63, not.

Voyez aussi Cout. de Norm. en vers, ms., p. 57, etc.

Latin du moyen âge, *prolocutor.* Crimen, quod tribuno
mendacissimus *prolocutor* objecit.

Tribun. Marian. (declam. Quintiliano tributa), c. 3.

Anglais, *prolocutor.* The convocation the queen prorogued,
though at the expense of D. Atterbury's displeasure, who
was designed their *prolocutor.*

Swift.

PROLOCUTION, *s. f.* Pourparler, paroles données ou
reçues préalablement.

Est accordé par ce présent traictié que tous autres accords, traictiez , ou *prolocutions*, s'auccuns y en a faits..., sont nuls et de nulle valeur.

GUILL. DE NANGIS, *Chron.*, ms., ann. 1360.

PROMOTRICE, *s. f.* Celle qui excite à une action bonne ou mauvaise, qui soutient une entreprise, qui favorise le développement d'une bonne qualité ou d'un vice.

De vrai, non la vieillesse seulement, mais toute imbécillité, selon Aristote , est *promotrice* d'avarice.

MONTAIG., *Ess.*, l. II, c. 8.

Et la playe et la mort de son mary et les siennes, tant s'en faut qu'elles luy poisassent, qu'elle en avoit esté la conseillère et *promotrice*.

IDEM, *ibid.*, l. II, c. 34.

L'on faisoit encore la Guyenne *promotrice* de ce nouveau trouble.

ÉT. PASQUIER, *Lett.*, l. XVII, t. II, p. 351.

L'abbé Féraud, *Dictionn. critiq.*, condamne l'usage du féminin *promotrice*, quoique ce mot ait été employé par quelques écrivains modernes.

L'illustre souveraine, *promotrice* de la neutralité armée.

Journ. de littér.

Il ajoute que M. de Wailly dans sa *grammaire*, met le mot *promoteur* au nombre des adjectifs qui ont leur féminin terminé en *trice*, mais que dans son vocabulaire, intitulé *Richelet portatif*, il a suivi l'exemple de l'Académie, et n'a mis que le masculin *promoteur*.

Italien, *promotrice*.

FR. D'ALBERTI, *Dizz. crit. enciclop.*

Promovitrice. Curiosità favoritrice delle lettere, e degli studj diligentissima *promovitrice*.

SALVINI, *Pros. tosc.*, t. I, 424

PROMPTUAIRE, *s. m.* Magasin, lieu où l'on dépose les objets que l'on veut avoir sous la main.—On a désigné aussi par ce mot un répertoire ou recueil de pensées sur les matières ecclésiastiques, la jurisprudence, etc.

La vertu du soleil qui est l'organe et *promptuaire* de toute lumière terrestre et sidérale.

RABEL., l. I, c. 10.

Ainsi qu'a très-bien remarqué Jean Lemaire de Belges, en son *promptuaire* des conciles.

CLAUD. FAUCHET, *Égl. gall.*

Les auteurs du Dictionnaire encyclopédique ont admis ce mot qui, selon eux, signifie *abrégé* : définition censurée avec justice dans le Dictionnaire de Trévoux.

Latin, *promptuarium*. Simul è *promptuario* oleum unctui, lintea tersui, et cætera huic eidem usui profer ociter.

APUL., *Metam.*, l. I.

Espagnol, *prontuario*, el resumen ò apuntamiento en que se annotan ligeramente varias cosas, à fin de tenerlas presentes quando se necessite.

Dicc. de la real Acad. de Madrid.

Anglais, *promptuary*. This stratum is still expanded at top, serving as the seminary or *promptuary*, that furnisheth forth matter for the formation of animal and vegetable bodies.

WOODWARD.

PRONOSTICATIF, IVE, *adj.* Propre à donner des pronostics, à faire pronostiquer, ou tirer des conjectures, des inductions d'après des signes connus.

Les trois songes derniers par vous faits, lesquels, comme ils ont esté les derniers, aussi sont-ils *pronosticatifs* de la fin et yssue de vostre fortune.

THÉOD VALENTYN, *l'Amant ressuscité*, p. 522.

PRONOSTICATION, *s. f.* Action de pronostiquer, de tirer des conjectures d'après des signes connus, pronostic.

Se laissa si fort espouvanter, comme il a esté advéré, aux belles *pronostications* qu'on faisoit lors courir de tous costés, à l'avantage de l'empereur Charles cinquiesme et à nostre désavantage.

MONTAIG., *Ess.*, l. 1, c. 11.

Italien, *pronosticazione*. Dando *pronosticazione* forse di loro futuri danni.

MATT. VILLANI, *Stor.*, 1, 6.

Espagnol, *pronosticación*. Por esta *pronosticación*, quieren ser tenidos por autores de lo que anuncian.

MANER., *Apolog.*, c. 2.

Anglais, *prognostication*. This theory of the earth begins to be a kind of prophecy, or *prognostication* of things to come, as it hath been hitherto an history of things past.

BURNET.

PROPOSEUR, *s. m.* Celui qui propose, qui met en avant, en évidence.

Je Jehan Froissart, acteur et *proposeur* de ce livre, fu en la bonne ville d'Abbeville.

FROISSART, *Chron.*, vol. IV, c. 56.

Italien, *proponitore*.

PALLAVIC., *Conc. Trid.*

Espagnol, *proponedór*, el que propone ò representa alguna cosa.

Dicc. de la real Acad. de Madrid.

Anglais, *proposer*. Faith is the assent to any proposition, not made out by the deductions of reason, but upon the credit of the *proposer* as coming from God.

LOCKE.

PROPUGNATOIRE, *adj. des deux g.* Propre à défendre, à protéger.

Plusieurs autres fortificat'ons *propugnatoires*.

P. DESREY, *Cont. de la chron. de Monstrelet*, fol. 82, 1°

Propugnateur, *s. m.* Celui qui défend, qui protège en combattant.

Cestuy (Hildebrand) sera par cy après Grégoire VII, l'un des plus hardis *propugnateurs* du siège de Rome, qui oncques fut auparavant luy.

Ét. Pasquier, Rech., l. III, c. 14.

Latin, *propugnator*. Classis inops et infirma, propter dimissionem *propugnatorum* atque remigum.

Cicer., Verr., 7, c. 33.

Anglais, *propugner*. So zealous *propugners* are they of their native creed, that they are importunately diligent to instruct them in it, and in all the little sophistries for defending it.

Govern. of the tongue.

Propugnacle, *s. m.* Ce qui sert à défendre ; forteresse, rempart.

Demeurant la cour de parlement de Paris, au milieu de ces afflictions, le seul rempart et *propugnacle* de la liberté de l'église, contre les entreprises de la cour de Rome.

Ét. Pasquier, Rech., l. III, c. 26.

Latin, *propugnaculum*.

Portas
Explorant, pontesque et propugnacula jungunt.
Virg., Æneid., l. IX, v. 170.

Italien, *propugnacolo*.

Propugnacolo invitto
È per voi fatto alle nemiche genti.
Guarin., Past. fid., prolog.

Espagnol, *propugnáculo*. Como que huviesse de conservar el Rey, con perpétuas ventájas, aquel gran *propugnáculo*.

Baren, Guerr. de Flandr., l. V, p. 450.

Je ne crois pas, au reste, que le substantif *propugnacle* soit de nature à être réintégré dans notre langue.

PUCELETTE, *s. f.* Petite pucelle.

> Où une *pucelette* estoit,
> Qui au pié du lit se gisoit.
> > *Chastel. de Vergy*, v. 726.

> Puis luy baille fleurs nouvelettes,
> Dont ces jolies *pucelettes*
> Font au printemps leurs chapelletz.
> > *Rom. Rose*, v. 21921.

> Et voult devenir moulier,
> Et filer entre *pucelettes*.
> > Villon, *Doub. ball.*; OEuv., p. 36.

> Riches habits de noble préférence
> Veuillez changer, dames et *pucellettes*,
> Aux ornemens de dolente apparence.
> > Cl. Marot, *Ball.* 14ᵉ; OEuv., t. II, p. 28.

Sont à reprendre tous ceulx qui, au puy ou ailleurs, en parlant en hault stille de la vierge, mère de Jesu Christ, pour chercher leur rime, ils la nomment *pucellette* au lieu de *pucelle*.

> Fabry, *Art de rhétor.*, l. I, fol. 15, v°.

Voyez aussi Guillaume le Normand, *Fabl. du prest. et d'Alison*, v. 83. — *Chastel. de S. Gilles*, v. 72. — *L'Escureul*, v. 16. — *Mir. de S. Louis*, ch. 1, p. 394. — Al. Chartier, *l'Espér.*; OEuv., p. 285, etc., etc.

Italien, *pulzelletta*.

> Me prese vaga *pulzelletta* amando,
> Accompagnata da due *pulzellette*.
> > Franc. Sacch., *Rim.* 21.

Le vieux français *pucelette* a été pris aussi dans le sens de petite puce.

> Mignarde, vous avez grand tort,
> D'appeler Hercule à la mort,
> A la mort d'une *pucelette*.
> > Cl. Binet, *la Puce*; à la suite des lett. de Pasquier, t. III, p. 611.

PUCELLIN, ine, *adj.* Qui appartient, qui convient à une pucelle; virginal.

> Tellement sa gaye vigueur,
> Et sa *puceline* simplesse,

> Et son parler plein de douceur,
> Tout ensemble, d'amour extrême,
> M'avoyent enlevé de moy-mesme.
>> J. Ant. Baïf, *OEuv.*, p. 174, r°.

L'adjectif *pucellin, ine*, ne me paraît pas susceptible d'être restitué au langage moderne.

PUCETTE, *s. f.* Petite puce.

> Ainsi petite *pucette*,
> Ainsi pulce pucellette,
> Tu volètes à tastons.
>> Ét. Pasquier, *la Puce, Lett.*, l. VI, t. I, p. 382.

> Bref, *pucette*, s'il te plaist,
> Rien d'elle caché ne t'est.
>> Id., *Imit. de Brisson*, Puce des grands jours, etc.; à la suite des lett. de Pasquier, t. III, p. 584.

Voyez Pucelette.

PUNISSEUR, *s. m.* Celui qui punit.

Fut présent Guillaume Guillart, *pugnisseur* des malfaicteurs de la chastellenie de Blois.
> Chart. de l'an 1382, citée par Charpentier, *supplément au Gloss. latin de Du Cange*, au mot *punimentum*.

Ce mot a été employé par quelques écrivains classiques modernes.

> Que tout prêt à lancer le foudre *punisseur*,
> Sous qui doit succomber un lâche ravisseur.
>> Molière, *Don Garc.*, act. I, sc. 2.

Il annonça aux hommes le père des hommes, rémunérateur, *punisseur* et pardonneur.
> Voltaire, *Quest. de Zapat.*; *OEuv.*, t. XLII, p. 339.

Le glaive *punisseur* pend sur ta tête.
> J. J. Rousseau, *Rouss. jug. de J. J.*, dial. 1.

P. Corneille, *Mort de Pompée*, act. IV, sc. 4, s'était d'abord servi de l'adjectif *punisseur*, auquel il substitua ensuite le mot *souhaité*. M. de Voltaire blâme ce changement. « *Punisseur*, dit-il, était un beau terme, qui « manquait à notre langue. Puni doit fournir *punisseur*,

« comme vengé fournit vengeur. » *Comm. sur Corneille*, *OEuv.*, tom. LXVI, p. 157.

Latin, *punitor*. Stuprosæ mentis acer *punitor* extitit.
VALER. MAX., l. VI, c. 1, n° 8.

Italien, *punitore*, *punitrice*. Niuna altra cosa per lor doman-dandosi, se non che il fuoco fosse di così fatta malvagità *punitore*.
BOCCAC., *Nov.* 37, 10.

Per non esser corretta dagli sproni, cioè dalla tua signoria *punitrice* de' mali.
BUTI, *su Dante*, Purgat., 6, 2.

Anglais, *punisher*.

> This knows my *punisher*, therefore as far
> From granting me, as I from begging peace.
MILTON.

PUNISSABLEMENT, *adv.* D'une manière punissable, digne de châtiment.

Mieux il en avoit esté servy, d'autant le jugea-il avoir esté plus meschamment et *punissablement*.
MONTAIG., *Ess.*, l. III, c. 1.

PYROMANCIE, *s. f.* Divination au moyen du feu ou de l'inspection de la flamme.

Par astrologie, par géomancie, par nygromancie, par *pyro-mancie*.
EUST. DESCHAMPS, *Poés. mss.*, fol. 380, col. 4.

Pyromance, qui se fait avecques le feu.
JACQ. TAHUREAU, *Dial.* 2ᵉ, p. 162.

Grec, πυρομαντία.
H. STEPHANUS, *Thes. ling. græc.*, t. III, col. 619.

Italien, *piromanzia*. Se appariscono in fuoco, si chiama *piromanzia*.
PASSAVANTI, *Specch. di ver. penit.*, 339.

Espagnol, *pyromancía*. *Pyromancía* quiere decir adivinanza de fuego, de pyr en griego, que significa fuego.

Comend. sobre las 300, copl. 129.

Anglais, *pyromancy*.

Ayliffe, *Parerg.*

Pyromantien, *s. m.* Celui qui exerce l'art de la divination au moyen du feu.

Pirommanciens, advisez bien le feu.

Oct. de S. Gelais, *Départie d'amour*, p. 248, col. 1.

Grec, πυρόμαντις.

H. Stephanus, *Thes. ling. græc.*, t. III, col. 619.

Italien, *piromante*.

E riconosca il ver, con gli altri erranti
Piromanti, idromanti e geomanti.

Morg., 24, 113.

Espagnol, *pyromántico*. Los *pyrománticos* adivinaban echando pez deshecha en el fuego, y notando el estrépito de las llamas.

Saav., *Republ.*, fol. 79.

PYTHAGORIQUE, *adj. des deux g.* Qui appartient à la philosophie de Pythagore; dont le caractère ou l'esprit se rapproche de celui de Pythagore.

Par, dist-elle, mesme tétrade *pythagoricque*, multipliez ce qu'avez résultant.

Rabel., l. V, c. 36.

Il avoit pareillement (ainsi qu'il est requis par les règles de l'art) jeûné trois jours, sans manger rien que du pain, et quelques racines, et autres choses n'aïans ame, à la *pitagorique*.

Jacq. Tahureau, *Dial.* 2ᵉ, p. 165.

Platon est plus socratique que *pythagorique*, et lui sied mieux.

Montaig., *Ess.*, l. III, c. 13.

Ce mot a été employé par nos écrivains classiques modernes.

La diète *pythagorique* préconisée par les philosophes an-

ciens et nouveaux, recommandée même par quelques médecins, n'a jamais été indiquée par la nature.

Buffon, *Hist. nat.*; *Quadrup.*, t. II, p. 165, art. *anim. carnassiers.*

Latin, *pythagoricus.* Damon et Pythias, *pythagoricæ* pru-
dentiæ sacris initiati.

Valer. Max., l. IV, c. 7, extern. 1.

Espagnol, *pythagórico.* Mas adelante estaban los *pytha-
góricos*, entre los quales hablaban pocos y callaban muchos.

Saav., *Republ.*, fol. 69.

APPENDICE.

P.

PAISIBLETÉ, *s. f.* Caractère de celui qui est paisible ; état paisible, tranquillité, repos. *Dialog. de S. Grég.*, l. II, c. 1. — *Anc. trad. de la Bibl.*, Matth., c. 8, v. 26. — Beaumanoir, *Cout. de Beauv.*, c. 1, p. 10.—Anglais, *peacibleness*, Hammond.

PALMÉE, *s. f.* Action de se toucher mutuellement dans la main pour conclure un marché ; marché conclu de cette manière : enchère faite en mettant ses deux mains l'une dans l'autre. *Chart. des échevins de Douai*, ann. 1366 ; *Trés. des Chart.*, reg. 197, ch. 154. — *Ordonn. de Charles V*, 5 septembre 1368 ; *Ordon. des rois de France*, tom. V, p. 133. — *Cout. génér.*, tom. II, p. 207, col. 2. — De Laurière, *Gloss. du dr. franç.*, etc. —On a dit également Paulmée, Paumée, *le F....*, v. 266. — Beaumanoir, *Cout. de Beauv.*, c. 44. — *Cout. génér.*, tom. II, p. 418, col. 1. — Latin barbare, *palmata, Fori Oscæ*, ann. 1247. —Le mot *paumée* a signifié aussi un coup donné avec la paume de la main. *Dit de Honte et puterie.*—Italien, *palmata*, Fr. Sacchetti, *Nov.* 112.— Espagnol, *palmáda*, Manr., *Vida de Ana de Jes.*, l. IV, c. 15. — Paumelle, *s. f.* Coup donné avec la paume de la main : jeu à-peu-près semblable à celui que nous nommons main-chaude. Joinville, *Hist. de S. Louis*, p. 358. — *Lett. de rémiss.*, ann. 1480 ; *Trés. des chart.*, reg. 206, ch. 654. — Ce dernier mot ne me paraît pas de nature à être restitué au langage moderne.

PANERET ou **PANEROT**, *s. m.* Petit panier, Rabel., l. II, c. 28. — Italien, *panieretto*, Red., *Lett.*

PARABATTRE, *v. a.* Abattre entièrement, achever d'abattre, renverser de fond en comble. — Froissart, *Chron.*, vol. II, ch. 103.

PARBRULER, *v. a.* Brûler entièrement, achever de brûler. *Lett. de Louis XII*, tom. IV, p. 212.

PARCROITRE, *v. n.* Croître avec vigueur, arriver au plus haut degré de croissance. *Rom. Rose*, v. 1433. — *Fabliau de la Grue*, v. 34. — *Rom. des sept sages de Rome.* — Cl. Fauchet, *Ant. franç.*, l. II, c. 4; *OEuv.*, fol. 409, v°, etc. — Latin, *percrescere*, Quintil., *Instit.*, l. VII, c. 1.

PARNASSIDE, *adj. des deux g.* Qui appartient au Parnasse; qui habite le Parnasse. Jacq. Tahureau, *Poés.*, p. 89. — Latin, *Parnassis*, Ovid., *Metam. XI*, v. 165.

PARPAYER, *v. a.* Payer entièrement, achever de payer. *Assis. de Jérus.*, ch. 228. — Parpayement, s. m. Payement entier, solde absolu. *Act. du 12 janvier 1409*, cité par Barbazan, *Gloss. franç. ms.* — Ces deux mots se trouvent dans le *Dictionnaire de Trévoux*.

PASQUINER, *v. a. et n.* Faire des pasquinades; tourner en dérision, décrier par des pasquinades. Brantome, *Dam. gal.*, tom. II, p. 496, 497. — On a dit aussi Pasquiniser. *Pasquin et Marforio, médec. des mœurs*, act. II, sc. 2; *Théât. Ital.*, t. III, p. 277. — Espagnol, *pasquinar*, Gonz. de Csped., *Hist. de Phel.*

IV, l. I, cap. 3. — Pasquineur , *s. m.* Faiseur de pasquinades. Brantome , *Dam. gal.*, t. II, p. 456.

PATRONISER , *v. a.* Être patron d'une barque, gouverner un vaisseau. *Lett. de rémiss.*, ann. 1456; *Trés. des chart.*, reg. 191, ch. 234. — Comines, *Mém.*, l. VII, c. 5. — Latin, *patronisare*, *Chron. Tarvis.*, apud Murator., *Collect.*, t. XIX, col. 671. — Italien, *padroneggiare*, *Urban.* — Les Anglais ont aussi le verbe *to patronise*, mais dans le sens de protéger, comme un patron protège son client. Dryden.

PÉDAGOGISME, *s. m.* Métier de pédagogue ; caractère d'un pédagogue ; leçons données par un pédagogue. Montaig., *Ess.*, l. I, c. 25.

PLANÉTISTE, *s. m.* Celui qui prétend connaître les influences des planètes. *Nef des fols*, fol. 50, v°.

PLÉNIÈREMENT, *adv.* D'une manière plénière; en plénitude ; abondamment, complètement, absolument. Guiot de Provins, *Bibl.*, v. 1825. — Gautier de Coinsi, *Mir. de Sainte Léocade*, v. 1303. — Espagnol, *plenariamente*, Hortens., *Panegir.*, fol. 310. — Anglais, *plenarily*, Ayliffe, *Parerg.*

PLEURABLE , *adj. des deux g.* Qui mérite d'être pleuré ; propre à exciter les larmes, la compassion. Eust. Deschamps, *Poés. mss.*, fol. 370, col. 1.—Clém. Marot, *Métam.*, l. III ; *OEuv.*, t. III, p. 111. — Latin, *plorabilis*, Pers. , *sat.* 1, v. 34.—Pleurard, arde, *adj.* Qui pleure fréquemment, qui a le visage triste et rechigné. Montaig., *Ess.*, l. I, c. 19. Ce dernier mot, que les auteurs du *Dictionnaire de Trévoux* indiquent comme terme populaire, ne me paraît pas digne d'être conservé dans notre langue.

PLURALISER, *v. n.* User, en parlant, du pluriel au lieu du singulier. H. Étienne, *Lang. franç. ital.*, dial. 2, p. 518. — Italien, *pluralizzare*, Gori, *traduz. di Longin.*

POINTILLE, *s. f.* Petite pointe, et au figuré, minuties, détails fugitifs, bagatelle ; vaine subtilité, jeu d'esprit ; picoterie. Montaig., *Ess.*, l. II, c. 10. — Brantome, *Cap. franç.*, t. III, p. 113. — Sully, *Mém.*, t. I, c. 64, p. 317. — Ét. Pasquier, *Lett.*, t. II, p. 498. — Jeannin, *Négoc.*, t. I, p. 385, 457, etc. — Ce mot, qui diffère du substantif Pointillerie, picoterie, contestation sur des bagatelles, *Dict. Acad.*, en ce qu'il peut être considéré comme le diminutif du mot *pointe*, a été quelquefois employé par les auteurs modernes. Voy. Patru, *Plaid.*, p. 184, etc. — On a dit aussi Pointillon, *s. m.* S. Bernard, *Serm. franç.*, mss., p. 7. — Herbers, *Rom. de Dolopatos.* — Latin, *punctulum*, Apul., *Metam.*, l. VI. — Italien, *punterella*, Redi, *Osserv. anim.* 83 ; *puntiglio*, Cas., *Lett.* 33. — Espagnol, *puntilla*, Figuer., *Passag. aliv.*, 7.

PONGITIF, IVE, *adj.* Piquant, poignant, âpre, austère, désagréable. *Lett. de Louis XII*, t. IV, p. 371. — Rabel., l. I, c. 28. — Italien, *pungitivo*, *Ammaestr. antich.*, 40, 9, 10. — Espagnol, *pungitivo*, Siguenz., *Vid. de san Geron.*, l. II, disc. 5.

POTENTIELLEMENT, *adv.* Terme de logique. D'une manière potentielle et non actuelle. Jacq. Tahureau, *dialog.* 2, p. 228. — Amyot, *Plut.*, *OEuv. mesl.*, t. XXI, p. 140. — Latin, *potentialiter*, Sidon. Apollin., lib. VII, epist. 14. Voy. G. J. Vossius, *De vit. serm.*, l. IV, c. 35, p. 790. — Italien, *potenzialmente*, *Teolog. mist.* — Espagnol, *potencialmente*, Villalob., *Probl. met.* 4. — Anglais, *potentially*, Boyle.

PRÉCOGITATION , *s. f.* Acte de penser à l'avance,
de préméditer. *Mém. de Villeroy*, tom. IV, p. 289. —
Latin, *præcogitatio*, TERTULL. *advers. Marcion.*, l. IV,
c. 30. — PRÉCOGITER, *v. a.* et *n.* Penser à l'avance,
préméditer. *Cout. génér.*, tom. I, p. 312. — JUVENAL ou
JOUVENEL DES URSINS, *Hist. de Charles VI*, ann. 1419,
p. 373. — *Le Jouvencel*, fol. 4, v°. — Latin, *præcogitare*,
QUINTIL., *Instit.*, l. XII, cap. 9. — Italien, *precogitare*,
CAVALC., *Frutt. ling.* — Voyez COGITATION , *append.*

PRÉDESTINATEUR , *s. m.* Celui qui croit aveuglé-
ment à une prédestination absolue. RABEL., l. II, *prolog.*
— Les écrivains ecclésiastiques ont désigné par le mot
Prédestinatiens, une secte d'hérétiques qui prétendaient
que Dieu a prédestiné de toute éternité les hommes à
la gloire ou à la damnation éternelle. Consultez J. B. Du-
CHESNE, jésuite, *le Prédestinianisme*, ou *les hérésies sur
la prédestination et la réprobation*, Paris, 1724, in-4°. —
PLUQUET, *Dictionnaire des hérésies*, art. *Prédestinianisme*, etc.
J'observerai en passant que le substantif *Prédestinatien*
exprime mieux que le vieux français *Prédestinateur*,
l'idée d'un homme qui croit aveuglément à la prédestination.

PRÉSIDENTAL , ALE , *adj.* Qui appartient à la
charge, au rang, à la dignité, aux fonctions de pré-
sident. MONTAIG., *Ess.*, l. III, c. 12.

PROTERVE , *adj. des deux g.* Arrogant, audacieux,
emporté. JEH. DE MEUNG , *Testament*, v. 2012. — Latin,
protervus, PLAUT., *Bacch.*, act. IV, sc. 3, v. 1. — Italien,
protervo , PETRARC. , *Son.* 278. Espagnol, *protervo*,
MANER., *Prefac.*, § 8.

Q.

QUADRANGLE, *s. m.* Figure quadrangulaire, composée de quatre angles, de quatre côtés.

Ayant bien et à loisir vu et soigneusement considéré toutes les lignes, monts, triangle, *quadrangle* et table de la main du roy.

Nuits de Straparole, t. II, p. 185.

Ce mot se trouve dans le Dictionnaire encyclopédique, et dans celui de Trévoux. Les auteurs observent que c'est un ancien terme de géométrie.

Italien, *quadrangolo*. Come la figura dello *quadrangolo* sta sopra lo triangolo; e lo pentangolo, cioè la figura che ha cinque canti, sta sopra lo *quadrangolo*.

DANT., *Conviv.*, 159.

Espagnol, *quadrángulo*. Sobre la movida aréna de la cueva, señalaba en un *quadrángulo* las doce casas del cielo.

LOPE DE VEGA, *la Arcad.*, fol. 133.

Anglais, *quadrangle*.

My choler being overgrown
With walking once about the *quadrangle*.

SHAKSPEARE.

QUADRINITÉ, *s. f.* Réunion de quatre unités ou de quatre individus en un seul et unique tout.

Plusieurs ont par la somme totale résultant des eages divers supputez par Hésiode, compté leurs vies estre de 9720 ans, nombre composé de unité passante en *quadrinité*, et la *quadrinité* entière quatre fois en soy doublée, puis le tout cinq fois multiplié par solides triangles.

RABEL., l. IV, c. 27.

Quelques écrivains modernes ont dit dans le même sens QUATERNITÉ.

Comme la trinité serait devenue par là une *quaternité*, il est probable que les arithméticiens s'y opposèrent.
VOLTAIRE, *Déf. de Mil. Bolingbr.*, ch. 40; OEuv., t. XLII, p. 209.

Italien, *quaternità, quaternitade, quaternitate.*

Mise nella divinitade, non solamente trinitade, ma *quaternitade.*
Com. su Dante, Parad.

Con lo scongiuro in nome della vostra *quaternità.*
ANN. CAR., *Letter.*

Espagnol, *quaternidád.* Demás desta trinidád ò *quaternidád* del Pazabramá y sus hijos, ningun término tienen en la multitúd de sus idolos.
SANDOV., *Hist. Ethiop.*, l. II, c. 12, nnm. 7.

Anglais, *quaternity.* The number of four stands much admired, not only in the *quaternity* of the elements, which are the principles of bodies, but in the letters of the name of God.
BROWN.

QUADRUPLIQUE, *s. f.* Quatrième réplique dans un plaidoyer ou dans une discussion.

Les parties ne peuvent, sur le principal de la matière, plus avant escrire que jusqu'à tripliques pour le demandeur, et jusques à *quadrupliques* pour le défendeur si les parties le débattent.
Coutum. génér., tom. II, p. 861.

Il s'y trouveroit tousjours à un tel argument de quoy y fournir responses, dupliques, répliques, tripliques, *quadrupliques,* et ceste infinie contexture de débats que nostre chicane a alongé tant qu'elle a peu en faveur des procès.
MONTAIG., *Ess.*, l. II, c. 17.

On a dit aussi, mais moins heureusement dans ce sens, Quadruplication.

Et pour che, baillent-ils triplication au deffendeur contre les réplications au demandeur, et aprez ils baillent *quadrupli-cation* au demandeur contre les triplications au deffendeur.

Beaumanoir, *Cout. de Beauv.* c. 6, p. 36.

Voyez Triplication.

QUARTENAIRE, *adj. des deux g.* Qui a pour base le nombre quatre ou ses diverses combinaisons; qui se compose de quatre nombres donnés, combinés ensemble.

Et oultre disoit encore que toute la puissance de dix consiste en quatre, c'est-à-dire au nombre *quartenaire.*

Amyot, *Plut.*, *OEuv. mesl.*, t. XXI, p. 118.

L'adjectif *quartenaire* a été pris aussi substantivement.

Tellement que le *quartenaire* de Platon est en sa disposition bien plus ample, plus diversifié et plus parfait que non pas celuy de Pythagoras.

Amyot, *Plut.*, *OEuv. mesl.*, t. XIX, p. 321.

Ce mot se retrouve dans les écrivains modernes.

Plutarque dit encore que le *quartenaire* chez les pythagoriciens était 36, composé des quatre premiers nombres pairs et des quatre premiers nombres impairs.

M. de Guignes, *Observ. sur quelques points concern. la religion et la philosoph. des Égypt. et des Chinois*, § III, *Acad. des Iuscr.*, Mém. t. XL, p. 170.

Comme les nombres qui composent le sacré *quartenaire* produisent en se réunissant le nombre dix, devenu le plus parfait de tous par cette réunion même, il fallut admettre dans le ciel dix sphères, quoiqu'il n'en contienne que neuf.

Barthelemy, *Voy. d'Anachars.*, t. III, c. 30, p. 162.

Dans l'échelle *quartenaire*, où l'on n'emploierait que les quatre caractères 0, 1, 2 et 3, il en faudrait quatre.

Buffon, *Ess. d'arithm. mor.*; *OEuv.*, t. X, p. 156.

Les auteurs du Dictionnaire de Trévoux disent dans le même sens *Quaternaire, mot qui a été employé par nos anciens écrivains pour désigner la combinaison de divers objets disposés de quatre en quatre.

> Et ce en double croisure et entreposée *quaternaire.*
>
> Сн. Fontaine, *Quintil censeur*, p. 201.

Latin, *quaternarius. Quaternarius* numerus.

> Plin., *Hist. nat.*, lib. XXXVI, c. 13.

> Scrobes *quaternarii*, hoc est quoquo versus pedum quatuor, si est commodum terrenum, quatuordecim ab uno fiunt : ternarii autem, decem et octo.
>
> Columel., l. XI, c. 2.

Espagnol, *quaternario*, lo que incluye ò llena el número de quatro.

> *Dicc. de la real Acad. de Madrid.*

Anglais, *quaternary.* The objections against the *quaternary* of elements, and ternary of principles, needed not to be opposed so much against the doctrines themselves.

> Boyle.

QUIÈTEMENT, *adv.* D'une manière quiète, avec calme, quiétude ; tranquillement, paisiblement.

> *Quièlement* prospèrera
> Qui par moi se gouvernera.
>
> P. Gringore, *Menus propos de mère sotte.*

Au jugement de la vie d'autruy je regarde tousjours comment s'en est porté le bout, et des principaux estudes de la mienne, c'est qu'il se porte bien, c'est-à-dire *quiètement* et sourdement.

> Montaig., *Ess.*, l. I, c. 19.

Quièlement, doulcement et ainsi sombrement et obscurément, sans bruict, comme le bateau qui n'est poulsé que du fil et du cours naturel et ordinaire de l'eau.

> Charron, *Sagesse*, l. II, c. 3.

Les processions de la cour et de la ville de Paris se firent et se parachevèrent fort dévotieusement et *quiètement* , sans désordre, tumulte, ni insolence aucune, à l'accoutumée.

Brantome, *Cap. franç.* , t. III, p. 78.

Latin , *quietè*. Quod aptissimum est ad *quietè* vivendum.

Cicer., *De Finib.* , I, c. 16.

Italien , *quietamente*. Oh ! quanto allora le mie ossa *quieta-mente* riposeranno !

Sannaz., *Arcad.* , pros. 8.

Espagnol, *quietamente*. Porque, como en cada reino, ciudad y pueblo hai diversas costumbres, el que no las sabe, con vivir bien y *quietamente* , cumple con la obligacion naturál.

Espin., *Escud.*, relac. 1 , desc. 22.

Anglais, *quietly*. Although the rebels had behaved them-selves *quietly* and modestly by the way as they went ; yet they doubted that would but make them more hungry to fall upon the spoil in the end.

Bacon.

QUOTIDIENNEMENT , *adv*. Chaque jour.

Les religieux sont *quotidiennement* exhortez à bien faire, et fuyr péché.

Triomph. de la Noble Dame , l. III , fol. 245 (ou 270, r°).

Latin , *quotidiè, quotidianò*. Cùm *quotidie* magis magisque perditi homines minarentur.

Cicer., *Phil.*, 1 , cap. 2.

Palpebræ mulieribus infectæ *quotidianò*.

Plin., *Hist. nat.*, l. XI, c. 37 , sect. 56, ed. Harduin.

Italien, *quotidianamente*. Dove è loro dato *quotidianamente* il vitto.

Fr. Giord., *Predich.*

Espagnol, *quotidianamente* , todos los dias , cada dia.

Dicc. de la real Acad. de Madrid.

APPENDICE.

Q.

QUADRILOQUE, *s. m.* Dialogue ou entretien de quatre interlocuteurs. AL. CHARTIER, *Quadril. invect.*; *OEuv.*, p. 405. — ÉT. PASQUIER, *Rech.*, l. VI, ch. 16. —Voyez TRILOGUE, *append.*

QUINTESSENCIER, *s. m.* Celui qui cherche la quintessence, ou la pierre philosophale. ÉT. PASQUIER, *Lett.*, tom. III, p. 624.

R.

RAMONAGE, *s. m.* Action de ramoner.

Demeurant à la charge du propriétaire toutes autres réfections, et mesme le *rammonage* de la cheminée.

> Cout. de Bergh S. Vinox, rub. 7, art. 22 ; Cout. génér., t. I, p. 512. col. 2.

RAMONERIES, *s. f. pl.* Suie et ordures qui tombent d'une cheminée, quand on la ramone.

Que aulcun ne se ingère ou advance de jetter aulcuns descombles, fiens, ordures, cendres, *ramoneries* ou autres choses qui puist faire empeschement esdittes rivières.

> Cout. génér., tom. I, p. 813

Ce dernier mot ne me paraît pas susceptible d'ètre réintégré dans le langage moderne.

RAPEUX, EUSE, *adj.* Inégal, qui a des aspérités comme une râpe.

> On la juge au toucher, quand on la sent *raspeuse*,
> Sans lustre, sans polly, sous le doigt grumeleuse.
> REM. BELLEAU, *Poés.*, t. I, p. 12.

RAPINEUR, ERESSE, *s.* Celui ou celle qui exerce des rapines, des vols, des concussions.

Qui soient desloyaus, *rapineurs*, usuriers et pleins de autres vices.

> Ordonn. de S. Louis, 1256 ; Ordonn. des rois de France, t. I, p. 78, art. 6.

> Le bruit avez d'estre fourbisseresses,
> Membres ravir, comme *rapineresses*.
> ROGER DE COLLERYE, *OEuv.*, p. 167.

Voyez aussi JOINVILLE, *Hist. de S. Louis*, édit. de Du Cange, p. 122, etc.

Latin, *rapinator.* In invidiam veniant in hoc ipso *rapinatores.*

VARRO apud NONIUM.

Italien, *rapinatore.* Cacciò da se e dal suo campo molti e nominati mormoratori, ovvero diciamo *rapinatori.*

PETRARC., *Uom. ill.*

RAPINEUX, EUSE, *adj.* Enclin à la rapine.

Les aigles, gerfaulx, faulcons, sacres, laniers, autours, esparviers, esmerillons; oiseaulx aguars, pérégrins, essors, *rapineux,* saulvaiges.

RABEL., l. IV, c. 47.

S'il n'eust eu affaire avec un homme turbulent, *rapineux* et sujet à la pince.

BRANTOME, *Cap. franç.*, tom. IV, p. 242.

RAPPAREILLER, *v. a.* Appareiller de nouveau ce qui était dépareillé. — Il a signifié aussi rétablir, réparer, remettre en ordre.

Et qu'il soient *rapareillé*
Si con il sont esparpillié.
Vie de J. C., ms. cité par CARPENTIER, *suppl. au gloss. lat.* de DU CANGE,
au mot *reparamentum.*

Il fera faire les relés desdiz moulins, et tous les pons de Bray *rapareillier.*

Chart. de l'an 1309; *Trés. des Chart.*, reg. 13, ch. 118.

Et *rappareille* à Dieu s'estolle.
Rom. de Charité, str. 124.

Les auteurs du Dictionnaire de Trévoux observent qu'ils n'ont trouvé ce mot dans aucun dictionnaire. « Sur les vaisseaux, ajoutent-ils, on dit *rappareiller,* « quand on remet les manœuvres en état de faire voile. » J'avouerai au reste que j'ai cherché en vain le verbe *rappareiller* dans le *Dictionnaire de la marine française* par ROMME, Paris, 1813, 1 vol. in-8°.

Rappareillement, *s. m.* Action d'appareiller de nouveau, de réparer, de remettre en ordre.

Se il convenoit aucuns despens faire, ou *rapareillement*, ou réfection du pont ou du passage.

> *Chart. de l'an* 1309; *Livr. rouge de la chambre des comptes*, fol. 319, v°, col. 1.

Le substantif *rappareillement* ne me paraît pas susceptible d'être réintégré dans le langage moderne.

* **RAPPRENDRE**, *v. a.* Apprendre, ou enseigner de nouveau ce que l'on avait désappris, oublié.

A elle quelquefois s'adressent les vieillards, auxquels elle *rapprend* encore le métier.

> Cholières, *Cont.*, 7ᵉ matinée; t. I, p. 211, v°.

Le verbe *rapprendre* se trouve dans le Dictionnaire de Richelet. Les auteurs du Dictionnaire de Trévoux en l'admettant également, ajoutent néanmoins que « ce « terme est d'un usage assez rare, et qu'ils doutent « qu'on le trouve dans les bons écrivains. » — J'observerai toutefois qu'il a été employé par plusieurs auteurs accrédités.

1° Enseigner de nouveau.

Au pis aller, si vous l'oubliez (le latin) je m'offre de vous le *rapprendre* cet hyver.

> Voiture, *Lett.* 82, au cardinal de la Vallette.

2° Apprendre ce qu'on avait désappris.

Il faut presque toujours qu'ils *rapprennent*, étant grands, les choses dont ils ont appris les mots dans l'enfance.

> J. J. Rousseau, *Emil.*, l. II, t. I, p. 202.

RATIFICATOIRE, *adj. des deux g*. Qui ratifie; qui a la faculté de ratifier.

Lettres qui se bailleront par lesdits princes, confirmatoires et *ratificatoires* d'icelles.

GODEFROY, *Observ. sur Charles VIII*, p. 652.

RÉACQUÉRIR, *v. a*. Acquérir de nouveau un bien que l'on avait perdu.

Ne ja pié n'en eschappera, ne repassera la rivière : et sera tout sus heure ce pays *réacquis*.

FROISSART, *Chron.*, vol. II, ch. 121.

Italien, *racquistare*.

O se'l perduto ben mai si *racquista*.

PETRARC., *Canz.* 8, 1.

RÉAPPRÉCIATION, *s. f*. Nouvelle appréciation, contradictoire d'une appréciation précédente.

Autres commissaires envoyez pour faire l'establissement de la pancarte ou sol pour livre qu'il se délibéroit d'establir luy-mesme par sa présence, avec une telle *réappréciation*, que le droit luy en vaudroit deux fois autant.

SULLY, *Mém.*, t. II, ch. 10, p. 44.

Ce mot se trouve dans le Dictionnaire de Trévoux, et les auteurs de ce vocabulaire observent qu'on le rencontre fréquemment dans le tarif de la douane de Lyon, ann. 1632.

Le verbe *réapprécier* qui, ainsi que le substantif *réappréciation*, a été omis par MM. de l'Académie, édit. de 1762, a été néanmoins employé par nos écrivains classiques modernes.

Les lois des Germains apprécièrent en argent les satisfactions pour les torts que l'on avait faits, et pour les peines des crimes;

mais comme il y avait très-peu d'argent dans le pays, elles *réapprécièrent* l'argent en denrées ou en bétail.

Montesquieu, Espr. des lois, l. XXII, ch. 2.

RÊCHE, *adj. des deux g.* Apre, rude, rétif, difficile à vivre.

> Mais ils sont dure et trop *resche.*
> Eust. Deschamps, Poés. mss., fol. 322, col. 4.

Du Cange, *Gloss. med. et inf. latinit.*, au mot *rechinus*, observe que, de son temps, l'adjectif *rêche* était encore usité en Picardie. Il a été employé par quelques écrivains modernes.

Au surplus, il met plus d'énergie que de grace dans ses discours, et je lui trouve même l'esprit un peu *rêche.*

J. J. Rousseau, Nouv. Hél., part. I, lett. 44.

RECLOUER, *v. a.* Clouer de nouveau ce qui avait été décloué.

Après que le timon et le gouvernail de la navire est brisé par la tourmente, les mariniers taschent à y *reclouer* et attacher encore quelque autre pièce de bois au lieu.

Amyot, Plut., Marc. Brutus, ch. 57; OEuv., t. IX, p. 171.

Ce mot, qui se trouve dans le Dictionnaire de Trévoux, et dans ceux de Richelet, de l'abbé Féraud, etc., a été employé dans un sens métaphorique par madame de Sévigné.

Je crois qu'il a bien été de ceux qui ont *recloué* le chapeau sur la tête du nôtre.

Lettre du 15 décembre 1675; édit. de Blaise, t. IV, p. 125.

RECOMMENCEMENT, *s. m.* Action de recommencer.

> Souvent me fait, par amour continue,
> Avoir desir de *recommencement.*
> Clém. Marot, Epigr. 191; OEuv., t. II, p. 326.

Ce mot se retrouve dans plusieurs écrivains du siècle de Louis XIV.

> Recommencez vos soins jusques aux bagatelles :
> En amour, c'est la vérité,
> Les *recommencemens* valent choses nouvelles.
> Bussy Rabutin, *Mém.*, form. in-12, t. III, p. 228.

Je vous épargne mes éternels *recommencemens* sur ce pont d'Avignon : je ne l'oublierai de ma vie.

> Sévigné, *Lett. du 4 mars 1671*, édit. de Blaise, t. I, p. 276.

Italien, *ricominciamento.* Venuto il tempo del *ricomincia-mento* dell' opera.

> *Libr. Pred.*

On trouve aussi dans madame de Sévigné le substantif Recommenceur, euse.

Ce que vous me dites que l'amour est un vrai *recommenceur* est tellement joli, et tellement vrai, que je suis étonnée que l'ayant pensé mille fois, je n'aie jamais eu l'esprit de le dire. Je me suis même quelquefois aperçue que l'amitié se vouloit mêler en cela de contrefaire l'amour, et qu'en sa manière elle étoit aussi une vraie *recommenceuse.*

> *Lett. à Bussy Rabutin*, 19 juillet 1655 ; édit. de Blaise, tom. I, p. 36.

Le substantif *recommenceur*, *euse*, qui est du style très-familier, ne me paraît pas susceptible d'être introduit dans notre langue.

RÉDARGUTION, *s. f.* Action de rédarguer, de réprimander, de blâmer ; contradiction, contestation, répréhension, réprimande, reproche.

> Dont Juifs furent si abonté
> Et mis à *rédargution.*
> Jehan de Meung, *Test.*, v. 1183.

> Par femme fut mis à destruccion
> Sanxon li fort, et Hercules en raiges,
> Li rois Davis à *rédargucion.*
> Eust. Deschamps, *Poés. mss.*, fol. 45, col. 4.

IIs portèrent paciemment la *rédargucion* et incrépacion qu'il leur faisoit.

Hist. de la Toison d'or, t. II, p. 139, v°.

Et depuis, eurent aucune *rédargution* ensemble, mais enfin se concordèrent l'un avec l'autre.

MONSTRELET, *Chron.*, vol. II, p. 62, v°.

Voyez aussi G. CRÉTIN, *OEuv.*, p. 269. — H. ÉTIENNE, *Apolog. d'Hérodot.*, part. II, c. 33, p. 89, etc., etc.

Latin barbare, *redargutio*.

G. J. VOSSIUS, *De vit. serm.*, l. III, c. 41, p. 569.

Italien, *redarguzione*.

FR. D'ALBERTI, *Diz. crit. encicl.*

Espagnol, *redargücion*.

Dicc. de la real Acad. de Madrid.

REDICTER, *v. a.* Dicter de nouveau.

Je *redicterois* plus volontiers encore autant d'Essais, que de m'assujettir à resuivre ceux-cy pour cette puérile correction.

MONTAIG., *Ess.*, l. III, c. 9.

REFEUILLETER, *v. a.* Feuilleter itérativement.

Je n'ay point esté si curieux que de l'aller *refeuilleter* au Deutéronome, mais je l'ay leu dedans un livre nommé le Période du monde, fait et composé par maistre Pierre Turel.

JAC. TAHUREAU. Rouen, 1589, *dial.* 2°, fol. 130, v°.

Ce mot a été employé par quelques écrivains modernes.

Si je n'étois fort assurée que vous ne les *refeuilleterez* ni ne les relirez jamais.

SÉVIGNÉ, *Lett. du* 15 *février* 1690; édit. de Blaise, t. IX, p. 358.

RÉINCORPORER, *v. a.* Incorporer de nouveau, réintégrer dans un corps, dans une corporation dont on avait cessé de faire partie.

J'immoleray l'hostie salutaire de laquelle il faut que participiez ainsi que moi ; afin que vous soyez *réincorporé* aux autres membres de Jésus-Christ.

CL. FAUCHET, *Antiq. franç.*, l. IX, ch. 20 ; *OEuv.*, fol. 360 , v°.

Italien , *rincorporare.* Si vede al medesimo capitolo de' canonici *rincorporata.*

BORGHINI, *Vescov. Fiorent.*, 425.

***RÉINTÉGRATION**, *s. f.* Action de réintégrer dans son emploi, dans sa charge, de remettre dans son état primitif.

Il faut que chascun s'esvertue de son costé à tirer au collier pour la *réintégration* du bien publique.

AL. CHARTIER, *Quadril. invect.* ; *OEuv.*, p. 436.

Réintégration de pluiseurs, qui avoient esté desmis de leurs offices.

LEFEBVRE DE S. REMY, *Hist. de Charles VI*, p. 40.

Requerre *réintégration* de griefs en tenure brisée à eux faite.

Cout. de Haynaut, ch. 58.

Voyez aussi DE LAURIÈRE, *Gloss. du droit franç.*, etc.

Ce mot, qui se trouve dans le Dictionnaire de Trévoux et dans celui de l'abbé Féraud, a été employé par nos écrivains modernes.

J'ai vu autrefois jusqu'à douze *réintégrations* successives dans le même ver d'eau douce.

CH. BONNET, *Reprod. des salam.*, 2ᵉ mém. ; *OEuv.*, t. I, p. 148.

Latin , *redintegratio*. Instauraticius dies dictus à *redintegratione*, ut Varroni placet.

MACROB., *Saturn.*, l. I, c. 11.

Italien , *redintegrazione, reintegrazione.* Gli risposi che la *redintegrazione* dell' onor mio era in buone mani.

GALIL., *Dif. contro Capr.*, 184.

Eragli a cuore la *reintegrazione* del re Giovanni al regno di Navarra.

GUICCIARD., *Stor.* 13, 658.

Espagnol, *reintegración*, recobro ò satisfacción, integra y totál, de alguna cosa.

Dicc. de la real Acad. de Madrid.

Anglais, *redintegration.* Absurdly commemorated the *redintegration* of his natural body, by mutilating and dividing his mystical.

Decay of Piety.

RELECTURE, *s. f.* Lecture itérative, action de lire de nouveau.

Qui les signera, s'il sçait escrire, sinon les marquera, et sera tenue note des variations, et corrections, qu'il aura fait à la *relecture* ou autrement.

Cout. de Lessine, tit. 13, art. 12 ; *Cout. génér.*, t. II, p. 219, col. 1.

Le substantif *relecture* me paraît utile, considéré comme complémentaire du verbe *relire*, mot qui, au reste, ne se trouve point dans le Dictionnaire de l'Académie, édition de 1762, quoiqu'il soit d'un usage général, et qu'il ait été employé par nos meilleurs écrivains modernes.

Si vous trouvez mille fautes dans cette lettre, excusez les ; car le moyen de la *relire* ?

Sévigné, *Lett. du* 19 *août* 1675; édit. de Blaise, t. III, p. 411.

Je les lisais et *relisais* sans cesse ; un matin, je les trouvai effacées.

Montesquieu, *Temple de Gnide*, ch. 7.

L'Écossais pendant ce temps-là *relisait* Fingal ; le professeur d'Oxford *relisait* Homère, et tout le monde était content.

Voltaire, *Dict. phil.*, Anciens et Modernes.

Il faut le lire tout entier, et le *relire* après l'avoir lu.

Marmontel, *Élém. de Littér.*, art. apostrophe; OEuv., t. V, p. 246.

Latin, *relegere.*

Cùm *relego*, scripsisse pudet, qnia plurima ceruo,
Me quoque, qui feci, judice, digna lini.

Ovid., *ex Ponto*, l. I. epist. 5, v. 15.

Italien, *rileggere*. Un altro libro leggo sempre, e *rileggo*, pieno delle sue parole.

Bembo, *Asol.*, 2 , 135.

*REMARIER, *v. a.* Marier une seconde fois, faire contracter un nouveau mariage.

Fu mis en terre monseigneur Hue de Landricourt.... Six de mes chevaliers.... me distrent en riant que il li *remarieroient* sa femme.

Joinville, *Hist. de S. Louis*, édit. de la Bibl., p. 64.

Ce mot, qui se trouve dans le Dictionnaire de Richelet et dans celui de Trévoux, a été fréquemment employé par nos écrivains modernes, tant sous la forme active que sous celle de verbe réfléchi.

Et dites-moi, monsieur, la *remariez-vous?*
Destouches, *Homm. sing.*, act. I, sc. 4.

Je vois bien qu'il faudra que je la *remarie*.
La Chaussée, *Préjug. à la mode*, act. I, sc. 3.

La résolution de ne point se *remarier*, et de ne revoir jamais M. de Nemours.

Mad. de La Fayette, *Princesse de Clèves; OEuv.*, t. II, p. 257.

Justinien accorda des avantages à ceux qui ne se *remarieraient* pas.

Montesquieu, *Espr. des lois*, l. XXIII, c. 21.

Voyez aussi Mad. de Sévigné, *lett. du 8 janvier* 1674, édit. de Blaise, tom. III, p. 201. — Lemaistre, *Plaid.* 26. — Scarron, *Test.*, poés. — Voltaire, *Bibl. expliq.*, Genès. — Dancour, *Mari retrouv.*, sc. 5, etc., etc.

Italien, *rimaritare*. E cercan di *rimaritarla*.

Ambra, *Il Furt.*, att. 1, sc. 1.

Più volte fu da' fratelli costretta a *rimaritarsi*.

Boccacc., *Dec.*, nov. 49, 18.

Remariage , *s. m.* Action de se remarier, second mariage.

Ils avoient jusques à huict que fils, que filles, tous frères et sœurs à la duchesse de Bourbon, sa femme ; mais c'estoit d'un *remariage*.

Froissart, *Chron.*, vol. IV, c. 9.

Le roy, sur les longs discours que vous aviez eus ensemble à Rennes, touchant son desmariage et *remariage*.

Sully, *Mém.*, t. I, ch. 85, p. 408.

Voyez aussi *Cout. génér.*, t. II, p. 52, col. 1, etc.

On a dit, mais moins heureusement, Remariement. Voy. *Mém. de* Bassompière, tom. II, p. 332.

REMÉDIABLE, *adj. des deux g.* Auquel on peut remédier.

> Cette quarte et la derrenière
> A plus périlleuse manière,
> Et qui est moins *remédiable*.

Eust. Deschamps, *Poés. mss.*, fol. 473, col. 4.

Sans le sentir, ils se trouvent engagés en la hayne et détestation de leurs peuples, pour des choses fort *remédiables*, et fort aysées à éviter, s'ils en eussent esté advertis d'heure.

Charron, *Sagesse*, l. III, c. 3.

Italien, *rimediabile*. Si voltano con l'armi contro a quella terra innocente, non per volerla saccheggiare, ma per rabbioso furore, senza sapersi perchè, perciò meno *rimediabile*.

Davanzati, *Tacit.*, *Stor.*, 1, 258.

On trouve dans le Dictionnaire anglais de Sam. Johnson, le mot *remediable*, mais sans aucune autorité qui en justifie l'emploi.

RENCHAINER, *v. a.* Enchaîner de nouveau, remettre à la chaîne.

> Je sors d'une prison, tu *renchaînes* mon ame.

Ph. Desportes, *Poés.*, p. 93.

Ce mot se trouve dans le Dictionnaire de Richelet et dans celui de Trévoux.

Italien, *ricatenare*. Diventa preda del primo che cerca *ricatenarlo*.

Segret. Fiorent., *disc.*

RENOUVELABLE, *adj. des deux g.* Susceptible d'être renouvelé.

Recidivus, ranchéable, *renouvellable.*
Anc. gloss. lat. franç., ms. de S. Germain, cité par Du Cange, *gloss. med. et inf. latin.,* au mot *recidiva, recidivus.*

Italien, *rinnovabile.* Fanno abile a rinnovarsi, col farlo simile alle parti *rinnovabili.*
Bellin., *Discors.*

Anglais, *renewable.* The old custom upon many estates, is to let for leases of lives *renewable* at pleasure.
Swift.

RENTROUVRIR, *v. a.* Entrouvrir de nouveau.

Puis, il revient un peu, *rentrouvrant* la paupière,
Et monstre qu'à regret il voit nostre lumière.
Ph. Desportes, *Poés.,* p. 386.

*** REPARLER**, *v. n.* Parler itérativement, parler pour la seconde fois.

Si *reparolent* du mengier,
C'est la coustume du bouvier.
Fabel d'Aloul, v. 781.

Ce mot se trouve dans les Dictionnaires de Richelet, de Trévoux, de l'abbé Féraud, etc. Nos écrivains classiques modernes en offrent de fréquens exemples.

Il ne lui avoit point *reparlé* de tout ce qui s'étoit passé; elle n'avoit pas eu la force, et n'avoit pas même jugé à propos de reprendre cette conversation.
La Fayette, *Princesse de Clèves.*

Tout homme, quel qu'il puisse être, qui désormais m'osera parler d'amour, ne m'en *reparlera* de sa vie.
J. J. Rousseau, *Nouv. Héloïse,* part. VI, lett. 13.

A tes genoux, oubliant l'univers,
Parle d'amour, et t'en *reparle* encore.
Voltaire, *Épît. à mademoiselle Gaussin;* OEuv., t. II, p. 18.

Italien, *riparlare.* E dopo alcun giorno *riparlò* alla cameriera.
Boccacc., *Nov.* 69, 7.

REPERDRE, *v. a.* Perdre une seconde fois ce que l'on avait recouvré ou regagné.

Si mande messages as barons de l'ost, et lor fait assavoir que il avoient vingt-cinq tors, et seussent pour voir que il nel pooent *reperdre*.

VILLE-HARDOUIN, Conq. de Const., n° 90, p. 68.

> Cest avoir pas ne li rendrons ;
> Quar icil pas ne le *reperdist*
> Se Diox consentir le volsist.

Castoiement; Fabliaux, ms. de S. Germ., n° 1830, fol. 8, v°, col. 2.

Je dois observer que le texte manuscrit porte à la vérité *reperdist*, mais qu'on peut considérer ce mot comme une erreur de plume, du moins si l'on en juge par la mesure du vers. Il paraît même que le copiste, ou ceux qui ont revisé le manuscrit en ont jugé ainsi, puisqu'on a placé deux points sous la syllabe *re* du mot *reperdist*.—L'estimable M. Méon, qui a inséré ce conte dans son Recueil de Fabliaux, tom. II, p. 121, a écrit *perdist* et non *reperdist*.

Ce mot, qui se trouve dans le Dictionnaire de Richelet et dans celui de Trévoux, a été employé par nos écrivains modernes.

Vous avez regagné du terrain par les fautes de vos ennemis ; je vois que vous commencez à le *reperdre*.

CARD. DE RETZ, Mém., l. IV, t. III, p. 303.

Cette réflexion, plus prompte qu'un éclair, jeta dans mon ame un instant de lueur que je *reperdis* bientôt, mais qui me suffit pour me reconnaître.

J. J. ROUSSEAU, Emile, l. V, t. IV, p. 191.

Italien, *riperdere*. Come gli usciti di Genova presono Volteri, e *riperderonlo*.

GIOV. VILLANI, Stor. X, 91, tit.

* **RÉPRIMABLE** , *adj. des deux g.* Que l'on doit réprimer, susceptible d'être réprimé.

> Orgueil n'y a , ne vice *réprimable.*
> Eust. Deschamps , *Poés. mss. ; fol.* 205, col. 4.

Ce mot a été quelquefois employé par nos écrivains modernes.

Quoi qu'il en soit, ce Valade est *réprimable* , et le voleur qui lui a vendu la pièce très-punissable.

> Voltaire , *Lett. à M. le mar. de Richelieu* , 1er février 1773 ; *OEuv.,* t. LXXXI , p. 431.

REPUE , *s. f.* Action de repaître, temps du repas, lieu où l'on s'arrête pour prendre son repas.

Et incontinent après l'arrivement et *repuë* , passa le roy ladite rivière.

> *Hist. de Charles VII* , attribuée à Alain Chartier ; *OEuv.* , p. 202.

Ils avoient en haine plusieurs chanoines qu'ils avoient pris ce jour, et à la première *repuë* , en tuèrent cinq ou six.

> Comines , *Mém.* , l. II , c. 7.

Des *repuës* et logis qu'ils firent de Parme jusques à Rome, feray peu de compte.

> J. d'Auton , *Ann. de Louis XII* , 1499, 1500, 1501 , p. 164.

Ce mot a été employé par Scarron.

> Si quelque saumon ou barbuë
> N'en a pas fait une *repuë.*
> *Virg. travest.* , ch. 1.

> Vous plairoit-il et logis, et *repuë?*
> *Marg. de la Marg.* , fol. 71 , 1.

Franche-Repue , repas qui ne coûte point d'argent , et que l'on se procure, soit par industrie, soit par ruse , soit par flatterie.

Car les uns s'accompagnent de flatteurs et de plaisans , poursuivans de *repuës franches.*

> Amyot , *Plut.* , *OEuv. mor.* , t. XIII , p. 34.

Aussi sont comparez les flatteurs aux putains; empoison-
neurs, vendeurs d'huyle, questeurs de *repuës franches*, aux
loups.

> CHARRON, *Sagesse*, l. III, c. 10.

> Il eut du pain par son édit
> Pour fornir sa *franche repuë*.
> *Repuës franches*, à la suite des *OEuv. de Villon*, p. 15.

Voyez aussi P. DESREY, *Voyag. de Charles VIII*, p. 196,
197. — JACQ. TAHUREAU, *Dialog.*, p. 152, v°, etc.

* RESSAISIR, *v. a.* Saisir itérativement, reprendre
possession. — Il a signifié aussi remettre en possession.

L'en doit *resesir* si entièrement que toutes les choses qui
furent levées en la valeur, se l'en ne puet les choses ravoir,
soient rendues à chelui qui est *resesi*.

> BEAUMANOIR, *Cout. de Beauvoisis*, ch. 2, p. 19.

> Qui quérons estre *resaisis*
> Des biens empeschiez.
> EUST. DESCHAMPS, *Poés. mss.*, fol. 347, col. 1.

Ce mot a été fréquemment employé sous ses deux
acceptions par nos écrivains classiques modernes.

1° Saisir itérativement, reprendre possession.

Il espérait que sa nouvelle alliance avec le czar le mettrait
bientôt en état de *ressaisir* toutes ses provinces.

> VOLTAIRE, *Hist. de Charles XII*, l. VIII; *OEuv.*, t. XXVI, p. 398.

Comme si, sentant déja la vie qui m'échappe, je cherchais
à la *ressaisir* par ses commencemens.

> J. J. ROUSSEAU, *Confess.*, l. I, t. I, p. 35.

Si les traités leur arrachèrent leur proie, ce fut sans étouffer
peut-être l'ambition de la *ressaisir*, lorsque l'occasion s'en
présenterait.

> RAYNAL, *Hist. philos.*, l. V, c. 15.

> Tel le tigre en jouant, dans sa barbare joie,
> Mord, lâche, *ressaisit*, et dévore sa proie.
> DELILLE, *Pitié*, ch. 3°.

2° Remettre en possession.

> Par là, de nos trois cœurs, l'amitié *ressaisie*
> En déracineroit et haine et jalousie.
>
> P. CORNEILLE, *Othon*, act. II, sc. 4.

RESSAISIR (SE), *v. réfl.* Se remettre en possession.

Ressaisissons-nous, autant qu'il est possible, d'un droit si important et si dangereux à confier.

> FONTENELLE, *Bonheur*; *OEuv.*, t. III, p. 260.

> C'est reprendre vos droits, et c'est vous *ressaisir*
> De l'univers dompté qu'on osait vous ravir.
>
> VOLTAIRE, *Rom. sauvée*, act. II, sc. 6.

RESSAISINE, *s. f.* Action de saisir de nouveau, de rentrer en possession.

Le serjant fist la *resaisine* en la meson dudit Lucas, de la prise qui y avoit esté faite par ledit serjant d' Saint-Éloy, en mettant son gant à terre, en signe de *resaisine* de ladite prise.

> *Chart. de l'ann.* 1315, ou environ; *Chartul. de S. Magloire de Paris,* ch. 56.

En tous les cas où *resesine* appartient.

> BEAUMANOIR, *Cout. de Beauvoisis*, ch. 2, p. 19.

Le substantif *ressaisine*, qui appartient exclusivement à la jurisprudence, ne me paraît pas susceptible d'être restitué au langage moderne.

RESTITUTEUR, *s. m.* Celui qui restitue ce qu'il avait pris ou retenu.

> Hélas! et que leur demand' on?
> Qu'ils soient *restituteur.*
>
> EUST. DESCHAMPS, *Poés. mss.*, fol. 310, col. 2.

Richelet et les auteurs du Dictionnaire de Trévoux prétendent que le substantif *restituteur* ne se dit guères que des savans qui ont restitué les passages de quelques auteurs anciens.

On a nommé aussi *restituteurs* les empereurs qui ont

restitué ou rétabli les médailles ou autres monumens de leurs prédécesseurs.

Je crois que le mot *restituit* signifie que l'empereur qui est annoncé comme *restituteur*, a rétabli, en tout ou en partie, quelque monument de l'autre empereur ou du magistrat nommé sur la même médaille.

Le Beau, 1er *Mém. sur les médailles restituées; Acad. des Inscript.*, Mém., t. XXI, p. 337.

Latin, *restitutor, restitutrix*. P. Lentulus, ultor sceleris illius, propugnator senatûs, *restitutor* salutis meæ.

CICER., *pro Milone*, c. 15.

Terra omnium generum, quæ accepit, *restitutrix*.

APULEIUS, *Asclepiad.*

Italien, *restitutore*. Non t'avvedi per qual cagione egli è chiamato in far ciò *restitutore* paziente, più che fedele.

SEGNER., *Man. : giugn.*, 22, 5.

RESTITUTOIRE, *adj. des deux g.* Qui sert à restituer, qui a rapport aux restitutions.

Non les legs testamentaires, dont les héritiers demeureront chargez, sinon que lesdits legs fussent *restitutoires*.

Cout. *génér.*, t. I, p. 920.

Latin, *restitutorius. Restitutoria* actio.

JULIAN., *Digest.*, l. II, tit. 10, leg. ult.

Italien, *restitutorio*.

FR. D'ALBERTI, *Diz. crit. enciel.*

Espagnol, *restitutório*. Que esto procede con mayór fuerza y seguridad en los Juicios *restitutórios*.

SOLÓRZANO, *Politic. Indian.*, l. III, c. 31.

REVALIDER, *v. a.* Redonner de la validité à un acte qui avait été invalidé.

Laquelle cour, après information, pourra ordonner lesdites lettres estre *revalidées*, ou faire autres nouvelles lettres.

Cout. *de Hainault; Coutum. général*, t. II, p. 75, col. 2.

Quelques écrivains modernes ont fait usage de ce mot.

Nous employons tout le temps de la nuit à prêcher, baptiser et confesser les nouveaux chrétiens, pour leur faire recevoir la sainte eucharistie, et à *revalider* les mariages.

Lett. du P. Robert de S. Nicolas, missionnaire dans le Tunquin. Voy. *Mercure de France*, janvier 1718, p. 102.

Les auteurs du Dictionnaire de Trévoux observent au reste qu'ils n'ont rencontré le verbe *revalider* dans aucun glossaire excepté celui de Cotgrave.

Espagnol, *revalidar*. Que le enviasse el nombramiento de capitán generál de aquella empressa, *revalidando* el quel tenia de la villa y exército.

Solis, *Hist. de Nuev. Esp.*, l. II, cap. 13.

REVALIDATION, *s. f.* Action de redonner de la validité à un acte invalidé.

Quant aucuns auront leurs lettres rompues ou perdues par caducité, fortune de feu, mangerie de rats et souris, ou autres inconvéniens, ils en pourront faire remonstrances en nostre dicte cour, afin d'avoir *revalidation* ou nouvelles lettres.

Cout. de Hainault; Cout. génér., t. II, p. 75, col. 2.

Italien, *revalidazione*.

Fr. d'Alberti, *Diz. critic. enciclop.*

Espagnol, *revalidación*, la accion de revalidar. Es voz mui usada en lo forense.

Dicc. de la real Acad. de Madrid.

REVÉLATEUR, *s. m.* Celui qui révèle.

Ainsi qu'il appert par leurs ordonnances et grans peines corporelles et civiles imposées contre lesdicts révélateurs au temps passé.

Ordonn. de l'eschiquier de Norm., ann. 1507, art. 5, à la suite de l'ancienne cout. de Norm., fol. 38, v°, col. 1.

Le substantif *révélateur* se trouve dans le Dictionnaire de Trévoux, mais seulement comme surnom donné à

Hercule, parce qu'il avait révélé en songe à un Grec nommé Sophocle, un vol qui avait été commis dans son temple.

Latin, *revelator*. Nec *revelator* ipse erit, qui absconditor non fuit.

Tertull., *adversus Marcion.*, c. 25.

Italien, *revelatore*, *rivelatore*, *rivelatrice*. Nè anche al prelato si dee revelare pubblicamente, se solamente il *revelatore* il sa.

Maestruzz., 2 , 49.

Il duca non solamente non ricercò la cosa, ma fece il *rivelatore* miseramente morire.

Segr. Fior., *Stor.*, 2 , 60.

E quella ,
Che de' secreti fu *rivelatrice*.

Tasso, *Gerusalem.*, 18 , 53.

Espagnol, *reveladór*. *Reveladór* de confessión, es el confessór que dice: aquel me ha confessado muchos y mui grandes pecádos.

Navarr., *Man.*, cap. 8, num. 9.

Anglais, *revealer*. The lives of the *revealers* may be justly set over against the revelation, to find whether they agree.

Atterbury.

REVERNIR, *v. a.* Enduire d'une nouvelle couche de vernis.

Il ne la voit le plus souvent qu'en peinture, j'entends peinture de fard, ou d'autre telle masque de quoy ne se sçavent que trop réparer ces vieux idoles *revernis* à neuf.

Jacq. Tahureau, Rouen, 1589, *Dial.* 1er, p. 14, v°.

Ce mot, comme l'observent les auteurs du Dictionnaire de Trévoux, se trouve dans le Dictionnaire des rimes, attribué à Odet de la Noue.

13.

Vernir, *revernir*, dévernir, survernir, entrevernir, contrevernir.

Grand Dict. des rim. franç., tiré des OEuv. de Dubartas, Genev., Math. Berion, 1624, in-8°, p. 329, col. 1.

REVOLER, *v. n.* Revenir en volant vers le lieu d'où l'on est parti.

> Ne cure n'ot de *revoler*,
> Pour notifier dedans l'arche
> Comment la terre se descarche.
>
> Eust. Deschamps, *Poés. mss.*, fol. 481, col. 2.

> O Carité, revien, *ravole*.
>
> Rom. de Charité, str. 124.

Ce mot, qui se trouve dans le Dictionnaire de Richelet, dans ceux de Trévoux, de l'abbé Féraud, etc., n'a jamais cessé d'appartenir à notre langue. Les écrivains des dix-septième et dix-huitième siècles en offrent de nombreux exemples au sens propre et au sens figuré.

Sens propre.

> Le corbeau donc vole et *revole*:
> Sur son rapport, les trois amis
> Tiennent conseil.
>
> La Fontaine, l. XII, *fabl.* 15.

Si on l'arrachait (l'alouette) de dessus ses petits, elle *revolait* à eux dès qu'elle était libre.

Buffon, (*Guéneau de Montbéliard*), Ois., t. IX, p. 13, art. *Alouette*.

Sens d'extension. Revenir avec rapidité d'un lieu à l'autre.

> Puis, pour me divertir, je vole et je *revole*,
> En deux heures ou trois, de l'un à l'autre pole.
>
> Desmarets, *Visionn.*, act. III, sc. 2.

Notre flotte est toute revenue paisiblement à Belle-Isle, et M. de Seignelai *révolé* à Versailles : car c'est aussi un oiseau, moins gros que le duc de Chaulnes.

Sévigné, *Lett. du 7 septembre* 1689; édit. de Blaise, t. IX, p. 104.

Revolez de mon ermitage
A votre brillant tourbillon.
VOLTAIRE, *Épít.* 91 ; *OEuv.*, t. XIII, p. 230.

Sens figuré. Reporter vivement ses affections vers un objet.

Quand je verrai mon ame, en secret déchirée,
Revoler vers le bien dont elle est séparée.
RACINE, *Mithrid.*, act. II, sc. 6.

Mon ame *revolait* vers toi, à travers les abymes qui nous séparaient.
MARMONTEL, *Cont. mor.*, Amitié à l'épreuve.

Latin, *revolare*.

Cùm medio celeres *revolant* ex æquore mergi.
VIRGIL., *Georg. I*, v. 361.

Italien, *rivolare*.

Tacque, e sparito *rivolò* del cielo
Alle parti più eccelse e più serene.
TASSO, *Gerus.*, cant. I, ott. 17.

Espagnol, *revolar*, dar segundo vuelo el ave.
Dicc. de la real Acad. de Madrid.

REVOULOIR, *v. a.* et *n.* Vouloir de nouveau.

Mais de çaus vous lairai ester,
Si *revodrai* del duc parler.
PHIL. MOUSKES, *ms.*, p. 386.

Et quant celle matière fut affinée et accordée, l'empereur *revoulut* estre reconsilié à sa femme et à cellui Vallée premièrement.
Chron. de France, dite *de S. Denis*, tom. I, fol. 174, r°, col. 2.

Ce mot a été quelquefois employé par nos écrivains classiques modernes.

Mais si mon cœur encor *revouloit* sa prison,
Si, tout fâché qu'il est, il demandoit pardon.
MOLIÈRE, *Dépit amoureux*, act. IV, sc. 3.

Italien, *rivolere*.

> Se l' agnel *rivuol* la lana,
> E se il fior *rivuol* la grana,
> Tuo pensiero è cosa vana.
>
> FRA JACOP. DA TODI, *Poes.*

RHUMATIQUE, *adj. des deux* g. Attaqué de rhumatisme; qui a rapport aux rhumatismes; propre à donner des rhumatismes.

Laquelle église, qui est très-froide, *rumatique* et malseine.

> *Lett. de rémiss.*, ann. 1460; *Trés. des Chart.*, reg. 189, c. 412.

Latin barbare, *reumaticus*. Secundum judicia Dei, pulmonosus et *reumaticus* factus est.

> *Dialog. creatur.*, dial. 21.

Italien, *reumatico*, *rematico*. Vagliono molto a usare a coloro che sono affiocati, e che sono *rematichi* di rema fredda.

> M. ALDOBRAND., *Tratt. di med.* 184.

Espagnol, *rheumatico*, lo que pertenece à la rheuma, se causa de ella, ò la padece.

> *Dicc. de la real Acad. de Madrid.*

Anglais, *rheumatick*. The blood taken away looked very sizy or *rheumatick*.

> FLOYER.

*RIXE, *s. f.* Dispute, querelle violente entre deux personnes, et surtout entre plusieurs individus, accompagnée d'injures, de menaces, et quelquefois de voies de fait.

Les friandes querelloient. Le fils de Jacquette qui estoit grandet, voyant ces *rixes*, il tire sa mère par la robe.

> *Moyen de parvenir*, p. 107.

Ce mot, qui est maintenant d'un usage général, se trouve dans le Dictionnaire de Trévoux, mais seulement comme terme de jurisprudence.

Latin, *rixa*. Crebræ, ut inter vinolentos, *rixæ*, raro con-
viciis, sæpius cæde et vulneribus transiguntur.

Tacit., *De Morib. Germ.*, c. 22.

Espagnol, *rixa*. Vocería, blasphemia, contumélia, ò de-
nuesto y *rixa*.

Navarr., *Man.*, cap. 23, num. 115.

RUISSELET, *s. m.* Petit ruisseau.

Et *ruisseletz* et fontanelles
Bruyre et frémir sur les gravelles.

Rom. Rose, v. 21251.

Cler *ruisselet* décourant de la source de vie, ray issant de
la resplendisseur du souverain soleil.

Al. Chartier, *l'Espér.*; *OEuv.*, p. 279.

Où il trouva corbeaux très ords et laidz,
Qui de son sang ont fait maints *ruisseletz*.

Cl. Marot, *Ballad.* 15; *OEuv.*, t. II, p. 30.

Voyez aussi Joinville, *Hist.*, édit. de Du Cange, p. 36. —
G. Durant, à la suite de *Bonnefons*, p. 143, etc.

Italien, *ruscelletto*.

Tornan d'argento i *ruscelletti* e i fiumi.

Alaman., *Colt.*, 1, 9.

APPENDICE.

R.

RACCOURIR, *v. n.* Revenir en courant au lieu d'où l'on était parti. FROISSART, *Chron.*, vol. 1, ch. 19. — *Gérard de Nevers*, part. II, p. 105. — *Le Jouvencel*, fol. 60, v°.

RAGENOUILLER (SE), *v. réfl.* S'agenouiller de nouveau. *Vie de S. Louis, par le Confesseur*, ch. 8, p. 324. — Ce mot a servi aussi à désigner l'action de deux personnes qui s'agenouillent réciproquement l'une devant l'autre. JOINVILLE, *Hist. de S. Louis*, édit. de la Bibliothèque, p. 125. Sous cette dernière acception, le verbe *se ragenouiller* ne me paraît point susceptible d'être restitué au langage moderne.

RALLONGEMENT, *s. m.* Action de rallonger : ce que l'on ajoute à une chose pour la rallonger. *Hist. de Charles VII*, attribuée à ALAIN CHARTIER, *OEuv.*, p. 159. — *Cout. génér.*, tom. I, p. 697. — Ce mot se trouve dans le Dictionnaire de Trévoux, comme terme de charpenterie.

RAMAGER, ÈRE, *adj.* Qui tient au ramage des oiseaux. PHIL. DESPORTES, *Poés.*, p. 115.

RÉARMER, *v. a.* Armer de nouveau celui qui avait été désarmé. OLIVIER DE LA MARCHE, *Mém.*, l. I, p. 195. — LA COLOMBIÈRE, *Théât. d'Honneur*, tom. I,

p. 162. — Ce mot se trouve dans le Dictionnaire de Trévoux, comme terme de marine. — Italien, *riarmare*, DANTE, *Paradis.*, 12.

REBRIDER, *v. a.* Brider de nouveau un cheval, ou une autre bête de somme que l'on avait débridée. AMYOT, *Plut.*, *Syll.*, ch. 63 ; *OEuv.*, tom. IV, p. 455. — Ce mot se trouve dans le Dictionnaire de Trévoux, ainsi que dans ceux de Richelet et de l'abbé Féraud.

RÉCLINATOIRE, *s. m.* Lieu de repos. GUILL. CRÉTIN, *Poés.*, p. 35. — Latin barbare, *reclinatorium*, *reclinarium*, SUENO, *Hist. Dan. comp.*, cap. 4. — BARTHIUS, *Advers.*, 35, 23. — G. J. VOSSIUS, *De vit. serm.*, l. III, c. 41, p. 569. — Italien, *reclinatorio*, *Vita di Cristo.* — Espagnol, *reclinatorio*, *Diccionn. de la real Acad. de Madrid.*

RECLORRE, *v. a.* Clorre de nouveau, refermer. FROISSART, *Chron.*, vol. III, c. 4, fol. 8. — Italien, *richiudere*, BOCCAC., *Decam.*, nov. 4, 7.

RECONSULTER, *v. a.* Consulter de nouveau, et à diverses reprises. MONTAIG., *Ess.*, l. II, c. 17. — Ce mot se trouve dans le Dictionnaire de Trévoux et dans celui de Richelet.

REFORTIFIER, *v. a.* Fortifier de nouveau : rétablir des fortifications détruites ou qui tombent en ruines. FROISSART, *Chron.*, vol. I, ch. 226.

REFOUILLER, *v. a.* Fouiller de nouveau. *L'Amant ressuscité*, p. 106. Ce mot se trouve dans le Dictionnaire de Richelet et dans celui de Trévoux.

RÉFULGENT, ENTE, *adj.* Brillant, resplendissant, qui réfléchit un grand nombre de rayons lumineux,

Clém. Marot, *Rond.* 17; *OEuv.*, tom. II, p. 151. — Latin, *refulgens*, Plin., *Hist. nat.*, l. IX, cap. 38. — Italien, *rifulgente*, Boccac., *Amor. vis.*, 16. — Espagnol, *refulgente*, *Dicc. de la real Acad. de Madrid.* — Anglais, *refulgent*, Waller.

RENDUIT, *s. m.* Ce qui sert à renduire. *Cout. de Bergh S. Winox*, rub. 7, art. 22; *Cout. génér.*, tom. I, p. 512, col. 2.

RÉNOVATIF, IVE, *adj.* Qui a la faculté de renouveler. Jehan de Meung, *Testam.*, v. 220. — Latin, *renovativus*, Fest., *De signif. verb.*, lib. XVI.

RÉPARATOIRE, *adj. des deux g.* Qui sert à réparer, ou qui a rapport aux réparations. — Les jurisconsultes ont nommé *Droit réparatoire*, le droit que l'on a de répéter la valeur des améliorations faites dans un domaine dont on est tenancier. *Cout. génér.*, tom. IV, p. 414. — Si j'eusse trouvé un plus grand nombre d'exemples, je n'eusse point relégué ce mot dans mon *appendice*.

RÉPROUVABLE, *adj. des deux g.* Qui doit être réprouvé, digne de réprobation. Brantome, *Dam. gal.* tom. I, p. 183. — Italien, *reprobabile*, Fr. d'Alberti, *Diz. critic. enciclop.* — Anglais, *reprovable*, Taylor.

RESSALUER, *v. a.* Saluer itérativement; rendre le salut. *Rom. Rose*, v. 15565. — Amyot, *Plut.*, *Marius*, ch. 79; *OEuv.*, tom. IV, p. 290. — Ce mot se trouve dans le Dictionnaire de Richelet et dans celui de Trévoux. — Latin, *resalutare*, Cicer., *Phil.* 2, cap. 41. — Italien, *risalutare*, Maestr., 2, 41. — Espagnol, *resaludar*, Navarr., *Man.*, c. 27, num. 20. — Anglais, *to resalute*, Chapman. — RESALUEMENT, *s. m.* Action de saluer itérativement, de rendre le salut. RABELAIS, l. V, c. 25. — Latin, *resalutatio*, SUETON., *Ner.*, c. 27. — Italien, *risalutazione*, FR. D'ALBERTI, *Diz. crit. encicl.* — Espagnol, *resalutación*, NAVARR., *Man.*, c. 27, num. 20. — Le substantif *resaluement* ne me paraît pas susceptible d'être réintégré dans le langage moderne.

RESSANGLER, *v. a.* Sangler de nouveau un cheval ou une autre bête de somme qui a été désanglée. PHIL. MOUSKES, *ms.*, p. 205. — FROISSART, *Chron.*, vol. I, ch. 19, p. 16.

RESSONDER, *v. a.* Sonder de nouveau. BRANTOME, *Dam. gal.*, tom. II, p. 67.

RÉTENTEUR, TRICE, *adj.* et *subst.* Qui retient. RABELAIS, l. IV, c. 67. — Latin, *retentor*, APUL., *Florid.*, n° 6. — Italien, *ritenitore*, GIOV. VILLANI, *Stor.*, XI, 120, 1. *ritenitrice*, BOCCAC., *Vit. di Dante*, 239. — Espagnol, *retenedór*, *Dicc. de la real Acad. de Madrid.* — Quelques écrivains modernes ont dit dans un sens à-peu-près semblable RÉTENTIONNAIRE, GUYOT DE PITAVAL, *Caus. céleb.*, tom. I, p. 489. — RÉTENTIVE, *s. f.* Faculté de retenir; mémoire. EUST. DESCHAMPS, *Poés. mss.*, fol. 48, col. 2. — FROISSART, *Chron.*, vol. III, c. 7. — BRANTOME, *Cap. franç.*, tom. II, p. 57. — Italien, *retentiva*, *ritenitiva*, BUTI, *su Dante*, *Purgat.*, 33, 2. — GIOV. MORELLI, *Cronic.*, 334. — Espagnol, *retentíva*, *Dicc. de la real Acad. de Madrid.* — Anglais, *retentive*, GLANVILLE.

RÉTORQUABLE, *adj. des deux g.* Susceptible d'être rétorqué. MONTAIGNE, *Ess.*, l. III, c. 8.

RHABILLEUR, *s. m.* Celui qui rhabille, qui raccommode. *Ordonn. de* 1553, art. 4; *Ordonn. des rois de France*, tom. II, p. 383, col. 1. — *Mém. de Montluc*, tom. II, l. VII, p. 376. — Employé dans le sens figuré par le cardinal de Retz, *Mém.*, l. III.

RIGOLER (SE), *v. réfl.* 1° S'amuser, jouer, se donner du bon temps. Il est du style très-familier. Eust. Deschamps, *Poés. mss.*, fol. 19, col. 1. — Merlin Coccaie (*Théoph. Folengo*), t. II, p. 385. — Rabelais, l. II, c. 30. — Dans ce sens on a dit aussi *rigoler*, à la forme neutre. Le Chevalier de la Tour, *Inst. à ses filles*, fol. 4, r°, col. 2. — 2" Rire, badiner, railler, se moquer, tromper. Eust. Deschamps, *Poés. mss.*, fol. 234, col. 1. — *Pathelin*, p. 105. — Martial d'Auvergne, *Arest. amor.*, p. 100. — Alain Chartier, *Poés.*; *OEuv.*, p. 670. — *Hist. de J. de Boucicaut*, in-4°, l. I, p. 18. — Nos anciens écrivains ont employé à la forme active le verbe *rigoler*, pris dans ce dernier sens. *Voyez* Eust. Deschamps, *Poés. mss.*, fol. 283, col. 2. — *Pathelin*, p. 105. — *Perceforest*, vol. I, fol. 22, v°, col 1, 2, etc. Mais je ne pense pas qu'on puisse, sous cette acception, le restituer au langage moderne. — Le verbe *se rigoler*, jouer, se divertir, se donner du bon temps, se trouve dans le Dictionnaire de Trévoux. J. B. Rousseau n'a pas craint de s'en servir, *Épithal.; poés. div.*, tom. II, p. 320; mais on sait que M. de Voltaire, dans son *Temple du goût*, a tourné en ridicule ce passage de notre célèbre poète lyrique. — Rigolage, *s. m.* Action de s'amuser, de rire, de se moquer. *Rom. Rose*, v. 8899. Au reste, le substantif *Rigolage* ne me paraît point de nature à être réintégré dans notre langue.

RUDOYEMENT, *s. m.* Action de rudoyer, de traiter avec rudesse, avec une excessive sévérité. Montaigne, *Ess.*, *l.* III, c. 13.

RUSEUR, *s. m.* Celui qui ruse, qui trompe. Eust.
Deschamps, *Poés. mss.*, fol. 483, col. 1.

RUTILANT , ANTE , *adj.* Resplendissant , qui a
l'éclat rouge et ardent de la flamme. Amyot, *Plut.*,
OEuv. mesl., tom. XXII, p. 234. — Latin, *rutilans*,
Tacit., *Hist.*, I , c. 13. — Italien, *rutilante*, Al. Adi-
mari , *Pind.* — Espagnol, *rutilante*, Lope de Vega,
Laur. de Apol., Sylv. 5.

S.

SACRIFIABLE, *adj. des deux g.* Propre à être offert en sacrifice ; que l'on peut sacrifier sans crainte.

Ces pauvres gens *sacrifiables*, vieillards, femmes, enfans.
MONTAIG., *Ess.*, l. I, c. 3o.

Anglais, *sacrificable*. Yet might it be restrained, in the sense, to whatsoever was *sacrificable*, and justly subject to lawful immolation.
BROWN, *Vulg. err.*

*SAGETTE, *s. f.* Flèche, trait que l'on décoche au moyen d'un arc, ou d'une arbalète.

Me regardant et espiant
Comme le veneur fait la beste,
Pour me férir de sa *sagette*.
Rom. Rose, v. 1425.

Si m'a navré ta *sajette* crueuse.
EUST. DESCHAMPS, *Poés. mss.*, fol. 37o, col. 1.

Hors de sa trousse une *sagette* tire
De bois mortel, empenné de vengeance.
CL. MAROT, *Opusc.* 1 ; *OEuv.*, t. I, p. 128.

Et ses yeux rigoureux dardoient mille *sagettes*.
PH. DESPORTES, *Poés.*, p. 422.

Voyez aussi ROBERT DE BLOIS, *Chastis. des dames*, v. 8o5. — JOINVILLE, *Hist. de S. Louis*, p. 100. — FROISSART, *Chron.*, vol. I, ch. 17, 56, etc. — *Lett. de rémiss.*, ann. 1376 ; *Trés. des Chart.*, reg. 109, ch. 286. — GUILL. GUIART, *roy. lign.*, Phil. Auguste. — *Alector Rom.*, p. xiiij, r°. — MATH. REGNIER, *Sat.* 5. — *Amant ressuscité*, p. 210, etc., etc.

Le substantif *sagette* se trouve dans le Dictionnaire de l'Académie, édit. de 1762 ; mais seulement comme nom d'une plante appartenant à la famille des renon-

cules, et que Tournefort définit ainsi : « Renoncule des
« marais, à feuilles sagittées, très-grandes.—Sagitta aqua-
« tica major, Gasp. Bauhin, *Pin.* 194. —Sagitta major,
« J. Bauhin, 3 , 790. — *Tabern. Icon.* 743 , etc. Voy. *Elé-
mens de botanique*, édit. de Jolyclerc, t. II, p. 123.
Cette plante, nommée aussi *flèche d'eau*, doit cette
dénomination à la forme de ses feuilles.—Au reste, le
mot *sagette*, pris sous l'acception de flèche, a été employé par quelques écrivains modernes, principalement
dans la poésie légère.

> En disant ces mots, il se jette
> Sur l'arc qui se détend, et fait de la *sagette*
> Un nouveau mort.
>
> La Fontaine, l. VIII, *fab.* 27.

> Aussi vite qu'une *sagette*,
> Pour quelque rumeur qu'on a faite,
> Elle fend le crystal de l'air.
>
> Scarron, *Virg. travesti*, ch. 5.

Latin, *sagitta*. Arcum et *sagittam* invenit Scythes, Jovis
filius : alii *sagittas* Persen Persei filium invenisse dicunt.

> Plin., *Hist. nat.*, l. XI, c. 53.

Italien, *saetta*.

> Corda non pinse mai da se *saetta*,
> Che si corresse via per l'aer snella.
>
> Dante, *Infern.*, 8.

Espagnol, *saéta*. Con mas velocidád que una despedida
saéta.

> Esteb., cap. 2.

Sagetter, *v. a.* et *n.* Lancer des flèches, attaquer à
coups de flèches, percer de flèches.

> Et ceulx des nefs les *sajettoient*.
>
> *Rom. du Brut*, fol. 71, v°, col. 2.

> Contre les feux ardens du Dieu qui me *sagette*.
>
> Rem. Belleau, *Berger.*, t. I, p. 110, v°.

Ny l'hiver pleut si fort que ces payens sagettent.
Du Verdier , *Biblioth.*, p. 1208.

Voyez aussi *Miserere du Reclus.* — *Danse des aveugles.* — *Alector Rom.*, p. xiv, r°, etc., etc.

Latin, *sagittare.* Hos equitare, et *sagittare* magnâ industriâ docent.
Justin., *Hist.*, l. XLI, c. 2.

G. J. Vossius condamne l'usage du verbe *sagittare*, qui, dit-il, n'appartient point à la bonne latinité. Voy. *De Vit. serm.*, l. II, c. 23, p. 98. — *Ibid.*, l. IV, c. 23, p. 744.

Italien, *saettare.* Del legnetto niuna persona, se *saettato* esser non volea, poteva discendere.
Boccac., *Nov.*, 14, 7.

Espagnol, *saetear.*

> Vióla en las selvas un dia
> En una virginál tropa
> De sequaces de Diana,
> *Saeteando* una corza.

Gong., *Rom. lyr.*, 28.

Au reste, si le substantif *sagette* est, comme je l'ai dit plus haut, susceptible d'être employé avec succès dans le style naïf, je doute que le verbe *sagetter* soit de nature à être restitué au langage moderne.

SALIGINEUX , EUSE , *adj.* Saturé, surchargé de parties salines.

Leurs terres qui estoient abondantes et fertiles en fruicts, les rendit si *saligineuses* et stériles, qu'elles ne produisoient ne rendoient quelques fruicts.
Hist. de la Toison d'or, tom. II, fol. 118, v°.

SAVART, *s. m.* Terrain non cultivé, friche.

Item quand aucun a terres à champart, et il les délaisse en friez et *savart*.

Cout. de Clermont, art. 120.

Si le mary, durant le mariage, par faute de soins, diligence, ou bon gouvernement, a laissé venir l'héritage de sa femme en friche, *savart* ou ruine.

Cout. de Rheims, art. 264.

Voyez aussi DE LAURIÈRE, *Gloss. du droit franç.*, etc., etc.

Ce mot est encore usité comme terme d'agriculture, principalement dans quelques provinces.

Savarts; ce sont, dans le département des Ardennes, des terres incultes qui servent au pâturage.

Nouv. cours d'agriculture, par MM. Thouin, etc., art. *savart*, t. XIII,
p. 453.

SAVOISIEN, ENNE, *adj.* Natif de Savoie, qui habite la Savoie.

> Confortez-moi, muses *savoisiennes*,
> Le souvenir des adversitez miennes.
>
> Cl. MAROT, *Opusc.* 4; *OEuv.*, t. I, p. 185.

Quelques écrivains ont dit dans le même sens, mais moins heureusement, SAVOYEN.

Je parleray d'un gentilhomme *savoyen*, exerçant ses brigandages dedans ou auprès de sa maison, qui estoit entre Lyon et Genève.

H. ÉTIENNE, *Apolog. d'Hérod.*, t. I, 2.ᵉ part., c. 18, p. 414.

On dit généralement *Savoyard;* mais j'estime qu'on pourrait établir entre les mots *Savoisien* et *Savoyard* la distinction suivante. Le mot *Savoyard* désignerait plus particulièrement les enfans qui viennent de la Savoie, de Maurienne, etc., et dont le principal emploi est de ramoner les cheminées : le mot *Savoisien* serait le nom générique des habitans de la Savoie. Consultez *Nouvelles*

remarques de Vaugelas sur la lang. franç.; note de M***
(L. Aug. Aleman), p. 468, etc., etc.

*SCINTILLER, *v. n.* Étinceler, lancer des étincelles,
des éclats de lumière.

Et de rayons *scintillans* à l'entour.
RABEL., l. V, c. 11.

C'est quand le soleil vient à donner violentement dedans
une nuée, que ses rayons en *scintillent.*
AMYOT, *Plut., OEuv. mesl*, t. XXI, p. 174

Et d'un esclair subtil fit *scintiller* la nuë.
PHIL. DESPORTES, *Poés.*, p. 501.

Ce mot a été employé par quelques écrivains modernes.

Mais j'ai vu *scintiller* le diamant son frère.
J. DELILLE, *Trois Règn.*, ch. IV.

Latin, *scintillare.* Carbunculi contra radios solis *scintillant.*
PLIN., *Hist. nat.*, l. XXXVII, c. 7.

Italien, *scintillare.* Nella sua rotondità vidi gittar raggi
d'intorno, e *scintillare*, come *scintilla* il ferro rovente, quando
è battuto dal fabbro col martello.
BUTI, *su Dante.*

SCINTILLE, *s. f.* Étincelle.

Comme d'une petite *scintille*, allumant et enflammant la
génération.
AMYOT, *Plut., OEuv. mor.*, t. XX, p. 389.

Nous ne devons pas douter que quelques *scintilles* du
premier n'y fussent demourées.
H. ÉTIENNE, *Apol. d'Hérod.*, t. I, c. 4, p. 37.

Et darde en lui les *scintilles* de grace.
LOYS LE CARON, *Poés.*, fol. 3, v°.

Voyez aussi *Marguer. de la Marguer.*, fol. 32. — *Perce-*

forest, vol. VI, fol. 88, v°, col. 2.—*L'Amant ressuscité*, p. 70.
— RABELAIS, l. IV, *épist. dédic.*, etc., etc.

Latin, *scintilla*.

> Ac primùm silici *scintillam* excudit Achates.
> VIRGIL., *Æneid.*, l. I, v. 178.

Italien, *scintilla*.

> Lo 'ncendio lor seguiva ogni *scintilla*.
> DANTE, *Parad.*, 28.

Le substantif *scintille* ne me paraît pas de nature à être réintégré dans le langage moderne.

SEMAISON, *s. f.* Temps où l'on fait les semailles.

Tous bleds verds et grains de mars sortissent nature et condition de fons et héritages à sçavoir les bleds, depuis la *semoison* jusques au my-may.

> *Cout. génér.*, t. I, p. 696.

Voyez aussi *Chartul. de S. Corn.*, fol. 211, v°, etc.

SÉMINATEUR, *s. m.* Celui qui sème.

> *Séminateurs* d'ordure et zizanie.
> GUILL. CRÉTIN, *aux Bourg. Holland.*; *Poés.*, p. 199.

Latin, *seminator.* Omnium autem rerum, quæ naturâ administrantur, *seminator*, et sator, et parens, ut ita dicam, atque educator, et altor est mundus.

> CICER., *De Nat. Deor.*, II, cap. 34.

Italien, *seminatore.* Alle quali il *seminatore* non sarà andato.

> CRESCENZ., *Agricolt.*

Quoique le substantif *séminateur* soit élégant et sonore, je ne crois pas néanmoins qu'il soit nécessaire de le réintégrer dans le langage moderne, puisque nous avons le mot *semeur*, dont le sens est absolument le même, du moins au propre.

SÉNILE, *adj. des deux g.* Qui appartient, qui convient aux vieillards : propre à la vieillesse.

> Et si s'en va ta beauté juvénile,
> Sans joie avoir à ton aage *sénile*.
> > *Triomph. de la Nobl. Dame*, fol. 131, v°.

Tagès, demi-dieu, d'un visage enfantin, mais de *sénile* prudence.

> > Montaig., *Ess.*, l. I, c. 11.

Latin, *senilis.*

> Ne forte *seniles*
> Mandentur juveni partes, pueroque viriles.
> > Horat., *De Art. poet.*, v. 176.

Italien, *senile.*

> Frutto *senile* in sul giovenil fiore.
> > Petrarc., *Son.* 179.

Espagnol, *senil.* En el padre viejo juvenil liberalidad : en el hijo mozo *senil* avaricia.

> > Tejad., *Leon prodig.*, part. I, apolog. 35.

Anglais, *senil.* A person in whom nature, education, and time, have happily matched a *senile* maturity of judgment, with youthful vigour of fancy.

> > Boyle.

*** SICAIRE**, *s. m.* Homme armé d'un poignard, et toujours prêt à commettre un meurtre à prix d'argent.

> Deux coustiaux de deux *sicaires* que l'on appelle Harquassis.
> > Guill. de Nangis, *Chron. franç.*, ms., ann. 1192, p. 1.

Crime de *sicaire*, si comme faire homicide de quelques personnes par glaive, espée, ou autre armeure.

> > Boutillier, *Somm. rur.*, tit. 28, p. 176, *note.*

Ce mot a été souvent employé par nos écrivains modernes.

> Armez tout, affranchis, esclaves et *sicaires*.
> > Voltaire, *Rome sauvée*, act. III, sc. 4.

Latin, *sicarius*. Vetus videlicet *sicarius*, homo audax et sæpe in cæde versatus.

> Cicer., *pro Rosc. Amer.*, c. 14.

Italien, *sicario*.

> Sarà stimato poi
> Qualche tagliacanton, qualche *sicario*.
> Buonarroti, *Fier.* 4, 5, 2.

SIMULATEUR, TRICE, *s.* Celui ou celle qui simule, qui feint, qui cherche à faire passer pour vraie une chose fausse ou douteuse.

> Et comme faulx, desloyaulx séducteurs,
> *Simulateurs*, ypocrites, menteurs.
> G. Crétin, *aux Bourg. Holland.*, etc.; *Poés.*, p. 198, 199.

Latin, *simulator, trix*. Animus audax, subdolus, varius, cujus rei libet *simulator* ac dissimulator.

> Sallust., *Catil.*, c. 5.

> Colchis, et Ææo *simulatrix* littore Circe.
> Stat., *Thebaid.*, IV, v. 550.

Italien, *simulatore. Simulatore* è quegli, che di fuor dimostra altro, che non è dentro da se conceputo.

> *Moral. di S. Gregor.*, 5, 16.

Anglais, *simuler*.

> Thou perjurer, thou *simuler* of virtue,
> That art incestuous.
> Shakspeare.

Simulatif, ive, *adj.* Qui feint, qui dissimule, fourbe, hypocrite.

> En cellui temps naistra la fole secte,
> La panthère, le loup *simulatif*.
> Eust. Deschamps, *Poés. mss.*, fol. 257, col. 1.

Italien, *simulativo*.

> Della tranquillità *simulativo*.
> Buonarroti, *Fier.*, 4, 4, 2.

*** SOCIALITÉ**, *s. f.*, ou mieux **SOCIABILITÉ**. Qualité de celui qui est sociable, qui cherche la société, qui sait se rendre agréable à ceux avec lesquels il vit ; aptitude à vivre en société.

Ains plus tost qu'il y ait aussi la *socialité* de vouloir verser et vivre en compagnie.

Amyot, Plut., OEuv. mor., t. XV, p. 212.

Ce mot se trouve dans le Dictionnaire de Trévoux ; mais les auteurs observent avec justice qu'il serait mieux de dire Sociabilité. En effet, ce dernier mot, admis dans le Dictionnaire de l'Académie, édit. de Smits, Paris, 1798, a été employé par plusieurs écrivains modernes.

Nous demanderons si la perfection de ces deux objets n'est pas essentielle aux agrémens de la société, dans une nation dont la *sociabilité* fait le principal caractère.

D'Alembert, Élog. acad., préf. ; OEuv., t. VI, p. 20.

La doctrine d'un envoyé céleste devrait donc reposer essentiellement sur les grands principes de la *sociabilité*. Elle devrait tendre le plus directement à perfectionner et à ennoblir tous les sentimens naturels qui lient l'homme à ses semblables.

Ch. Bonnet, Paling., Part. 21, ch. 1 ; OEuv., t. XVI, p. 386.

Desir de jouir, liberté de jouir : il n'y a que ces deux principes de *sociabilité* parmi les hommes.

Raynal, Hist. phil., l. V, c. 33.

Latin, *socialitas*. Non remissionibus tuis eadem frequentia, eademque illa *socialitas* interesset.

Plin., Panegyr., c. 49.

Italien, *socialità*.

Fr. d'Alberti, Diz. critic. enciclop

Espagnol, *sociabilidad*.

La vasta capacidad

Del mundo, y su división,
Funda su conservación
En la *sociabilidad*.
      Eug. Ger. Lobo, *Obr. poet.*, fol. 130.

Anglais, *sociableness*. The two main properties of man are contemplation, and *sociableness*, or love of converse.
      More.

SOCRATIQUE, *adj. des deux g*. Qui appartient à Socrate, semblable à Socrate ; conforme aux opinions, à la doctrine de Socrate.

Platon est plus *socratique* que pythagorique : et luy sied mieux.
      Montaig., *Ess.*; l. III, c. 13.

Latin, *socraticus*.

Rem tibi *socraticæ* poterunt ostendere chartæ.
      Horat., *De art. poet.*, v. 310.

Les auteurs du Dictionnaire de Trévoux ont inscrit dans leur vocabulaire, non-seulement l'adjectif *socratique*, mais même le verbe Socratiser, philosopher, moraliser comme Socrate. Ils citent pour exemple les vers suivans :

Partout ailleurs, il *socratise;*
Mais en débauche, il s'humanise.
      Merc. de France, déc. 1734, t. I, p. 2572.

Quoi qu'il en soit, le verbe *socratiser* ne me paraît point de nature à être admis dans la langue française.

SOMNILOQUE, *adj. des deux g*. Qui parle en dormant.
      Noel Dufail, *Cont. d'Eutrapel.*

Voyez La Curne Sainte-Palaye, *Gloss. franç.*, ms.

N. B. Ce mot ne se trouve point dans les *Contes et disc. d'Eutrapel*, de l'édit. de Paris 1732, 2 vol. in-12.

Italien, *sonniloquo*.
      Fr. d'Alberti, *Diz. critic. enciclop.*

SOMNOLENCE, *s. f.* Tendance à l'assoupissement; état soporeux.

Paresse, *somnolence* et oisiveté.
> *Triomph. de la Noble Dame*, fol. 68, v°.

Ce mot est usité de préférence par les médecins.

Latin, *somnolentia*. Ubi *somnolentiæ* cubiculariorum dormiendi locus est.
> Sidon. Apollin., l. II, *Epist.* 2.

Italien, *sonnolenza*, *sonnolenzia*. Il mal suo è letargo, cioè grave e profondissima *sonnolenza*, e sdimenticanza.
> Varch., *Boez.*, I, pros. 2.

Espagnol, *somnoléncia*. Para la frenesia. Para la *somnolencia*.
> Fr. Mic., *Agric.*, l. I, c. 2.

Somnolent, ente, *adj.* Plongé dans un état soporeux.
> Et au resveil rend celluy *somnolent*,
> Qui sent au cueur estre tépide et lent.
> Guill. Crétin, *A frère Jehan Martin; OEuv.*, p. 252.

Latin, *somnolentus*. Cùm dormiendum est, *somnolentam* (alcen) arbor sustinet.
> Solin., c. 20.

G. J. Vossius, en observant que le latin *somnolentus* a été admis par de bons auteurs, ajoute que, toutefois, il aimerait mieux dire avec Cicéron, *somniculosus*. Voyez *de Vit. serm.*, l. I, c. 17, p. 72.—*Ibid.*, append., p. 798.

Italien, *sonnolento*.
> Stava com' uom, che *sonnolento* vana.
> Dante, *Purgat.* 18.

***SOPHISTIQUEUR**, *s. m.* Celui qui sophistique, qui subtilise, ou qui falsifie.
> Venez, venez, *sophistiqueurs*,
> Gens instruits, plaisans topiqueurs.
> Coquillart, *Droits nouv.*, tit. Ier; OEuv., p. 1.

Sophistiqueurs, vous traffiquez.
J. Marot, Poés., p. 297.

Ce mot a été employé quelquefois par nos écrivains modernes.

Et convertir, subtils *sophistiqueurs*,
Leur ignorance en principes vainqueurs.
J. B. Rousseau, l. II, épît. 6.

Sophistication, *s. f.* Action de sophistiquer, de subtiliser, de falsifier par le mélange d'une substance étrangère.

Mais je laisseray déchiffrer les autres falsifications ou *sophistications* à ceux desquels j'ay appris celles-ci.
H. Étienne, Apolog. d'Hérod., t. I, part. 2, c. 16, p. 327.

Anglais, *sophistication*. *Sophistication* is the act of counterfeiting or adulterating any thing with what is not so good, for the sake of unlawful gain.
Quincy.

*SORDIDITÉ, *s. f.* Qualité de ce qui est sordide ; avarice sordide, mesquinerie, bassesse.

Parquoy le sage prince doibt pourvoir que les finances ne faillent ny ne tarissent jamais.... Le prince doibt éviter deux choses : l'injustice et la *sordidité*, en conservant le droict envers tous, et l'honneur pour soy.
Charron, Sagesse, l. III, ch. 2.

Les auteurs du Dictionnaire de Trévoux regrettent que l'Académie n'ait point admis ce mot, qui, disent-ils, se trouve dans Danet, *Racines de la latinité*, au mot *Sordes*, dans la *Traduction des Novelles de Justinien*, Nov. 24, c. 2 ; dans les *Arrêts de M. le Prêtre*, cent. IV, c. 58, art. 1, etc.

Italien, *sordidezza*. Avuto, per avarizia e *sordidezza*, in dispregio e odio.
Davanz., Tac., stor. 1, 257.

Anglais , *sordidness*. I omit the madnesses of Caligula's delights , and the execrable *sordidness* of those of Tiberius.

Cowley.

*SOUDAINETÉ , *s. f.* Qualité de ce qui est soudain , imprévu , inopiné ; promptitude , célérité , précipitation.

Et il voyaunts seront troeblez par doute horrible , et emerveilleront el *sodeineté* del santé nient espoirée.

Anc. trad. de la Bible ; Sag. , c. 5 , v. 2.

Par *soudaineté* et légèreté de changement , tantost elle dissipe , tantost elle rassemble.

Montaig. , *Ess.* , l. II , c. 12.

Nous ne nous apercevons pas de ce changement , à cause de sa *soudaineté.*

Amyot , *Plut.* , *OEuv. mor.* , t. XIII , p. 210.

Une *soudaineté* légère à changer d'affection.

Id. , *ibid.* , t. XVI , p. 321.

N'en pouvons rien attendre de bon , sinon qu'il fasse des fautes par *soudaineté* , qui nous donnent prise sur lui.

Mém. de Bellièvre et de Sillery , p. 526.

Voyez aussi Cl. Fauchet , *Antiq. franç.* , l. VI , c. 8 ; *OEuv.* , fol. 213 , v°.— Charron , *Sagesse* , l. I , c. 16. — Des Accords (*Tabourot*) , *Bigarr.* , l. IV , p. 9. — *Prince de Machiavel* , p. 162 , etc. , etc.

Les auteurs du Dictionnaire de Trévoux prétendent que « ce mot n'est pas du bel usage. » J'observerai toutefois qu'il a été employé d'une manière assez heureuse par nos bons écrivains modernes.

Il montre la puissance du prince , et la *soudaineté* de ses entreprises.

Maucroix , *Homél. de S. Chrysost.*

La *soudaineté* avec laquelle on a créé , s'il faut ainsi dire , ces choses , et qui rendra les enchantemens croyables à l'avenir.

La Fontaine, *Psych.*, l. I.

> La grace lui donna son facile abandon,
> Cette *soudaineté* que nous vante Montagne;
> Et l'heureux à propos en tout temps l'accompagne.

Delille, *Imagin.*, ch. 3.

Anglais, *suddenness*.

> All in the open hall amazed stood ,
> At *suddenness* of that unwary sight.

Spenser.

SOUFRIÈRE, *s. f.* Mine de soufre ; gouffre rempli de soufre.

> Qu'il te pousse à chef bas dans les flammeuses ondes
> Du Phlégéton roulant ses *soufrières* profondes.

J. Ant. Baïf, *OEuv.*, fol. 75, r°.

Ce mot , qui au reste n'est peut-être pas très-propre au style poétique, ainsi qu'on peut s'en convaincre par les vers que je viens de citer, a été employé, comme terme technique , par nos écrivains modernes.

Les beaux cristaux qu'on a trouvés dans la *soufrière* de Conilla , à quatre lieues de Cadix, et qui étaient renfermés dans des géodes de spath calcaire , ne laissent aucun doute à ce sujet.

Buffon, *Hist. nat.*; *min.*, tom. VIII, p. 117.

SPLÉNÉTIQUE , *adj. des deux g.* Malade de la rate.

Quelqu'un adjousta que les maladies et rage des chiens venoient de la rate : que si les prestres égyptiens vouloient dire un homme estre *splénétique*, le signifioient par le chien.

G. Bouchet, *Sérées*, l. I, p. 250.

Ce mot, qui se trouve dans le Dictionnaire de Trévoux et dans le Dictionnaire encyclopédique, ne peut guères être employé qu'en médecine.

Latin, *spleneticus*. Item *spleneticis* in vino albo per dies quadraginta.

Plin., *Hist. nat.*, l. XX, c. 9.

Italien, *splenetico*. Danne ogni mattina agli *splenetici*, e idropici.

Piet. Spano, *Tes. dei pov.*, c. 25.

Anglais, *splenetick*.

> You humour me when I am sick;
> Why not when I am *splenetick?*

Pope.

STENTORÉE, *adj. des deux g*. Bruyant, éclatant comme la voix de Stentor.

Le peuple s'estonna, entendant sa voix *stentorée*.

Rabel., l. IV, ch. 48.

Il se leva en colère, et cria en voix *stentorée* : Comment, Messieurs, est-il pas permis icy de dire ce qu'on pense?

Sat. Ménip., Harang. du rect. Rose, éd. de Ratisb. 1756, t. I, p. 95.

Ce mot, qui se trouve dans le Dictionnaire de Trévoux, a été employé par M. de Voltaire.

Criant Louvet d'une voix *stentorée*.

Pucelle, ch. XV.

Latin, *stentoreus*. Heroas infantes sub uberibus matrum, *stentoreos* edidisse vagitus.

Arnob., lib. II.

Italien, *stentorofonico*. Come di tromba *stentorofonica*.

Magal., *Lett.*

Espagnol, *stentoréo*.

> Y sacando la voz *stentoréa*
> Que en su silla infernal Plutón la siente.

Villav., *Mosch.*, cant. VIII, oct. 31.

Anglais, *stentorophonick*. Of this *stentorophonick* horn of Alexander, there is a figure preserved in the Vatican.

Derham.

* **STIMULER**, *v. a.* Piquer, aiguillonner, exciter un sentiment vif d'émulation.

> Le désespoir qui sans fin me *stimule*.
>> *Marguer. de la Marguer.*, fol. 373 , v°.

> Quand la raison emprenoit *stimuler*
> Vostre grand cueur et excellent couraige.
>> GUILL. CRÉTIN , *Appar. du mar. sans rep.*, etc.; *OEuv.*, p. 117.

> De crainte espris et *stimulé* d'envie.
>> ID., *ibid.; OEuv.*, p. 132.

> Ma conscience a sa puissance ouverte ,
> Pour *stimuler* et poindre ma pensée.
>> CLÉM. MAROT, *Orais. dev. le crucif.*; *OEuv.*, t. II, p. 498.

Lesquels toujours ils *stimulent* pour embrasser la vertu.
>> JACQ. TAHUREAU, *Dial.*, épît., p. 12.

Ce qui le devoit *stimuler* à la vertu, et reconnoître tels bénéfices.
>> *Pièces du procès de Nic. Salcedo.*

Voyez aussi *Nuits de Straparole*, tom. I, p. 162, etc.

BARBAZAN, *Gloss. franç. ms.*, regrette que l'on ait banni ce mot de la langue française. Quoi qu'il en soit, le mot *stimulant, ante*, adj. verbal du verbe *stimuler*, a été souvent employé par nos meilleurs écrivains modernes, tant comme adjectif que comme substantif.

A ces *stimulantes* apostrophes , la plus incroyable patience n'abandonne pas un instant un seul homme dans toute cette multitude.
>> J. J. ROUSSEAU, *Rouss. juge de J. J.*, dial. 1ᵉʳ.

Pour tempérer ce dangereux *stimulant*, l'amour et l'honnêteté lui tiennent lieu de prudence.
>> ID., *Emile*, l. V.

La petite portion du fluide qui est ainsi transmise au *stimulant*, est sur-le-champ remplacée par celle qui afflue des parties voisines.
>> CH. BONNET; *Contempl. de la nat.*, part. X. c. 33, not. 9

Latin, *stimulare*.

> Quadrijugos atro *stimulat* Bellona flagello.
>> Silius Ital., l. IV, v. 441.

Italien, *stimolare*. Non so quale Iddio dentro mi *stimola* a doverti il mio peccato manifestare.
>> Boccac., *Nov.*, 98, 47.

Anglais, *to stimulate*. Extreme cold *stimulates*, producing first a rigour, and then a glowing heat; those things which *stimulate* in the extreme degree excite pain.
>> Arbuthnot.

Stimule, *s. m.* Aiguillon, ce qui sert à piquer, à aiguillonner, à exciter.

> Quel *stimule*, quel aiguillon !
>> *L'Amant ressuscité*, p. 219.

Latin, *stimulus*.

> Aut *stimulo* tardos increpuisse boves.
>> Tibull., l. I, eleg. 1, v. 10.

Italien, *stimolo*.

> Se di bisogno *stimolo* il trafigge.
>> Dante, *Purgat.*, 25.

Le substantif *stimule* ne me paraît pas de nature à être restitué au langage moderne.

STRIDENT, E, *adj.* 1° Qui rend un son aigre, désagréable.

> Soubdainement les deux portes, sans que personne y touchast, de soy-mesme s'ouvrirent, et s'ouvrant feirent non bruit *strident*, non frémissement horrible, comme font ordinairement portes de bronze rudes et pesantes.
>> Rabel., l. V, ch. 37.

2° Qui force à grincer des dents.

> J'ay nécessité bien urgente de repaistre, dents aiguës, ventre vuide, gorge seiche, appétit *strident*.
>> Rabel., l. II, ch. 9.

L'adjectif *strident* a été employé dans ce dernier sens par J. B. Rousseau.

> Car ces menins de la cour éthérée
> Sont tous doués d'un appétit *strident*
> De se venger, quand ils sentent la dent.
>
> Liv. I, *épît.* 3.

Toutefois, malgré l'autorité de ce classique, je ne crois pas que l'on doive jamais s'en servir sous cette acception figurée : il ne me paraît admissible que dans le sens propre.

Latin, *stridens.*

> Contentà cervice trahunt *stridentia* plaustra.
>
> Virg., *Georg.*, l. III, v. 536.

Italien, *stridente.* Gli *stridenti* grilli, per le rotture della secca, s'avevano fatto cominciare a sentire.

> Boccac. *Amet.* 99.

M. de Buffon a dit Strideur, *s. f.*, pour désigner un cri perçant, un son aigre et désagréable.

Tout le monde sait.... que l'on fait cesser par un grand bruit la *strideur* incommode des grillons.

> Hist. Nat. suppl.; OEuv., t. XI, p. 196.

La voix habituelle du cygne privé est plutôt sourde qu'éclatante; c'est une sorte de *strideur* parfaitement semblable à ce que le peuple appelle le jurement du chat.

> Ibid.; Oiseaux, t. XVII, p. 37, art. *Cygne.*

Latin, *stridor.* Troglodytis *stridor*, non vox.

> Plin., *Hist. nat.*, l. V, c. 8.

Italien, *stridore.* Con lamentevoli *stridori* manifestano le misere loro voci.

> Guid. Giud.

STYPTICITÉ, *s. f.* Qualité de ce qui est styptique ou astringent.

Mangez un peu de ce pasté de coins : ils ferment proprement

l'orifice du ventricule, à cause de quelque *stypticité* joyeuse qui est en eux, et aydent à la concoction première.

> RABEL., liv. III, ch. 32.

Ce mot se trouve dans le Dictionnaire de Trévoux.

Italien, *stiticità*, *stiticitade*. In esso (capelvenere) è *stiticitade*.

> CRESCENZ., *Agric.* 6, 33, 1.

Anglais, *stypticity*. Catharticks of mercurials precipitate the viscidities by their *stypticity*, and mix with all animal acids

> FLOYER.

SUPERADDITION, *s. f.*, ou mieux, SURADDITION.

Action d'ajouter de nouveau à ce que l'on avait déja ajouté ; ce que l'on ajoute de nouveau.

Aussi l'on ne peut par positifs, escritures, mémoires, interdicts, additions, *superadditions*, ou responses, ou par autres pièces, articuler aucuns faits non proposez.

> *Cout. génér.*, tom. II, p. 953.

Quelques écrivains modernes ont dit dans le même sens SURADDITION.

Il est prouvé que les lames les plus antérieures s'ossifient, et que c'est par la *suraddition* de ces lames à l'os qu'il croît en tous sens.

> CH. BONNET, *Consid. sur les corps organ.; OEuv.*, t. V, p. 399.

Anglais, *superaddition*. Let the same animal continue long in rest, it will perhaps double its weight and bulk ; this *superaddition* is nothing but fat.

> ARBUTHNOT.

Voyez SUR-AJOUTER.

SUPPLÉTIF, IVE, *adj.* Qui supplée, propre à suppléer.

Yceux pourront semblablement prétendre le salaire et taxe

desdites dépesches, audit chef-lieu, en les exhibant et prestant
serment *supplétif*, si besoin est.

> *Cout. de Mons*; *Cout. génér.*, t. II, p. 191, col. 2.

Italien, *suppletivo*, termine de' legisti.... giuramento *suppletivo*.

> Fr. d'Alberti, *Dizz. crit. enciclop.*

SUR-AJOUTER, *v. a.* Ajouter au-dessus de ce qu'on avait précédemment ajouté.

A quoy je *suradjousteray* : opinion la pouvez-vous bien
appeller, madamoiselle, et non nature, quelque chose que
tout le vulgaire en estime.

> Ét. Pasquier, *Monophile*, l. I, *OEuv.*, Amst. 1723; t. II, col. 743.

Ce mot a été employé par nos écrivains classiques
modernes.

Une femme *sur-ajoutée* à celle qu'on a déjà ne peut être
légitime.

> Bossuet, *Hist. des variat.*, déf., disc. 1, § 60.

J'appelle nécessaires toutes les idées sans lesquelles le sens
ne saurait être terminé; et j'appelle *sur-ajoutées*, les cir-
constances, le moyen, la fin, le motif, toutes les idées, en un
mot, qu'on ajoute à un sens déjà fini.

> Condillac, *Art d'écrire*, l. I, c. 4.

Toute espèce particulière d'animaux a une propriété commune avec d'autres espèces, et une propriété *sur-ajoutée* qui
les distingue.

> Diderot, *Opin. des anc. philos.* (Sarrasins); *OEuv.*, t. VII, p. 214.

Latin, *superaddere*.

> Lenta quibus torno facili *superaddita* vitis.
>
> Virgil., *Eclog.* 3, v. 38.

Voyez Superaddition.

* SUR-HUMAIN , E , *adj*. Qui est au-dessus de l'humanité, soit par sa nature, soit par des qualités acquises.

Toutes les sciences *sur-humaines* s'accoustrent du style poétique.

Montaig. , Ess., l. II, c. 12.

L'on ne doit croire d'un homme que ce qui est humain, s'il n'est authorisé par approbation surnaturelle et *sur-humaine*, qui est d'un seul.

Charron, Sag., l. I, ch. 7.

Princesse *sur-humaine* et céleste, et en tous points parfaite et accomplie.

Brantome, Dam. ill., p. 178.

Ce mot, qui se trouve dans le Dictionnaire de Trévoux, a été employé par nos écrivains modernes.

Il y eut quelque chose de *sur-humain* dans sa valeur et dans sa capacité en cette occasion.

C. de Retz , Mém., l. III.

Italien , *soprumano*.

Ancorchè 'l valor suo sia soprumano.
Ariost., Orl. fur., 38 , 62.

SUSTENTATION , *s. f.* Action de sustenter, ce qui sert à sustenter.

Par lequel ilz souloient avoir souffisemment leur vivre et *substentacion*.
Règl. de Charl. rég., 22 fév. 1359 ; *Ordonn. des rois de Fr.*, t. III, p. 397.

Jacob de sustantacion
Portoit, pour consolation ,
La verge et le baston joli.
Eust. Deschamps, Poés. mss., fol. 538, col. 4.

Nos roys ont pleine puissance de leur assigner une place de religieux, pour leur vivre et *sustentation*, en certaines abbayes.

Ét. Pasquier , Rech., l. III, ch. 39.

Ce mot se trouve dans le Dictionnaire de Trévoux ; mais les auteurs observent qu'il est peu usité.

Latin, *sustentatio*. Necessitas imponatur marito omnem talem mulieris *sustentationem* sufferre.

Ulpian., Digest., l. II, tit. 3, leg. 22.

Italien, *sostentazione*. Renduto dagli uditori il debito soldo per *sostentazione* della lor vita.

Moral. di S. Gregor.

Espagnol, *sustentación*. Recibió del obisbo D. Fulcon, y del Conde Simon de Monfort muchos bienes muebles, y raices, y rentas para la *sustentación* de los predicadores.

Hern. de Castill., Hist. de S. Dom., t. I, l. 1, c. 51.

Anglais, *sustentation*. When there be great shoals of people, which go on to populate, without foreseeing means of life and *sustentation*.

Bacon

15.

APPENDICE.

S.

SALACITÉ, *s. f.* Penchant à la luxure, aux plaisirs de l'amour. RABELAIS, l. III, c. 46. — Latin, *salacitas*, PLIN., *Hist. nat.*, l. X, c. 59. — Anglais, *salacity*, BROWN, *Vulg. err.*

SCANDALISEUR, ou mieux, **SCANDALISATEUR**, *s. m.* JEHAN DE MEUNG, *Testam.* — Italien, *scandalizzatore*, *Comm. sul Dante*, Infern. 28. — Espagnol, *escandalizadór*, OÑA, *Postrim.*, l. 1, c. 7, disc. 4.

SERMENTER, *v. a.* 1° Faire prêter serment, assujétir au serment, interpeller à répondre par serment. *Rom. de Vace* ou *du Rou*, ms., p. 164. — *Chart. de* 1351, citée par D. LOBINEAU, *Hist. de Bret.*, t. II, col. 1142. — *Ordonn. des rois de Fr.*, t. III, p. 587, 668. — FROISSART, *Chron.*, vol. I, ch. 240. — J. LEFEBVRE DE S. REMY, *Hist. de Charles VI*, p. 112. — *Journ. de Paris sous Charles VI et VII*, ann. 1429, p. 116, etc., etc. — 2° Attester par serment, s'engager par serment. JUVÉNAL DES URSINS, *Hist. de Charles VI*, p. 209. — *Perceforest*, vol. II, fol. 91, r°, col. 1. — *N. B.* Le participe *sermenté*, *ée*, se trouve dans le Dictionnaire de l'Académie, édit. de Smits, 1798; mais l'éditeur observe que le verbe *sermenter* n'est pas en usage. Voyez ASSERMENTER.

SOMNIAL, ALE, *adj.* Qui a rapport aux songes.

RABELAIS, l. III, c. 13. — Latin, *somnialis*, FULGENT.,
Mytholog., l. I. — Les Romains ont désigné par les mots
somniales Dii, les Dieux qui présidaient aux songes.
Cette épithète de *somnialis* a été donnée à Hercule
dans plusieurs inscriptions. Consultez THOM. REINESIUS,
Syntagm. inscript., class. 10, n° 4. — JAC. SPON,
Miscell. erud. antiq. — CL. SAUMAISE, *sur Solin*, p. 351.
— *Observat. sur divers monum. singul.*, art. 7; *Acad.
des inscript.*, t. IX, *Hist.*, p. 175. — BURIGNY, *Mém.
sur la superst. des peuples à l'égard des songes; ibid.*,
tom. XXXVIII, *Hist.*, p. 80, etc., etc.

STUPRE, *s. m.* Crime de celui qui corrompt, qui
déshonore une fille ou une veuve; concubinage, débauche. *Lett. de rémission*, ann. 1378; *Trés. des Chart.*,
reg. 114, ch. 161. — PITHOU, *Cout. de Troyes*, p. 234.
— Ce mot a été employé par quelques écrivains modernes. VOLTAIRE, *Dict. Phil.*, art. *Dieu.* — ID., *ibid.*,
art. *Ovide*, etc., etc. — Latin, *stuprum*, CICER.,
Tuscul., IV, c. 35. — Italien, *stupro*, BUTI, *sul Dante.*
— STUPRATION, *s. f.* Action de déshonorer une fille ou
une veuve. *Triomph. de la Noble Dame*, ch. 1, fol. 2, v°.
— Latin, *stupratio*, ARNOB., l. II, p. 73. — Anglais,
stupration, BROWN, *Vulg. err.*

SUBJACENT, ENTE, *adj.* Situé ou placé au-dessous.
RABELAIS, l. IV, *prolog.* — Latin, *subjacens*, PLIN., l. II,
epist. 17. — Anglais, *subjacent*, WOODWARD.

SUR-LOUER, *v. a.* Louer au-dessus de la valeur
réelle, *Ordonn. des rois de France*, tom. II, p. 564.

SURPAYE, *s. f.* Action de surpayer; gratification
accordée au-dessus de la paye ordinaire. *Cout. génér.*,
tom. II, p. 267.

SUSURRATION , *s. f.* Chuchotement , murmure , action de parler à voix basse ; paroles dites à l'oreille et à voix basse. *Triomph. de la Noble Dame* , fol. 294, v°. — On a dit aussi, mais moins heureusement, Susur-rement, *s. m.* Guil. de Nangis, *Chron. franç.* , *ms.* , ann. 1270 , p. 2. — Latin, *susurratio*, Cicer., *Famil.* , l. VIII, *epist.* 1. — Italien, *susurrazione*, Buti, *sul Dante*, Parad. 6, 2. — Susurrer , *v. n.* Chuchoter, murmurer, parler bas et d'une manière peu intelligible. S. Bernard , *Serm. franç.* , *mss.* , fol. 149. — Latin, *susurrare*, Virg., *Georg.*, IV, v. 460. — Italien, *susurrare*, Menzini, *Rime*, vol. I, p. 63. — Espagnol, *susurrar*, Saav., *Republ.* , p. 79. Le verbe *susurrer* ne me paraît pas de nature à être reintégré dans le langage moderne.

SYMBOLISATION , *s. f.* État de ce qui symbolise, de ce qui a de la conformité, du rapport ; accord, ressemblance. Rabelais , l. III , c. 3. Ce mot a été employé aussi pour désigner une règle particulière de l'ancienne poésie française, qui consistait à faire rimer ensemble plusieurs vers de suite, ou plusieurs parties du même vers. Consultez Sibillet , *Art. poét.* , l. II, p. 137, 138, etc. — Espagnol, *symbolización* , *Diccion. de la real Acad. de Madrid.* — Anglais, *symbolization* , Brown , *Vulg. err.*

T.

TANGIBLE, *adj. des deux g.* Que l'on peut toucher ; susceptible d'être soumis au sens du toucher, d'être distingué par le tact.

Le Crétin léger, qui n'approche en rien ta non *tangible* sublimité.
GUILL. CRÉTIN, Répliq. à Jehan Molinet; OEuv., p. 270.

Les anciens jurisconsultes ont donné la dénomination de *fiefs tangibles* à ceux que l'on pouvait saisir.

Si comme fief *tangible*, où on peut asseoir la main à la terre, ou arbre, ou maison.
BOUTILLIER, Somm. rur., tit. 82, p. 479.

L'adjectif *tangible*, qui se trouve dans le Dictionnaire encyclopédique et dans celui de l'abbé Féraud, a été employé par les écrivains modernes.

Autre chose est donc, par rapport à nous, l'objet mesurable et *tangible* ; autre chose est l'objet visible.
VOLTAIRE, Phil. newt., part. II, c. 5. —IDEM, Dict. philos., art. distance.

En même temps que l'éléphant flaire, goûte, touche par cet organe unique, il mesure les distances des corps, juge de leur résistance, démêle leurs qualités *tangibles*.
CH. BONNET, Contempl. de la nat., part. XII, ch. 46 ; OEuv., t. IX, p. 432.

Ce qu'il y a de visible et de *tangible* dans les corps, s'appelle matière.
DIDEROT, Opin. des anc. philos. (Thomasius); OEuv., t. VII, p. 479.

Latin, *tangibilis.* Ea quæ visibilia sunt oculis et *tangibilia* manu.
LACTANT., lib. VII, c. 11.

Voyez GER. J. VOSSIUS, *de Vit. serm.*, l. III, c. 42, p. 620.

Italien , *tangibile.* Sebbene la materia celeste non può esser toccata , perchè manca delle *tangibili* qualità.

Galil., Sist. 62.

Espagnol , *tangible.*

> Que à ser cuerpo *tangible* el claro viento.

Lope de Vega , Coron. trag. , fol. 51.

Anglais , *tangible.* By the touch , the *tangible* qualities of bodies are discerned , as hard , soft , smooth.

Locke.

***TARDIVETÉ, *s. f.* Qualité de ce qui est tardif; lenteur , paresse; retard , délai.**

A moi semblet utlement moi nient avoir entendut les choses cui tu avois dites, quant de la moie *tardiveteit* tant criut la tue expositions.

Dial. de S. Grég. , l. II, ch. 35.

Et lors fut Aristides envoyé ambassadeur vers ceulx de Lacédémone , qui les reprit et blasma à bon escient de leur négligence et *tardivité.*

Amyot, Plut. , Aristid. , ch. 26; OEuv , t. III, p. 345.

Regarde sa *tardifveté* : il n'incommode et occupe que la saison de ta vie, qui, ainsi comme ainsi, est meshui perdue et stérile.

Montaig., Ess., l. III, ch. 13.

Tellement qu'à cause de nostre *tardiveté* , il nous a esté bien dificile de pouvoir corriger les manquemens et remarques des temps de diverses affaires , et celles des dates des lettres de la main du roi.

Sully, Mém., tom. II, ch. 1 , p. 2.

Voyez aussi *Cout. de Haynault ; Cout. génér.* , tom. II, p. 45, col. 2. — Pontus de Thyard , *Disc. du temps* , fol. 22, v°, etc.

Ce mot se trouve dans le Dictionnaire de Trévoux. Les auteurs observent « qu'il se dit plus ordinairement « des fruits lents à mûrir. »

On a dit aussi Tardité.

Contre la *tardité* et longue souffrance des jugemens de Dieu.
AL. CHARTIER, *l'Espér.* ; *OEuv.*, p. 302.

Attend pour quelque temps, et puis la *tardité*
De la peine compense avec la gravité.
JOACH. DU BELLAY, *OEuv.*, p. 191, v°.

En ce qu'il avoit desfait deux des plus grands et des plus puissans princes du monde par deux moyens totalement contraires, l'un par *tardité*, et l'autre par soudaineté.
AMYOT, *Plut.*, *Lucul.*, ch. 55; *OEuv.*. t. V. p. 131.

Consultez sur les mots *tardiveté*, *tardité*, VAUGELAS, *nouv. rem. sur la lang. franç.*, observ. de M. *** (L. Aug. Aleman), p. 256, 257.

Latin, *tarditas.* Ut esset mensura, quæ in istis octo cursibus, celeritates, *tarditates*que declararet.
CICER., *De Univers.*, c. 9.

Italien, *tardità.* La divina ira con lento grado va alla sua vendetta, ma la sua *tardità* compensa per gravezza di tormenti.
Ammaestr. antich. 23, 4, 11.

Anglais, *tardity.* Our explication includes time, in the notions of velocity and *tardity.*
DIGBY.

TEMPESTUEUX, EUSE, *adj.* Agité par de fréquentes tempêtes; orageux.

Grande tourmente, pour le moins aussi *tempestueuse* que celle de Pantagruel.
JACQ. TAHUREAU, *Dial.*, p. 178, v°.

Suis-je à couvert chaudement dans une bonne sale, pendant qu'il se passe une nuict orageuse et *tempestueuse*, je m'estonne et m'afflige pour ceux qui sont hors en la campagne.
MONTAIG., *Ess.*, l. II, c. 6.

Le plus estroit consentement que nous ayons avec elles,
encores est-il tumultuaire et *tempestueux*.

IDEM, *ibid.*, l. III, c. 5.

Ce mot se trouve dans le Dictionnaire de Trévoux ;
mais les auteurs le signalent comme « vieux et au-
« jourd'hui hors d'usage. » L'Académie, qui l'a banni de
son Dictionnaire, édition de 1762, l'avait admis dans
l'édition de 1718, en observant que l'*s* doit se prononcer.
Richelet, Danet et l'abbé Féraud prétendent au contraire qu'on doit écrire et prononcer *tempétueux*.
M. l'abbé Delille a adopté cette dernière orthographe :

> Et toi, terrible mer, séjour *tempétueux*,
> Déjà j'ai célébré tes champs majestueux.

Imagin., chant III.

Latin, *tempestuosus*. Ad *tempestuosos* hostium incursus
trepidare.

SIDON. APOLLIN., l. IV, epist. 6.

Italien, *tempestoso*. Surse un tempo fierissimo, e *tempestoso*.

BOCCAC., *Nov.* 41, 17.

Espagnol, *tempestuoso*. Como la mar anduviesse brava, y
tempestuosa.

MARMOL, *Descripc. de Africa*, l. IV, c. 52.

Anglais, *tempestuous*.

> Her looks grow black as a *tempestuous* wind.

DRYDEN.

TEMPESTUEUSEMENT, *adv.* Avec une violence pareille
à celle de la tempête.

Il se partit en telle manière de la montaigne, et s'en alla
si *tempestueusement* et à si grant erre, qu'il sembloit que ce
fust fouldre et tempeste, à le veoir aller.

Lancelot du Lac, tom. II, fol. 94, v°, col. 1.

Italien , *tempestosamente*. Ora aquilone , *tempestosamente*
spirando , tutti gli discaccia.

> Arrighett. , 48.

Veggendogli si *tempestosamente* venire.

> Boccac. , *Filocop.* 1 , 93.

Tempestatif , **ive** , *adj.* Sujet à être agité par la tempête; turbulent; qui tempête , qui gronde , qui a une
violence égale à celle de la tempête.

Pour ce que icellui Chrestien estoit très - *tempestatif* et
faisoit grant bruit.

> *Lett. de rémiss.*, ann. 1480 ; *Trés. des Chart.*, reg. 206, ch. 651.

Au vulgaire il semble que pour estre *tempestative* , elle (la
cholère) soit active , que ses menaces soient hardiesse.

> Amyot, *Plut.*, *OEuv. mor.*, t. XIII , p. 352.

Il frappe , il mord , il jure; le plus *tempestatif* maistre de
France.

> Montaig. , *Ess.* , l. II , ch. 8.

Voyez aussi Guill. Crétin , *Poés.* , p. 195 , 250. — Bonav.
Des Perriers , *Cymbal. mund.* , p. 75.—Rabelais , l. IV, c. 19.
—Noel Dufail , *Cont. d'Eutrapel*, p. 306, etc. , etc.

Quoique ce mot se trouve dans le Dictionnaire de
Furetière , et que l'Académie l'ait admis dans son Dictionnaire , édition de 1718 , je ne le crois point susceptible d'être restitué avec succès au langage moderne.

Tempestis , *s. m.* Bruit semblable à celui de la tempête.

Il menoit un tel *tempestis* et un tel brouillis , qu'il sembloit
que tous les diables d'enfer fussent là-dedans avecques luy.

> Froissart , *Chron.* , vol. III, c. 8.

Le substantif *tempestis* ne saurait, selon moi, être
réintégré dans notre langue.

TEMPORAIRE, *adj. des deux g*. Qui n'est que pour un temps, dont la durée est limitée.

Provisions ainsi accordées ne sont que *temporaires*.

S. JULIEN, *Mesl. hist.*, p. 141.

Ce mot, qui au reste est maintenant d'un usage général, se trouve dans le Dictionnaire de Trévoux, mais seulement comme terme de théologie. « Les théologiens, « distinguent la foi en *temporaire* et en salutaire. »

Latin, *temporarius*. Hæ sunt amicitiæ, quas *temporarias* populus appellat.

SENEC., *Epist.* 90.

Italien, *temporario*. Essendo l'amicizia un bene grande, ma di sua natura assai fragile e *temporario*.

COCCHI, *Ascl.*

Espagnol, *temporário*. Porque decia que, aunque fuessen *temporários*, y para ocasion cierta, la codicia de los señores los perpetuaba.

FUENMAYOR, *Vid. de S. Pio V*, fol. 66.

Anglais, *temporary*. These *temporary* truces were soon made and soon broken; he desired a straiter amity.

BACON.

* **TÉTRAGONE**, *adj. des deux g*. Qui a quatre angles, quatre côtés. Les astrologues nommaient *aspect tétragone* l'aspect de deux planètes distantes l'une de l'autre de la quatrième partie d'un cercle, ou de 90 degrés· Voyez *Dictionn. encyclop.*, *Dictionn. de Trévoux*, etc.

En la quarte, je trouve décadence de Jovis, ensemble aspect *tétragone* de Saturne associé de Mercure.

RABEL., l. III, c. 25.

Grec, τετράγωνος. Τετράγωνος τάξις τῶν ὁπλιτῶν.

THUCYDID., l. IV.

Latin, *tetragonus*.

> Fulgor *tetragono* aspectu vitale coruscat.
>
> AUSON., *Eclog.*, v. 21.

Italien, *tetragono*.

> *Vocab. della Crusc.*

Espagnol, *tetragono*. El bueno, y virtuoso ha de ser en los trabajos como el *tetragono*.

> TOLED., *Prov. de Senec.*, prov. 17.

Anglais, *tetragonal*. The moon will be in a *tetragonal* or quadrate aspect, that is, four signs removed from that wherein the disease began.

> BROWN, *Vulg. err.*

TEXTUEL, ELLE, *adj*. Exactement conforme au texte.

En toutes loix, a deux choses; la première le principe ou la sentence *textuale* : l'autre si est pourquoy on l'a fait faire.

> MONSTRELET, vol. I, c. 39.

Ce mot a été employé par quelques écrivains modernes.

C'est la disposition *textuelle* et littérale de leurs propres titres.

> *Réflex. sur la prét. des princ. légitimés*, p. 22.

Italien, *testuale*. Questa esposizione è più *testuale*, e accostasi più à sporre il testo.

> *Espos. de' salm.*

Espagnol, *textual*, lo que conviene en el sentido con el texto, ò es proprio dél.

> *Dicc. de la real Acad. de Madrid.*

TEXTUELLEMENT, *adv*. Conformément au texte; littéralement.

Ainsy qu'il est *textuellement* contenu au chapitre.

> GODEFROY, *Annot. sur l'Hist. de Charles VI*, p. 544.

* **TITUBATION** , *s. f.* État de ce qui chancèle, de ce qui vacille ; marche chancelante ; défaut de fermeté, de stabilité. — Ce mot s'est dit en astronomie du mouvement ou balancement que l'on attribuait aux cieux cristallins.

Par cestuy excessif haulsement de temps, advint au ciel nouveau mouvement de *titubation* et trépidation, tant controvers et débattu entre les fols astrologues.
Rabel., l. IV, c. 66.

Latin, *titubatio.* Ut ne parvulâ quidem *titubatione*, aut offensione impediremur.
Auct. ad Herenn., l. II, c. 8.

Italien, *titubazione.* Fu osservata questa loro paurosa *titubazione.*
Zibaldone.

Tituber , *v. n.* Chanceler, vaciller, manquer d'aplomb, de fermeté, de stabilité.

Sa main ne doit *tituber*, ne varier la balance de justice, mais doit demeurer directe, sans varier aucunement à droite ne à senestre.
Hist. de la Toison d'or, tom. II, fol. 120, v°.

Car, quant un peu chopper
Me voyent, et *tituber*,
Soudain se resjouissent.
Chartheny, *Voyag. du chev. errant*, fol. 104.

Latin, *titubare.*

Ille mero somnoque gravis *titubare* videtur.
Ovid., *Metam.*, III, v. 607.

Italien, *titubare.* Questo non lo dic' egli resolutamente, e senza punto *titubare?*
Galil., *Sist.* 47.

Espagnol , *titubear.* Empezó à *titubear* el muro incontrastable de su valor.
Nuñ. , *Empres.* 16.

Titubant , ante , *adj.* Chancelant , vacillant , qui manque d'aplomb, de fermeté , de stabilité.

C'est un mouvement d'yvroigne , *titubant* , vertigineux, informe.

Montaigne , Ess., l. III, c. 9.

Latin, *titubans.*

Serò domum est reversus *titubanti* pede.

Phædr. , l. IV, fab. 14 , v. 9.

Italien, *titubante.* E con mormorio *titubante* ne porgeva minacce.

Boccac., Amet. 78.

TOITURE, *s. f.* Assemblage des parties qui forment le toit d'une maison.

Si en un bastiment il y a quelques *toictures*, galleries ou autres advances sur rue.

Coutum. d'Epinal; Cout. génér., tom. II , p. 1136, col. 1.

M. l'abbé Féraud, *Dictionn. critique de la lang. franç.*, prétend que le substantif féminin *toiture* « est un mot « nouveau. » Il est facile de se convaincre par le passage ci-dessus que cette assertion n'est point fondée. Quoi qu'il en soit, le mot *toiture* est maintenant d'un usage général.

TORDEUR , *s. m.* Celui qui tord. Il s'est dit plus particulièrement des ouvriers qui tordent le fil , la laine ou la soie.

Saint Michel, qui est celuy des merciers, des épiciers, des *tordeurs* de fil.

Cout. d'Oudenarde; Cout. génér., tom. 1, fol. 1060, col. 2.

Ce mot se trouve dans les Dictionnaires de Richelet, de Furetière et de Trévoux.

Italien, *torcitore,* quegli che torce.

Vocab. della Crusca.

Espagnol, *torcedór*. Ni echen los *torcedóres*, ni hilandéras, ni otras personas en la seda, miel, xabón, sal.... ni otra mixtura.

Recopil. de las ley., lib. V, tit. 12, l. 25.

Tordoir, *s. m.* Ce qui sert à tordre; garot ou bâton avec lequel on tord, on resserre une corde.

Féry le dit Rousselet par la teste d'un *tortouer* de charrette, ou d'un gros baston.

Lett. de rémiss., ann. 1377; *Trés. des Chart.*, reg. III, ch. 213 *bis*.

Tuerdoir de cher ou de charrette.

Id., ann. 1397; *Ibid.*, reg. 152, ch. 105, etc.

Le mot *tordoir* s'est dit aussi des moulins, et principalement des moulins à huile.

Moulins tournans à vent et à eaue, pressoirs à vin, et *tourdoirs* sont réputez immeubles.

Cout. génér., t. I, p. 479.

Italien, *torcitoio*. Premela, rugumando assai, siccome se la mettesse al *torcitoio*.

Scal. S. Agost.

TORSION, *s. f.* Action de tordre. Il s'est dit aussi des mouvemens violens qui semblent tordre et contourner le corps.

Estans accompagnés de grands battemens de pouls, et grandes *torsions*.

Amyot, *Plut.*, *OEuv. mor.*, t. XVII, p. 99.

Mais sous cette acception le mot *torsion* n'est point susceptible d'être réintégré dans notre langue, puisqu'il a été remplacé par le mot *contorsion*.

On a dit dans ce dernier sens **Tordion**, *s. m.*

Et inventa la bonne dame
Mille *tordions* advenans.

Cl. Marot, *Épitaph.* 13; *OEuv.*, t. II, p. 422.

Mot qui se trouve dans SCARRON.

> Et par de certains *tordions*,
> Qui causoient palpitations.
>
> *Virg. trav.*, ch. V.

Mais le substantif *tordion*, employé le plus souvent sous une acception déshonnête, est indigne d'être restitué au langage moderne.

Latin, *torsio*. Privatim ejus usus, contra *torsiones* stomachi, in tepidâ aquâ, et cruditates.

> PLIN., *Hist. nat.*, lib. XX, c. 17.

Italien, *torsione*. Mitiga il dolore e *torsione* delle budella.

> CRESCENZ., *Agric.* 6, 24, 1.

TORTIONNAIREMENT, *adv.* D'une manière tortionnaire, injuste, inique.

Et si aucune chose trouve avoir esté faite encontre *torçonnièrement*, remets-la, ou fais remettre, tantost et sans délay, à estat premier et deu.

> *Déclarat. de Phil. de Valois*, 16 août 1343; *Ordonn. des rois de Fr.*, tom. II, p. 207.

Voyez aussi *Gloss. des Cout. de Beauvoisis*, etc., etc.

Ce mot a été quelquefois employé par nos écrivains modernes.

Déclarèrent la famille innocente, *tortionnairement* et abusivement jugée par le parlement de Toulouse.

> VOLTAIRE, *Du dernier arrêt en faveur des Calas*; *OEuv.*, t. XXXVI, p. 97.

Latin barbare, *tortionariè*. Supradictos verò defensores, *tortionariè* et sine causâ, supradictæ querimoniæ opposuisse diceretur.

> *Arr. du parlement*, ann. 1531; *Privil. de l'ordre de S. Jean de Jérusal.*, p. 251.

* **TOURBIÈRE**, *s. f.* Marais ou mine d'où l'on tire la tourbe.

Sitost que les barons eurent entendu le pervers Bruyant qui estoit au milieu de ses palus et *tourbières*, ilz retournèrent sanz dire mot.

> *Perceforest*, vol. IV, fol. 131, r°, col. 1.

Latin barbare, *turbaria*. Pascuis, et molendinis, et *turbariis*, et stagnis.

> *Monastic. anglic.*, tom. 1, p. 284.

TOURBER, *v. a.* Fouir un marais pour en extraire la tourbe.

Lesdits marès, porront et poent lesdits religieux *tourber* et effondrer, toutes fois que il leur plaira.

> *Chart. de l'an* 1321; *Chartul. de Corbie*, 23.

Le verbe *tourber* ne me paraît pas de nature à être restitué au langage moderne.

TOURBILLONNER, *v. n.* S'élever en tourbillon; s'agiter en tournoyant.

Tourbillonner estoit faire grand vent.

> GEOFF. TORY, *Des lett. att.*

Ce mot a été employé par nos écrivains modernes.

L'eau frémira, bouillonnera, *tourbillonnera*, à l'endroit vers lequel le bout de la trombe sera dirigé.

> BUFFON, *Addit. à la théor. de la terre; OEuv.*, tom. XIII, p. 40.

Cet amas de poussière blanchâtre, qui *tourbillonne* dans nos campagnes.

> BARTHELEMY, *Voy. d'Anachars.*, t. V, c. 64, p. 363.

> Aimable parasite, et compagnon fidèle,
> Sautillait, babillait, *tourbillonnait* près d'elle.
> DELILLE, *Trois règn.*, ch. VII.

Voyez aussi S. AUBIN, 3ᵉ *Répl. sur le reflux de la mer; Merc. de Fr.*, mars 1735, p. 420, 421, etc.

***TRAGÉDIEN**, *s. m.* Auteur qui compose des tra-
gédies; acteur qui joue la tragédie.

> Picardie, Champaigne et occident
> Doivent, pour plorer, acquerre
> *Tragédiens*, Arethusa requerre,
> Qu'en eaue fut par plour convertie.
>> Eust. Deschamps, *Poés. mss.*, fol. 44, col. 3.

Quand j'ay considéré la sentence du *tragédien* Sénèque.
>> P. Desray, *Chron. add.*, *à la suite de Monstrelet*, fol. 1, r°.

Les chantres, ménétriers, *tragédiens* et comédiens, tous
par ordre, y exercèrent leur mestier.
>> Jean d'Auton, *Ann. de Louis XII*, 1499, 1500, 1501, p. 176.

Ce mot a été employé par nos écrivains modernes.

Pourquoi dis-tu.... qu'un poète qui a fait des tragédies ne
doit jamais écrire sur l'histoire et sur la physique ?... Apprends
qu'un bon *tragédien* est très-propre à être un très-bon
historien.
>> Voltaire, *Lett. de la Visclède*; OEuv., t. LXIV, p. 424.

Les acteurs qui représentoient sur le théâtre les poèmes
dramatiques chez les anciens, étoient appelés communément
tragédiens et comédiens.
>> *Mém. pour servir à l'histoire du théâtre*; *Mercure de France*, mai 1736,
>> p. 849.

Voyez aussi *Observ. sur les écrits mod.*, tom. XXV, p. 26.
—Fréron, *Ann. litt.*, etc., etc.

L'abbé Féraud prétend que les substantifs *tragédien*,
tragédiste, sont « des mots nouveaux, qui paraissent
« jusqu'à présent peu heureusement inventés. » *Dictionn.
crit. de la lang. franç.* — Ce grammairien peut avoir
raison pour le mot *tragédiste*, dont il ne rapporte
d'ailleurs aucun exemple; mais on voit par les passages

rapportés au commencement de cet article que le mot *tragédien* n'est rien moins que moderne.

Latin, *tragœdus.*

> Qui se credebat miros audire *tragœdos.*
>> Horat., l. II, *Epist.* 2, v. 129.

Italien, *tragedo.*

> Più che giammai da punto di suo tema
> Soprato fosse comico, o *tragedo.*
>> Dant., *Parad.*, 30.

Anglais, *tragedian.* As in these verses out of the ancient *tragedian.*
>> Stillingfleet.

> To the well-lung'd *tragedian's* rage
> They recommend their labours on the stage.
>> Dryden.

TRAITREUX, EUSE, *adj.* Qui trahit, qui agit d'une manière perfide. — Il s'est dit aussi des choses, et a servi à désigner ce qui est l'effet, le résultat de la trahison.

Childebert, roy d'Austrasie, qui pour venger la *traistreuse* mort du roy Sigebert son père, mettoit toutes pièces en œuvre envers le roy Gontran son oncle.
>> Ét. Pasquier, *Rech.*, l. V, c. 25.

Quoique le mot *traitre, esse*, employé comme adjectif, offre un sens à-peu-près semblable à celui de l'ancien français *traîtreux, euse*, je crois néanmoins devoir admettre ce mot dans mon vocabulaire, comme complémentaire de l'adverbe *traîtreusement*, qui se trouve dans le Dictionnaire de l'Académie, édit. de 1762. — J'observerai que Vaugelas condamne l'usage de l'adverbe *traîtreusement.* « Les adverbes qui viennent des « noms, dit-il, se forment toujours des adjectifs com- « muns, et du féminin, quand il est différent du mas-

« culin.... Or est-il que *traîtreusement* n'ayant point cette
« formation-là, puisque le féminin de *traître*, c'est *traî-*
« *tresse*, et non pas *traîtreuse*, il s'ensuit que *traîtreu-*
« *sement* est un mot barbare, et contre l'usage et les
« règles de notre langue. » Mais, comme le remarque
très-bien M. *** (L. G. Aleman), cette observation de
Vaugelas manque d'exactitude et de justesse, puisque
l'adverbe *traîtreusement* n'est point formé de l'adjectif
traître, *traîtresse*, mais du vieux français *traîtreux*,
euse. Voyez VAUGELAS, *Nouv. rem. sur la lang. franc.*,
p. 474, 475, 476.

TRANSLUCIDITÉ, *s. f.* État ou qualité d'un corps
susceptible d'être traversé, jusqu'à un certain point,
par les rayons lumineux, comme il arrive dans les corps
semi-diaphanes. — Transparence imparfaite.

Voyans par la *translucidité* de la porte cornée.

RABEL., *Chresm. philos.*

Ce mot a été employé par quelques écrivains modernes.

On fait à Florence, avec l'albâtre gypseux de Volterra, des
vases ou de petites figures qui sont remarquables par leur
translucidité.

ALEX. BRONGNIART, *Trait. de minéral.*, class. II, ord. 2, tom. I,
p. 182.

M. Alex. Brongniart établit une différence entre la
transparence et la translucidité. « Lorsqu'un minéral,
« dit-il, n'est pas assez transparent pour qu'on puisse
« distinguer les objets placés derrière lui, on dit qu'il
« est *translucide :* les pierres nommées ordinairement
« agates sont *translucides.* » *Trait. de minéral.*, introd.,
art. 2, tom. I, p. 32.

Anglais, *translucency.* Lumps of rock crystal heated red hot, then quenched in fair water, exchanged their *translucency* for whiteness.

Boyle.

TRANSLUIRE, *v. n.* Être transparent, ou susceptible de donner passage aux rayons lumineux.

Et mesme les ténèbres de ses émathistes jà *tresluisent.*
S. Grégoire, *dialog.*, l. IV, ch. 43.

Et *transluisoient* plus que pur Cassidoine.
CLÉM. MAROT, *Métam.*, l. II; *OEuv.*, t. III, p. 114.

Latin, *translucere.*

Usque adeò e speculo in speculum *translucet* imago.
LUCRET., *De Nat. rer.*, l. IV, v. 308.

Italien, *tralucere.*

Come raggio di sol *traluce* in vetro.
PETRARCA, *Son.* 74.

Au reste, le verbe *transluire* ne me paraît pas susceptible d'être restitué avec succès au langage moderne.

TRANSPLANTEUR, *s. m.* Celui qui transplante.

N'est-il pas bon d'un certain *transplanteur* d'arbres, qui les vendoit chèrement, sous l'assurance qu'ils seroient aujourd'hui plantez et demain repris?
DES ACCORDS (Et. Tabourot), *Bigarr.*, fol. 51, v°.

Le docteur Sam. Johnson, *Engl. dictionn.*, a dit dans le même sens, *transplanter*; mais il ne cite aucune autorité pour justifier l'emploi de ce mot.

TRIGONE, *adj. des deux g.* Qui a trois angles; disposé en triangle.

Et seront en figure *trigone*, équilatérale, au grand temple de Paris, ou au milieu du parvis, posées ces trois pierres mortes.
RABEL., l. IV, *Nouv. prolog.*

Les auteurs du Dictionnaire de Trévoux ont admis ce mot dans leur vocabulaire, mais seulement comme terme d'astronomie. « *Aspect trigone*, observent-ils, se « dit de l'aspect des planètes, quand elles sont éloi- « gnées les unes des autres de 120 degrés, parce que « cela forme un triangle. »

Grec, τρίγωνος. Voyez H. STEPHAN., *Thes. ling. græc.*, tom. I. col. 893, 894.

Latin, *trigonus*.

> Dicuntur signa *trigona*,
> In tria partitus quòd ter cadit angulus astra.
> > MANIL., *Astron.*, l. II, v. 276, 277.

Italien, *trigono*. Le conginuzioni, le opposizioni, i sestili, gli esagoni, i quadrati, i trini, i *trigoni*.
> SEGNER., *Incred.*

Espagnol, *trigono*. El *trigono*, ó trino (señalados) con en triángulo.
> FIGUER., *Plaz.*, disc. 8

Anglais, *trigonal*. A spar of a yellow hue, shot into numerous *trigonal* pointed shoots of various sizes.
> WOODWARD.

TRIPLICATION, *s. f.* Action de tripler. Il s'est dit aussi de la troisième réplique d'un avocat.

Et pour che baillent-il *triplication* au défendeur, contre les réplications au demandeur.
> BEAUMANOIR, *Cout. de Beauv.* c. 6, p. 36.

Latin, *triplicatio*. Secundum *triplicationem*, cum septimæ partis adjectione.
> MACROB, *In somn. Scip.*, l. I, c. 20.

Voyez sur ce mot, employé comme terme de jurisprudence, CAIUS, *Digest.*, l. XXVII, tit. 10, leg. 7.

Anglais, *triplication*. By *triplication* of the same diameter of one hundred and twenty.

Glanville.

Triplique, *s. f.* Troisième réplique.

Il s'y trouveroit tousjours à un tel argument de quoy y fournir responces, dupliques, répliques, *tripliques*, quadrupliques.

Montaig., *Ess.*, l. II, ch. 17.

Voyez aussi *Cout. génér.*, tom. II, p. 861.

Ce mot se trouve dans le Dictionnaire de Richelet, dans celui de Trévoux et dans le Dictionnaire encyclopédique.

Espagnol, *triplica*, terme de jurisprudence, usité plus particulièrement dans le royaume d'Arragon; voyez *Dicc. de la real Acad. de Madrid*.

Tripliquer, *v. n.* Faire une troisième réplique; répliquer à la seconde réplique de son adversaire.

Donnons pooir de répliquier, dupliquier, *tripliquier*.
Lett. de procur., ann. 1309; *Chart. de Moustier Ramey*, ch. 52.

Quoique le verbe *tripliquer* se trouve dans le Dictionnaire de Richelet et dans celui de Trévoux, je ne le crois pas néanmoins susceptible d'être restitué au langage moderne.

Voyez Quadruplique.

TROMBON ou mieux **TROMBONE**, *s. m.* Instrument à vent : espèce de trompette dont les branches sont doubles et s'emboîtent les unes dans les autres.

Au son des *trombons* et hanboys.
J. Ant. Baïf, *Poés.*, fol. 207, v°.

Ce mot se trouve dans le Dictionnaire de Trévoux et dans le Dictionnaire encyclopédique.

Italien , *trombone.*

> Ch' io credo tosto, che 'l *trombon* divino
> Rassegnerà ciascuno in quella valle.
>> FRANC. SACCH.. *Rim.* 70.

Espagnol, *trompón*, et trompo grande.
>> *Dicc. de la real Acad. de Madrid.*

TROTTINER, *v. n.* Trotter à petits pas.

> Vieille iert, si alloit *trotinant.*
>> *Rom. du Brut, ms..* fol. 21. r°. col. 2.

Ce mot, qui se trouve dans le Dictionnaire de Trévoux et dans celui de Richelet, a été employé par quelques écrivains modernes.

> Elle trotte, elle *trottine,*
> Fait tant qu'elle arrive enfin
> Chez sa majesté lionne.
>> PIRON , *Fab.* (le lion et la fourmi.)

TROUVEUR, TROUVEUSE, ou TROUVERESSE. *subst.*

1° Celui ou celle qui trouve ; inventeur.

Les *trouveurs* auront la moitié de ladite trouveure pour leur part.
> *Libert. de la ville de Poilly*, ann. 1341 ; *Tres. des chart..* reg. 74, ch. 68.

> Ne jà ne me ferai *trevor*
> De rien que voie en mon vivant.
>> HENRI D'ANDELY, *Lay d'Aristote.*

Bienaurouse *troveresse* de grace, bienaurouse engentrix de vie, bienaurouse mère de salveteit.
> S. BERNARD, *Serm. fr.*, mss.

2° Celui ou celle qui controuve, qui invente des mensonges.

Si voulons que les *trouveurs* de telles escandalles et faulsetez, pour l'honneur de nous et du siège apostolique, soient deuement puni.
> MONSTRELET, *Chron.*, vol. II, p. 23, v°.

Italien, *trovatore, trice*. Io stesso ne voglio essere il *tro-vatore*.

> Boccacc., *Decam.*, nov. 100, 4.

Espagnol, *trovadór, óra*.

> Nunca se inclina, ò sirve à la canalla,
> *Trovadora*, maligna, y trafalmeja.
> > Cervant., *Viag. del Parnas.*, cap. 4.

Trouvure, *s. f.* Action de trouver.

> Si donra pour la *troveure* d'ostoir ou de faulcon deux besans.
> > *Assis. de Jérusal.*, ch. 310, 311.

Il s'est dit aussi quelquefois de la chose trouvée.

> Et a et doibt avoir toutes espaves, *trouveures* ou choses adirées, qui sont ou pourroient estre trouvées comme espaves, au palais, pourpris et appartenances.
> > *Privil. du concierg. du Palais*, janv. 1358, art. 3; *Ordonn. des rois de Fr.*, tom. III, p. 312.

Au reste, le mot *trouvure*, sous aucune de ces deux acceptions, ne me paraît susceptible d'être réintégré dans le langage moderne.

APPENDICE.

T.

TANCEUR, ERESSE, *adj.* et *s.* Celui ou celle qui tance, qui réprimande, qui reprend avec aigreur les fautes d'un autre; grondeur, disputeur, querelleur. *Rom. Rose*, v. 145. — GUILLOT, *Rues de Paris*, v. 470, 522. — *Lett. de rémiss.*, ann. 1386; *Trés. des Chart.*, reg. 129, ch. 159, etc., etc.—TANCE, TANÇON, *s. f.* Action de tancer, de réprimander; gronderie, dispute, querelle. PHIL. MOUSKES, *ms.* —JOINVILLE, *Hist.*, p. 81. — *Ovide*, *ms.* —*Piramus et Tisbé*, v. 107. —*Jugem. de Salomon*, v. 27. — *Rom. Rose*, v. 17771, etc., etc. — Les mots *tance, tançon*, ne me paraissent pas susceptibles d'être restitués au langage moderne.

TÉNÉBROSITÉ, *s. f.* Qualité de ce qui est ténébreux; ombre épaisse, obscurité. AMYOT, *Plut., OEuv. mor.*, tom. XX, p. 321. — Ce mot a été quelquefois employé par nos écrivains modernes. TH. CORNEILLE, *Galant doublé*, act. I, sc. 2. — Italien, *tenebrosità, tenebrositade, Comment. su Dante*, Parad. 2. — Espagnol, *tenebrosidád*, PEDR. DE MEDIN.. *Grandez. de Esp.*, l. II, ch. 8. — Anglais, *tenebrosity*, mot rapporté par le docteur Johnson, qui n'allègue aucune autorité pour en justifier l'usage.

THÉOPHAGE, *adj.* et *s. m.* Qui mange Dieu. H. ÉTIENNE, *Apolog. d'Hérod.*, disc. prél., p. XVI. —

Théophagie, *s. f.* Action de manger Dieu. Idem, *ibid.*, p. xvij.

TOUSSEUR, *s. m.* Celui qui tousse, qui est affecté de la toux. Eust. Deschamps, *Poés. mss.*, fol. 442, col. 2. — Ét. Pasquier, *Rech.*, l. IV, c. 48. Ce mot se trouve dans le Dictionnaire de Richelet et dans celui de Trévoux. — Tousseux, euse, *adj.* Affecté de la toux, sujet à la toux. Eust. Deschamps, *Poés. mss.*, fol. 333, col. 2. — Guill. Crétin, *Epist. à maistre Massé de Villebreme; OEuv.*, p. 212. — Toussoir, *s. m.* Mot forgé, je crois, par Rabelais, afin de désigner un lieu où l'on doit se retirer pour tousser. Rabel., l. III, c. 5. — L'adjectif *tousseux*, et surtout le substantif *toussoir*, ne me paraissent point susceptibles d'être réintégrés dans le langage moderne.

TRAFIQUEUR, *s. m.* Celui qui trafique; celui qui se charge, à prix d'argent, de faire réussir une affaire, une entreprise. Brantome, *Cap. étr.*, tom. II, p. 136. — Ce mot a été employé aussi comme adjectif. Dubartas, *Semaine.* Mais je ne pense pas que, sous cette forme, on puisse le réintégrer avec succès dans notre langue. — Italien, *trafficatore*, Fr. Giord., *Predich.* — Anglais, *trafficker*, Shakspeare.

TRANSVOLER, *v. a.* et *n.* Voler au-delà, traverser en volant. *Perceforest*, vol. IV, fol. 108, v°, col. 2. — Latin, *transvolare*, Plin., *Hist. nat.*, l. X, c. 29. — Italien, *trasvolare*, Dante, *Parad.* 32. — Espagnol, *trasvolar*, Al. Lop. Pinciano, *Pelayo*, l. XV, fol. 226.

TRAVERSEUR, *s. m.* Celui qui traverse. Rabelais, l. IV, c. 1.

TRESSOIR, *s. m.* Instrument qui sert à tresser les

cheveux. *Rom. Rose*, *ms.* — **Froissart**, *Poés. mss.*,
fol. 124, col. 2. — **Eust. Deschamps**, *Poés. mss.*, fol. 496,
col. 4. — **Tresselette**, *s. f.* Petite tresse. **Jac. Tahi-
reau**, *Poés.*, p. 242. — Italien, *treccinola*, **Fr. d'Alberti**,
Diz. crit. enciel. — **Tresson**, *s. m.* Ruban qui sert à
attacher, à contenir les tresses de cheveux. *Rom. Rose*,
v. 7286. — Le substantif *tresson* ne me paraît pas de
nature à être réintégré dans le langage moderne.

TRIGAME, *adj.* et *s. m.* Qui a épousé trois femmes,
qui s'est marié trois fois. *Ordon. du Mont Carmel et de
S. Laz.*, stat. 6.; **And. Favyn**, *Théât. d'honn.*, l. III,
tom. I, p. 702. — Latin, *trigamus*, **S. Hieronym.**, *adv.
Jovian.*, l. I, c. 21; *Oper.*, t. II, p. 14.

TRIJUMEAU, *s. m.* Mot qui s'est dit de trois enfans
nés du même accouchement. **Amyot**, *Plut.*, *Œuv.
mesl.*, tom. XXI, p. 220. — Ce mot se trouve dans le
Dictionnaire de Trévoux et dans le Dictionnaire encyclopédique, mais seulement comme terme d'anatomie.
« Nerfs *trijumeaux*, nom des nerfs de la cinquième
« paire. » — Latin, *tergeminus*, **Plin.**, *Hist. nat.*, l. VII,
c. 3. *trigeminus*, Tit. Liv., l. I, c. 24.

TRILOGUE, *s. m.* Dialogue entre trois personnes,
dans lequel on introduit trois interlocuteurs. **L'Abbé
Goujet**, *Bibl. franç.*, art. *Jean Mary*, tom. XI, p. 344.
Voyez **Quadrilogue**, *append.*

TUITION, *s. f.* Action de se déclarer tuteur, de
protéger, de défendre ; tutèle, protection, défense,
garde, conservation. *Ordonn. du roi Jean*, 9 avril 1353 ;
Ordonn. des rois de Fr., tom. I, p. 58, col. 2. — *Acte
de 1370*, cité par D. **Lobineau**, *Hist. de Bret.*, col. 538.
— *Vigil. de Charles VII*, p. 63. — **Al. Chartier**,

Quadril. invect.; OEuv., p. 452. — **Amyot**, *Plut.*, *Solon; OEuv.*, tom. I, p. 356.—**Montaigne**, *Ess.*, l. I, c. 3o. — **Cl. Fauchet**, *Antiq. franç.*, l. VII, c. 12; *OEuv.*, fol. 264, r°.—**Sully**, *Mém.*, t. I, ch. 64, etc., etc. — Latin, *tuitio*, **Ulpian.**, *Digest.*, lib. XXXVII, tit. II, leg. 2. — Espagnol, *tuición*, *Dicc. de la real Acad. de Madrid.* — Anglais, *tuition*, **Sidney**.

U.

ULCÉREUX, EUSE, *adj*. Qui participe de la nature
de l'ulcère, qui est ulcéré.

Il contracte en son ame une disposition *ulcéreuse* et catar
reuse, qui, à la fin, luy cause une habitude de cholère.

AMYOT, Plut., OEuv. mor., tom. XIII, p. 368.

Latin, *ulcerosus*. *Ulcerosa* facies, et plerumque medica-
minibus interstincta.

TACIT., Annal., IV, c. 57.

Italien, *ulceroso*. I suoi midolli verdi masticati si pongono
sopra la postema melanconica *ulcerosa*.

CRESCENZ., Agric., 5, 18, 10.

Espagnol, *úlceroso*, lo que está lleno de úlceras.

Dicc. de la real Acad. de Madrid.

Anglais, *ulcerous*. An *ulcerous* disposition of the lungs,
and an ulcer of the lungs, may be appositely termed causes of
a pulmonick consumption.

HARVEY.

ULIGINEUX, EUSE, *adj*. Marécageux, qui est dans
un état d'humidité permanente.

Aulcunes fois excède la hauteur d'une lance : sçavoir est
quand il rencontre terrouoir doulx, *uligineux*, légier, humide
sans froidures.

RABEL., l. III, c. 47.

Latin, *uliginosus*. Campester locus, qui est ad libellam
æquus, cum aquæ non habent dilapsum, fieri solet *uliginosus*.

VARRO, R. rust., l. I, c. 6.

Italien, *uliginoso*. La terra *uliginosa* è quella, nella quale
sempre ha umiditade.

CRESCENZ., Agric., 2, 19, 9.

Anglais, *uliginous*. The *uliginous* lacteous matter taken notice of in the coral fishings upon the coasts of Italy, was only a collection of the coralline particles.

WOODWARD.

ULTIME. *adj. des deux g*. Dernier; placé au dernier rang, à l'extrémité la plus reculée.

> Des boues mors et des sciences
> Font les *ultimes* questions.
> GAUTIER DE COINSI. *Hist. de sainte Léocade*, v. 828.

Latin, *ultimus*. In *ultimam* provinciam se recepit.

CICER., *Ad Attic.*, l. V, epist. 16.

Italien, *ultimo*. Domane è l'*ultimo* dì, che io debbo essere aspettato.

BOCCACC., *Nov.*, 99, 86.

Espagnol, *último*. Despues de cuya travesía, entraron en la ribera de Panuco, *última* región de Nueva España.

SOLIS, *Hist. de Nuev. Esp.*, l. 1, cap. 8.

Anglais, *ultimate*.

> I would be at the worst; worst is my port,
> My harbour, and my *ultimate* repose.
> MILTON.

ULTIMEMENT, *adv*. Dernièrement; en dernier lieu; au dernier degré.

Ultimement, puisque très sagement.... vous a pleu séparer et exclurre de la grace et miséricorde qu'il vous plaise faire aux manans et habitans de ceste ville, les principaux acteurs et participans de la dicte rébellion.

P. DESRAY, *Chron.*, *addit.*, *à la suite de Monstrelet*, fol. 101, r°.

Latin, *ultimò*, *ultimùm*. *Ultimò* templis compluribus dona detraxit, simulataque ex auro vel argento fabricata conflavit.

SUETON., *Ner.*, cap. 32.

Nunc errabundi domos suas, *ultimùm* illas visuri, pervagantur.

TIT. LIV., l. I, cap. 29.

Italien, *ultimamente* , *ultimatamente*. Ma *ultimamente*, i nostri montarono con grande ardore nella nave nemica.

Serd. , *Stor.*, 3 , 127.

Ultimatamente , riavuto il lume della grazia.

Introd. alle virt.

Espagnol, *ultimamente*, *ultimadamente*. *Ultimamente*, le dixeron, lo que él mismo habia dictado.

Solis, *Hist. de Nuev. Esp.*, l. II, c. 6.

Ultimadamente, à todos los Españoles hizo el imperio ciudadanos de Roma.

Puent., *Conven.*, l. I, c. 5, § 1.

Anglais, *ultimately*. Trust in our own powers *ultimately* terminates in the friendship of other men, which these advantages assure to us.

Rogers.

J'estime que l'adverbe *ultimement* ne peut pas être réintégré avec succès dans le langage moderne.

***URGENCE**, *s. f.* Qualité de ce qui est urgent ; nécessité pressante.

Que l'*urgence* de l'affaire présente requéroit d'y pourvoir promptement, et qu'il estoit du bien de l'estat qu'ils en délibérassent promptement.

Mém. de Bassompierre, t. I, p. 229.

Italien, *urgenza*. Per servirsi di lui in quelle congiunture disastrose , e valersi de' suoi consigli in quelle *urgenze*.

Varch., *Stor.*, 4.

Espagnol, *urgencia*. Despues de haberles agradecido su buen animo , por la *urgencia* de sus negocios , se partió à Castilla.

Alcaz., *Chron.*, decad. 1, año 2, cap. 1, § 3.

Anglais, *urgency*. Being for some hours extremely pressed by the necessities of nature, I was under great difficulties between *urgency* and shame.

Swift, *Gulliver.*

***USINE**, *s. f.* Bâtimens construits pour l'usage d'une manufacture ; magasin ; forge , moulin , etc.

> Villes , chasteaulx , terres , *usines* ,
> Que le derrain conte de Guines
> Tenoit en la dicte conté.
> Eust. Deschamps , *Poés. mss.* , fol. 536 , col. 4.

Femme , constant son mariage , tenant l'*usine* ou boutique de son mary , achetant et vendant publiquement , peut contracter.

> *Cout. général* , t. II , p. 849.

Ce mot , qui se trouve dans le Dictionnaire de Trévoux , a été employé par nos écrivains modernes.

Au sujet de la théorie des eaux courantes , je vais ajouter une observation nouvelle que j'ai faite depuis que j'ai établi des *usines* , où la différente vitesse de l'eau peut se reconnaître assez exactement.

> Buffon , *Addit. à la théor. de la terre*; *OEuv.*, t. **XII**, p. 463.

Latin barbare , *usina.* Concessi quòd nullus , in prædicti castri banno , *usinas* aliquas construat , sine laude Prioris et assensu monachorum.

> *Chart. Henric. comit. Campaniæ.* ann. 1149 , apud Cangium.

APPENDICE.

U.

UNIFIER, *v. a.* Mêler, fondre, amalgamer ensemble plusieurs choses, de manière à ce qu'elles forment un seul tout indivisible. Du VERDIER, *Biblioth.*, p. 263. — Latin barbare, *unificare*, S. PAULIN. NOL., *Epist. ad Sever.; Oper.* édit. de 1685, t. I, p. 129. — Italien, *unificare*, SALVINI, *Plot. dell' Enead.* — Espagnol, *unificar*, LOP. DE VEGA, *Dorot.*, fol. 90.

UNISONNANT, ANTE, *adj.* Qui est à l'unisson, dont le son est conforme, pareil à un autre son. *Départie d'amours*, p. 233, col. 2. — On a dit dans le même sens, UNISONE, *adj. des deux g.* JOACH. DU BELLAY, *Illustr. de la lang. franç.*, l. II, c. 7. — Italien, *unisono*, SALVINI, *Annot. alla Fiera di Buonar.* — Espagnol, *unísono*, PALOM., *Mus. pict.*, l. II, c. 6, § 2. — Anglais, *unison*, MILTON. — UNISONNANCE, *s. f.* Égalité, conformité, uniformité de son; concours de deux ou de plusieurs mots dont le son est le même. *Départie d'amours*, p. 252, col. 2. — Espagnol, *unisonáncia*, *Diccion. de la real Acad. de Madrid.*

V.

VAGIR, *v. n.* Faire entendre un vagissement, ou un cri semblable à celui d'un enfant au berceau.

Que je retournasse en enfance, et recommençasse à *vagir* et crier au berceau.
L'Amant ressuscité, p. 533.

Ce petit enfant deux fois né, *vagissant* en voix enfantine, pour le nouveau sentiment de l'air.
Alector, Rom., p. 71, v°.

Latin, *vagire.*

At puer infelix vagit, opemque petit.
Ovid., Fast., l. VI, v. 146.

Italien, *vagire.* Veder Cristo, or bambino *vagire* in fasce, or adulto pellegrinare per le città.
Segner., Concord.

*VARIABILITÉ, *s. f.* État ou caractère de ce qui est variable; inconstance, instabilité.

Qui pleine sours d'orgueil, d'iniquité,
D'avarice, d'abominacion,
De tous vices, de variableté.
Eust. Deschamps, Poés. mss., fol. 434, col. 1.

Fortune par sa *variabilité.*
Petit Jehan de Saintré, p. 129.

Et se tu veulx cognoistre fortune, et te soubzmettre à sa *variableté*, de tout temps en cour la trouveras.
Al. Chartier, l'Espér.; Œuv., p. 267.

Anglais, *variableness.* You are not sollicitous about the *variableness* of the weather, or the change of seasons.
Addison.

Censurers subject themselves to the charge of *variableness* in judgment.
Richardson, Clarissa.

VATICINATION, *s. f.* Action de composer, de chanter des vers prophétiques, de prédire l'avenir; divination, prophétie.

L'opinion du peuple estoit *vaticination* n'estre jamais des cieulx donnée sans fureur et branslement du corps.

Rabelais, l. III, ch. 45.

S'il est loisible à Panætius de soustenir son jugement autour des aruspices, songes, oracles, *vaticinations*, desquelles choses les stoïciens ne doubtent aucunement.

Montaig., *Ess.*, l. II, ch. 12.

Pour ce, entre autres choses, qu'en célébrant leurs solennels sacrifices, ils s'adonnoient à *vaticinations*.

Ét. Pasquier, *Rech.*, l. IV, c. 4.

Ce mot a été quelquefois employé par nos écrivains modernes.

Comme je sçay pourtant.... que V. A. S. est présentement dans le goût des *vaticinations*,

Voici certaine centurie.

Chaulieu, *Épît. à madame la princesse de Conti; OEuv. div.* (Amst. 1750), p. 108.

Latin, *vaticinatio*. Multa ex sibyllinis *vaticinationibus*, multa ex haruspicum responsis commemorare possumus.

Cicer., *De Nat. Deor.*, l. II, c. 3.

Italien, *vaticinazione*. Avendo usurpate le favole de' poeti, per fondo da lavorarvi i punti in aria delle loro *vaticinazioni* bugiarde.

Segner., *Incred.*

Espagnol, *vaticinio*. Y si es que ha de salir verdadero el *vaticinio*, que vuestros sabios han dicho.

Cervantes, *Persil.*, l. I, c. 3.

VATICINATEUR, **trice**, *s.* Prophète, prophétesse;

celui ou celle qui prédit l'avenir, qui chante des vers prophétiques.

En Anacharsis, qui de Scythie alla jusques en Athènes pour veoir Solon ; en Pythagoras, qui visita les *vaticinateurs* memphitiques.

Rabel., l. II, c. 18.

Soubs ung grand et ample chastaignier, leur feut monstrée la maison de la *vaticinatrice*.

Idem, l. III, c. 17.

Latin, *vaticinator*.

Unde tamen vivat, *vaticinator* habet.
Ovid., *ex Ponto*, l. I, epist. 1, v. 42.

Espagnol, *vaticinadór*, el que vaticina, ò pronostica.

Dicc. de la real Acad. de Madrid.

Vaticiner, *v. n.* Prophétiser, prédire l'avenir ; chanter des vers prophétiques.

Es bacchanales de Romme, les hommes et femmes sembloyent *vaticiner*, à cause de certain branslement et jectigation du corps par eulx contrefaicte.

Rabel., l. III, c. 45.

Mais tout son cœur meit à *vaticiner*.
Cl. Marot, *Métam.*, l. II ; *OEuv.*, t. III, p. 102.

Latin, *vaticinari*. Quod somniantibus sæpe contingit, et nonnunquam *vaticinantibus* per furorem.

Cicer., *De Divin.*, l. I, c. 18.

Italien, *vaticinare*.

Indi ci s'appresta
Provvisator *vaticinando*, e canta.
Buonar., *Fier.* 1, 2, 2.

Espagnol, *vaticinar*.

No siempre lo que adivina
Humana ciencia es verdád :

Y no siempre una deidad
Lo infalible *vaticina*.
        CALDER., *Comed. Amad. y aborrecido*, jorn. 2.

Anglais, *to vaticinate*. The most admired of all prophane prophets, whose predictions have been so much cried up, did *vaticinate* here.
                                        HOWEL.

Le verbe *vaticiner* ne me paraît guères susceptible d'être restitué au langage moderne.

VERGLACER (SE), *v. réfl.* Se condenser, se glacer en tombant, former un verglas.

Ce sont eaux qui se *verglassent* et ne fertilisent le champ.
            CHOLIÈRES, *Contes*, fol. 212, r°.

On trouve dans les Dictionnaires de Richelet et de Trévoux les mots *verglacé, ée*, adj., *verglacer*, v. n. impersonnel. Les auteurs du Dictionnaire de Trévoux observent que ce dernier ne se dit pas. L'abbé Féraud, *Dict. crit.*, condamne également l'usage du verbe *verglacer*. Quoi qu'il en soit, ce mot me paraît, à quelques égards, susceptible d'être restitué au langage moderne.

* VISCÉRAL, ALE, *adj.* Qui appartient aux viscères, aux entrailles; qui part du fond des entrailles. Il s'est dit aussi au figuré.

Quelque chose que l'on veuille dire d'Ulixe, j'estime que le plus grand esperon qu'il eust pour retourner en sa maison, n'estoit point tant le desir qu'il eust de revoir son pays, que sa femme et son fils, pour une amitié *viscérale* qu'il avoit en eux.
            ÉT. PASQUIER, *Lett.*, tom. 1, p. 577.

Ce mot se trouve dans le Dictionnaire de Trévoux. « *Remède viscéral*, remède propre à fortifier les viscères. »

Latin, *viscereus*.

> Cum vas componeret arvo
> Nondum viscereo.
>> PRUDENT., *Apotheos.*, v. 1093.

Italien, *viscerale*, appartenente alle viscere.
>> FR. D'ALBERTI, *Dizion. crit. enciclop.*

VISCÉRALEMENT, *adv.* Jusqu'au fond des entrailles. — Ce mot s'est dit aussi au figuré.

Qui est le plus grand abus et la plus grande entreprise sur nous, nostre couronne et royaume que l'on sçauroit faire, et qui plus *viscéralement* nous touche.
>> GODEFROY, *Observ. sur Charles VII*, p. 582.

Latin, *visceratim*. Dissipat *visceratim* membra.
>> ENNIUS, apud NONIUM.

Latin barbare, *visceraliter*. Et hanc (concupiscentiam) dicimus ad propagationem hominum à Deo creatore *visceraliter* esse firmatam.
>> *Anonym.*, *de hæresib.* l. III, p. 208.

Voyez GER. J. VOSS., *de Vit. serm.*, l. IV, c. 36, p 795.

L'adjectif *viscéral* me paraît propre à être employé comme terme de médecine et d'anatomie ; mais j'estime que l'adverbe *viscéralement* ne saurait, sous aucune acception, être restitué au langage moderne.

VITUPÉRER, *v. a.* Accabler de vitupère : blâmer avec force, avec éclat et avec une sorte de virulence ; joindre au blâme l'injure, l'ignominie.

Après les grans remonstrances que messire Jehan de Vallance, le bon preudomme, leur fist, en les blasmant et *vitupérant* des grans griefs et torts qu'ilz tenoient.
>> JOINVILLE, édit. de Du Cange, part. I, p. 88.

> L'oncle son nepveu *vitupère*.
>> EUST. DESCHAMPS, *Poés. mss.*, fol. 444, col. 2.

Je m'enorgueillirois par adventure de ces louanges , si elles estoyent dictes de gens qui osassent m'accuser, et *vitupérer* mes actions contraires , quand elles y seroient.

CHARRON , *Sagesse*, l. I, c. 45 , § 13.

Voyez aussi *l'Amant ressuscité* , p. 298. — DES ACCORDS (*Tabourot*), *Bigarrures* , p. 115. — MÉL. DE S. GELAIS, *OEuv.*, p. 271 , etc. , etc.

Vaugelas et Thomas Corneille ont condamné le verbe *vitupérer*, et même le substantif *vitupère*, que l'Académie a conservé dans son Dictionnaire, édition de 1762. Voyez VAUGELAS , *Rem. sur la lang. franç.* , *avec notes de Thom. Corneille*, p. 699. Messieurs de l'Académie ont également rejeté ce mot. « *Vitupérer*, disent-ils , « n'est plus un mot de l'usage : *vitupère* ne sçauroit être « employé que dans le style bas, et en raillerie. » *Observ. de l'Acad. sur les rem. de Vaugelas*, p. 407. — Selon Furetière et les auteurs du Dictionnaire de Trévoux, « le verbe *vitupérer* n'est propre qu'au style burlesque. » Malgré toutes ces autorités, dont plusieurs sont très-respectables , j'estime néanmoins qu'on pourrait employer, toutefois avec discrétion, le verbe *vitupérer*. Il me semble en effet que ce mot offre une nuance assez marquée, qui le distingue du verbe *blâmer ;* le vieux français *vitupérer* entraînant l'idée de reproches vifs, amers , et même en quelque sorte outrageux. — J'observerai, en passant, que Ménage, sans d'ailleurs parler du verbe *vitupérer*, pense que « le mot *vitupère* peut « quelquefois trouver sa place dans le style sublime. » *Observ. sur Malherbe*, l. II. — Le verbe *vitupérer* se retrouve dans plusieurs langues étrangères.

Latin , *vitupérare*.

Enimvero multis modis cum isto animo es *vituperandus*.
TÉRENT., *Phorm.*, act. III, sc. 1, v. 1.

Italien, *vituperare*. Infino à tanto che io non te ne *vitupero* in presenza di quanti parenti, e amici, e vicini noi abbiamo.

Boccac., *Nov.*, 26, 19.

Espagnol, *vituperar*. Tambien dice el mismo, que en este peligro, arrebatando un escudo de un soldado, se fuè à meter por los enemigos, *vituperando* à los suyos de floxedad.

Ambros., *Moral.*, l. VIII, ch. 44.

Vitupérable, *adj. des deux g.* Digne de vitupère; blâmable, condamnable, honteux.

Les Chalcidiens réputoient auparavant chose *vitupérable* et infame que d'aimer les jeunes enfans.

Amyot, *Plut.*, *OEuv. mesl.*, t. XXII, p. 50.

Or en quoy et jusques où elle est excusable et quant *vitupérable*, et que l'honneur n'est la récompense de la vertu, se dira après.

Charron, *Sag.*, l. I, c. 56.

Pour le service et la reconnoissance de son roy, on ne peut commettre aucune chose reprochable ni *vitupérable*.

Brantome, *Cap. franç.*, t. II, p. 328.

Voyez aussi *Lett. de rémiss.*, ann. 1370; *Trésor des Chart.*, reg. 102, ch. 49. — *Contes de la reine de Navarre*, t. II, p. 95. — *Machiavel sur Tite-Live*, p. 306. — *Hist. de Floridan*, p. 690. — *Nuits de Straparole*, tom. I, p. 27. — *L'Amant ressuscité*, p. 511, etc., etc.

Latin, *vituperabilis*. Quod *vituperabile* est per se ipsum, id, eo ipso, vitium nominatum puto.

Cicer., *de Finib.*, III, c. 12.

Italien, *vituperabile*, *vituperevole*. Con vilissimo e *vituperabile* uscimento di vita.

Matt. Villani, *Stor.*, XI, 1.

Le tue delicatezze, cosa *vituperevole*, ti fanno nota nel falso giudicio de' popoli.

Vit. di Dante, 238.

Espagnol , *vituperable*. Entre los errores solo es *vituperable*
el deslizarse de la verdád conocida.

Maner., *Pref.* § 10.

Anglais , *vituperable*.

Ainsworth.

VITUPÉRABLEMENT , *adv*. D'une manière blâmable ,
digne de vitupère ; avec honte , ignominie.

En proposant devant les illustres princes , ils diffamoient
assez *vitupérablement* chacun son adverse partie.

Monstrelet, *Chron.*, vol. II, p. 156, v°.

Latin , *vituperabiliter*. Opinionem suam *vituperabiliter*
tractare.

Cassiod., l. VI, *Epist.* 11.

Italien, *vituperevolmente*. E dopo questo *vituperevolmente*
morrai , e abbominevole a tutto il mondo.

Boccac., *Filoc.*, 7, 500.

On a dit aussi VITUPÉREUSEMENT.

Et là mourut si *vitupéreusement* habandonné, que les chiens
venoient illec leicher et boire le sang qui de son corps chéoit
à terre.

Hist. de la Toison d'or, tom. II, fol. 34 , v°.

En récitant les vertus d'iceluy Trajan, et ses mémorables
faicts , il mect en parangon la vie infame , les mœurs cor-
rompues , et les faicts détestables des autres précédens empereurs , si expressément et *vitupéreusement* que plus ne
pourroit.

Cl. de Seyssel., *Vie de Louis XII* , p. 164.

Italien, *vituperosamente*. Andava disposto di fargli *vituperosamente* morire.

Boccac.. *Nov.*, 16, 19.

Espagnol , *vituperiosamente*. A los que fueran floxos y co-
bardes, castiguelos *vituperiosamente*.

Dieg. Gracian, *de Re mil.*, l. I, cap. 29.

Les adverbes *vitupérablement* et *vitupéreusement* ne me paraissent point propres à être restitués au langage moderne.

VULGARITÉ, *s. f.* Qualité de ce qui est vulgaire ; manières, expressions vulgaires.

Lesquelles *vulgaritez* à nous propres, tu ignores, pour les avoir déprisées, cerchant autrepart l'ombre dond tu avois la chair.

Cʜ. Fᴏɴᴛᴀɪɴᴇ, Quintil cens., à la suite de l'Art poétique de Sibilet,
l. II, c. 4, p. 199.

Latin, *vulgaritas*. Sed non feminam illam quam *vulgaritas* accipit.

Aʀɴᴏʙ., Advers. Gent., l. III, p. 123.

Italien, *volgarità*. Seppe con litteratura co' letterati, e con *volgarltà* co' volgari.... accordarsi.

Pʀᴏs. Fiorent.

Espagnol, *vulgaridad*. Los discípulos y seguaces de Man-fredo de Verceli vertieron en la *vulgaridad* voces, que man-chaban el crédito de la doctrina que predicaba el santo.

Cᴏʀɴᴇᴊᴏ, Chron. de S. Franc., tom. IV, l. IV, c. 12.

Anglais, *vulgarity*. Is the grandesophos of Persius, and the sublimity of Juvenal, to be circumscribed with the mean-ness of words, and *vulgarity* of expressions ?

Dʀʏᴅᴇɴ.

V.

VÉNUSTÉ , *s. f.* Grace , beauté , agrément. Cl.. Seyssel , *Panégyr. de Louis XII*, p. 102. — Charron, *Sagesse* , l. I, ch. 11. — Guill. Du Vair , *Trait. de l'Eloq. franç.* , etc. — On a dit aussi Vénusteté. Charles Fontaine, qui donnait la préférence à ce dernier mot, blâme Joach. Du Bellay d'avoir dit *vénusté*. Voy. *Quintil censeur* , p. 240. — Le mot *vénusté* a donné lieu, vers la fin du dix-septième siècle, à de longues et violentes discussions entre les grammairiens, surtout entre le P. Bouhours et Ménage. Ce dernier avait pour le substantif *vénusté* une sorte de prédilection. « Ce mot, dit-il, « est très-beau, et je m'en sers volontiers. » Il ajoute qu'il l'a souvent « entendu dire à plusieurs gens de « lettres, et particulièrement à M. Chapelain, qui est, « dit Ménage, un de nos meilleurs auteurs, et un des « plus grands sujets de l'Académie françoise. » Le P. Bouhours censura aigrement Ménage, qui répondit avec non moins de véhémence. Consultez Ménage , *Rem. sur la lang. franç.* , part. I, c. 312 , 313 , p. 538 et suiv. — Idem , *ibid.* , part. II, c. 64 , p. 233 et suiv. — Le P. Bouhours, *Doutes sur la lang. franç.* , p. 6, 7. — Idem, *Nouv. rem. sur la lang. franç.* , p. 123 et suiv. — Vaugelas , *Nouv. rem.* , notes de M. *** (L. G. Aleman) p. 384, etc., etc. — P. Richelet, *Dictionn.* , sans condamner entièrement le mot *vénusté*, pense « qu'il faut « attendre que d'habiles écrivains l'employent dans leurs « ouvrages. » — Quoi qu'il en soit, j'estime qu'il serait difficile de réintégrer avec succès ce mot dans notre langue. — Latin, *venustas*, Cicer., *Offic.* I, c. 30. — Italien, *venustà*, Firenz., *Bellezza delle donne*, 385. — Espagnol, *venustidad*, Fern. Herrera, *sobre Garcilass.*, sonet. 22. — Vénuste, *adj. des deux g.* Beau, joli, agréable; plein de grace, d'agrément. Clém. Marot, *Epist.* 23; *OEuv.*, t. I, p. 436. — Latin, *venustus*, Sueton., *Ner.*, c. 51. — Italien, *venusto*, Boccaccio, *Amet.*, 41. — Espagnol, *venusto*, Fern. Herrera, *sobre Garcil.*, canc. 1. — L'adjectif *vénuste* ne me paraît point susceptible d'être restitué au langage moderne.

VÉRACE, *adj. des deux g.* Qui a de la véracité; véridique, sincère; qui ne parle jamais contre la vérité; vrai, conforme à la vérité, à la sincérité. *Assis. de Jérusal.*, ch. 281, p. 187, etc. — Latin, *verax*, Cicer., *de Divin.*, l. II, c. 56. — Italien, *verace*, Ariosto, *Orland. fur.*, 30, 49. — Espagnol, *veraz*, *Diccion. de la real Acad. de Madrid.* — On trouve dans le Dictionnaire anglais de Sam. Johnson, l'adjectif *veracious*; mais sans aucune autorité qui en justifie l'usage.

VIDUAL, ALE, *adj.* Qui appartient, qui convient à une veuve; propre à l'état de veuvage, de viduité. Charron, *Sagesse*, l. I, c. 4. — Brantome, *Dam. gal.*, tom. II, p. 128, etc. — Latin, *vidualis. Fragment. lapid. inscript.*, apud Murator., p. 75, n° 2. — Italien, *vedovale*, *vedovile*, *Libr. republ.* — Berni, *Orland.* 1, 4, 10. — Espagnol, *vidual*, Nieremb., *Obr. y dias*, cap. 14.

VIREVOLTER, *v. n.* Faire des virevoltes, sauter,

voltiger en tournoyant. J. Ant. Baïf, *Poés.*, fol. 74, v°.
—Jac. Tahureau, *Dial.* p. 94, v°. — Phil. Desportes,
OEuv., p. 591, etc., etc. — On a dit aussi Virevouster.
J. Ant. Baïf, *Poés.*, fol. 251, v°, etc.

VITRIN, INE, *adj.* Qui a l'apparence et les qualités
du verre. Brantome, *Duels*, p. 75.

ADDITIONS

ET

CORRECTIONS.

TOME PREMIER.

Page 3, ligne 23, après l'article ABSCONDRE, ajoutez :

ABSTRACTEUR, *s. m.* Celui qui abstrait, qui fait des abstractions.

Cest *abstracteur* d'idées ou essences.... vouloit à toutes forces ou extrémités que je l'eusse accommodé de lieu pour faire la réduction des quatre éléments.

NOEL DUFAIL, *Cont. d'Eutrapel* (des bons larrecins), fol. 50, vᵒ.

Page 4, ligne 19, ACCOINTER (S'), ajoutez :

> Qu'alors qu'elle *s'accointa*
> D'Anchise, près du rivage
> Du Simoent phrygien.
> *Des Louanges de Dame L. Labé*, à la suite de ses *OEuvres.*

N. B. Voyez l'excellente édition donnée par MM. Bréghot du Lut, Dumas, etc., Lyon, 1824, in-8ᵒ, p. 143.

Page 7, ligne 8, ACUITÉ, ajoutez :

Italien, *acuità.* Avicenna dice che nella cipolla è *acuità* incensiva, e amaritudine.

CRESCENZ., *Agricolt.*, 6, 23, 6.

Espagnol, *agudéza.* Por no gastar los filos, y *agudéza* de ellas (uñas).

GRAC., *Moral.*, fol. 198.

> Despues que, con los versos estrangéros,
> Perdímos la *agudéza*, grácia, y gala.
>
> D. Lop. de Vega, *la Philom.*, fol. 52.

Voyez, sur l'emploi du mot espagnol *agudéza*, Voltaire, *Rom.; hist. de Jenny* (ou mieux *Jemmy*), ch. 1.

Page 8, ligne dernière, après l'article ADOLORER, ajoutez :

ADULER, v. a. Flatter bassement, servilement.

> Et jeunes folz qui tiennent résidence
> Auprès de soy, le causent altérer,
> Par vaine et folle *adulée* résidence.
>
> G. Crétin, *Pois.*, p. 119.

On a dit aussi, mais moins heureusement, ADULATER.

> Une autre dame que j'ay connue, entretenant une grande dame plus qu'elle, et luy louant et exaltant ses beautez, elle luy dist après : Non, madame, ce que je vous en dis, ce n'est point pour vous adultérer, voulant dire *adulater*, comme elle le rhabilla ainsy.
>
> Brantome, *Dam. gal.*, t. 1, p. 322.

L'abbé Feraud, *Dictionnaire critique*, considère le verbe *aduler* comme « un néologisme, dont la langue « est redevable à Diderot. » On a vu plus haut que cette assertion n'est point fondée. Au reste, ce mot a été employé, non-seulement par Diderot, mais aussi par d'autres écrivains modernes.

> Quoi ! philosophe, vous *adulez* bassement le souverain pendant sa vie, et vous l'insultez cruellement après sa mort.
>
> Diderot, *Règne de Claude et de Néron*, l. II, §94; Œuv., t. IX, p. 126.

> Ce grand prince (le prince de Conti), plein d'esprit et de lumières, et si digne de n'être pas *adulé*, sentit en effet, du moins je le pense, qu'il n'y avait là que moi qui le traitasse en homme.
>
> J. J. Rousseau, *Confess.*, l. X.

Latin, *adulare, adulari.* Si Dionysium *adulare* velles, ita non
esses.

VALER. MAX., l. IV. c. 3.

Adulari Neronem aut Tigellinum.

TACIT., *Ann.*, XVI, c. 19.

Italien, *adulare.* Con lusinganti parole *adulano* alla molti-
tudine del popolo.

FR. GIORD., *Predich.*

Espagnol, *adular.* No es menos peligroso, en un gobierno
desconcertado, no *adular* nada, que *adular* mucho.

SAAVEDRA, *Empres.*, 48.

Page 9, ligne 16, ADULTÉRER, ajoutez :

On a dit aussi ADULTÉRISER.

> Voilà comme à présent chacun l'*adultérise*,
> Et forme une vertu comme il plaît à sa guise.

MATH. RÉGNIER, *Sat.* 5.

Ibid., ligne dernière, ADULTÉRER, *v. n.*, ajoutez :

Il est toutefois licite prendre femmes en juste guerre et les
tenir pour serves et esclaves ; mais il n'est licite à celuy qui les
a de *adultérer* avec elles.

Hist. de la Toison d'or, t. II, fol. 124.

> Dangier y a qu'il tombe en décadence,
> Et que beaulté le fasse *adultérer*.

G. CRÉTIN, *Poés.*, p. 119.

Cest empereur s'alloit de nuict accoster des femmes d'autruy,
non tant pour envie qu'il avoit d'*adultérer*, que pour le désir
qu'il avoit de descouvrir les desseins, entreprises et conspirations de ses ennemis.

CHOLIÈRES, *Cont.*, 5ᵉ après-disnée ; t. II, fol. 173, rᵒ.

Voyez aussi MONSTRELET, *Chron.* ann. 1439 ; vol. II, fol.
160 rᵒ, etc.

Anglais, *to adulterate*,

> But fortune oh !
> *Adulterates* hourly with thine uncle, John.

SHAKSPEARE.

Dans ce sens, le verbe *adultérer* a été quelquefois

18.

employé à la forme active, pour signifier commettre un adultère, connaître charnellement une femme mariée.

David, après qu'il eut *adultéré* la belle Bersabée.

CARTHENY, *Voy. du chev. errant.*

Pour sa fille *adultérée.*

Pérégrins d'amour, fol. 57, v^e.

Anglais, *to adulter.*

His chaste wife
He *adulters* still: his thoughts lie with a whore.

BEN JONSON.

Au reste, le vieux français *adultérer*, sous cette dernière acception de *commettre un adultère*, ne me paraît point susceptible d'être restitué au langage moderne.

Page 11, ligne 3, après l'article ADVERTANCE, ajoutez :

* AEROMANTIE, *s. f.* Divination d'après l'état de l'atmosphère et les phénomènes aériens.

Par *aëromantie,* tant célébrée par Aristophanes en ses Nuées.

RABEL., l. III, c. 25.

Grec, ἀεροµαντεία. Voyez J. POTTER, *Archæolog. græc.*, l. II, c. 18, col. 338.

Italien, *acrimanzia.*

FR. D'ALBERTI, *Diz. crit. encicl.*

Espagnol, *aëreomancia. Aëreomancia* significa adivinación de áire.

Comend. sobre las 300, fol. 52.

AEROMANTIEN, *s. m.* Celui qui devine en observant les différens états de l'atmosphère.

Aëromanciens, regardez-vous bien l'air?

Départ. d'amours, p. 248, col. 1.

Espagnol, *aëreomántico.* Los *aëreománticos*, por las impres siones del áire, en cuyos obscuros espácios formaban varias figuras.

SAAV. Repub., fol. 79.

Page 17, ligne 31, AMATRICE, ajoutez :

La cause du français *amatrice* a été soutenue avec beaucoup de force et d'esprit dans un petit écrit intitulé : *Problème proposé aux personnes jalouses de la pureté de la langue française par un étranger.* Voyez LINGUET, *Ann. polit. et littér.*, t. IV, p. 385. — Au reste, comme l'observe très-ingénieusement M. Bréghot du Lut, dans son excellent rapport à l'Académie de Lyon, sur le tome I de l'*Archéologie française*, les raisons que plusieurs puristes allèguent pour bannir de notre langue le mot *amatrice* rappellent les scrupules de quelques prudes, que Molière a si plaisamment tournées en ridicule : *Crit. de l'école des femmes*, scène 6.

Page 17, ligne dernière, AMBROSIEN, ajoutez :

On a dit aussi AMBROSIN, INE.

Ces belles jouës rozines,
Et ces lèvres *ambrozines.*
GILL. DURANT, *Imit. de Bonnefons*, Numquid, etc., *OEuv.*, p. 3.

Page 18, ligne 25, AMÈNE, *adj.*

M. Bréghot du Lut, dans le même rapport que j'ai cité plus haut, observe que « le substantif *aménité*, dont « Ménage a enrichi notre langue, aplanissait la voie à « l'adjectif *amène.* » En effet, Ménage a pris la défense du substantif *aménité*, que d'ailleurs il ne considère point comme un mot nouveau, puisqu'il remarque que Rabelais s'en était servi dans son épître au cardinal de Châtillon. Voyez *Observ. sur la langue franç.*, part. II, c. 64, p. 240.

Page 20, ligne 25, ANGOISSER, ajoutez :

Ce mot a été employé par nos écrivains modernes.

Un violon qui se démène et se tourmente m'*angoisse* et me chagrine.

DIDEROT, *Ess. sur la peinture*, ch. 5; OEuv., tom. XIII, p. 441.

Page 25, ligne 4, ANONCHALIR (S'), ajoutez :

On a dit aussi ANONCHALIR, à la forme active, pour signifier rendre nonchalant, paresseux, insouciant.

Afin que leur fertilité n'*anonchalisse* le laboureur.

OLIVIER DE SERRES, *Théât. d'Agricult.*, second lieu, ch. 4; tom. 1, p. 140, col. 1, 2.

Page 26, ligne 21, après l'article APERCEVANCE, ajoutez :

* APITOYER, *v. a.* Exciter la pitié, la compassion. — APITOYER (S'), *v. réfl.* S'attendrir, être ému de pitié, de compassion.

Auxquelles paroles, le duc se *appitoya*, si que on luy véoit les larmes aux yeux.

MONSTRELET, *Chron.*, vol. III, fol. 118, v°.

Ce mot, qui ne se trouve point dans le Dictionnaire de l'Académie, édit. de 1762, ni dans celle de 1718, est maintenant d'un usage général.

Page 26, ligne 26, APOLTRONIR, ajoutez :

Italien, *impoltronire*. Cecina....pensando a far fellonia, *impoltroniva* l'esercito ad arte.

DAVANZATI, *Tacit.*, *Stor.*, 3, 298.

Ibid., ligne 32. APOLTRONIR (S'), ajoutez :

Aucunes fois, les chiens, pour s'estre *apoltronnez*, et rendus trop gras, ou par quelque autre accident survenu, perdent le sentiment.

Reméd. pour les chiens, à la suite de la *Vénerie* de JACQ. DU FOUILLOUX, fol. 124, r°.

S'apoltronera de telle sorte qu'il n'aura plus envie de voler le héron.

FRANCHIÈRES, Fauconnerie, c. 10, fol. 5, r°.

Page 29, ligne 21.

COURTOIS D'ARRAS, *Fabl. de Boivin*, lisez : BOIVIN, *Fabl. de Courtois d'Arras*.

Page 31, ligne 5, ARÉOPAGITE, ajoutez :

Le sénat des *aréopagites*, ainsi que dit Aristote, fournit a chaque homme de guerre huit dragmes.

AMYOT, Plut., Thémist., c. 20; OEuv., t. II, p. 15.

Ains suivrois le jugement des *aréopagites* qui firent pendre par le col un certain débauche.

NOEL DUFAIL, Cont. d'Eutrapel, cont. 21; édit. de 1732, t. II, p. 3-

Ibid., ligne 19, ajoutez :

Consultez J. POTTER, *Archæolog. græc.*, l. I, c. 19, col. 88 et suiv. ; etc.

Page 31, ligne 23, ARGU, UE, ajoutez :

M. Bréghot du Lut, rapport à l'Académie de Lyon, sur le tome I de l'*Archéologie française*, préférerait ARGUT, UTE. Il observe avec justice que, dans l'exemple que j'ai allégué, P. Gringore a écrit au féminin *argut* et non *arguë*. « D'ailleurs, continue-t-il, l'étymologie « ainsi que l'analogie de ce mot avec le substantif *ar-* « *gutie*, exigent également *argut*. » A l'appui de son opinion, M. Bréghot ajoute que feu M. l'abbé Morellet a dit « théologien très-*argut* » *Mém.*, tom. I, p. 6. — J'avais d'abord préféré le mot *argu*, *uë*, parce qu'il me paraissait plus doux que le mot *argut*, *ute*. Toutefois, je crois devoir adopter en entier la judicieuse observation de l'estimable académicien de Lyon.

Page 32, ligne 14 ARGUTIE, ajoutez :

Ce n'était plus ici de ces petites chicanes théologiques où j'avais été exposé aux *arguties* de l'école.

MARMONTEL, Mém., l. VIII, t. III, p. 43.

Page 33 , ligne 3 , ARISTOTÉLICIEN , ajoutez :

Quelques écrivains modernes ont employé ce mot comme adjectif.

Il (Proclus) s'était rempli la tête de gymnosophisme, de notions hérmétiques, homériques, pythagoriciennes, platoniques et *aristotéliciennes.*

> Diderot, *Opin. des anc. philos.* (Eclectisme); *OEuv.* , t. V, p. 229

Page 33 , ligne 8 , Aristotélique , ajoutez :

Ce mot a été employé par plusieurs écrivains modernes.

Sa tête était un chaos d'idées platoniciennes, *aristotéliques* et chrétiennes.

> Diderot, *Opin. des anc. philos.* (Eclectisme); *OEuv.* , t. V, p. 228.

Latin, *aristotelicus,* ou *aristotelius.* — *Aristotelia* (al. *aristotelica*) pigmenta.

> Cic., *ad Attic.,* l. II, epist. 1.

Italien, *aristotelico.* Strenuo campione e mantenitore della dottrina *aristotelica.*

> Galil., *Sist.* 2.

Page 33 , ligne antépénultième , ARRAISONNER , ajoutez :

> L'empereur si l'*arraisonna :*
> Pourquoi es-tu brigand de mer ?
> Fr. Villon , *OEuv.,* p. 16.

Page 34 , ligne 30 , après l'article ARRIÈRE-PENSÉE , ajoutez :

ARRIÈRE-SENS , *s. m.* Sens caché , ou détourné.

Chascun se mutine, si on luy cache le fond des affaires auxquelles on l'employe, et si on luy en a dérobé quelque *arrièresens.*

> Montaig., *Ess.,* l. III, c. 1.

Page 37, ligne 9, ASSAVOURER, ajoutez :

> Et si fetes bones savors,
> Si que je aie granz honors,
> Et sauxes molt *assavorées.*
> *Fabl. de la male dame*, v. 337 et suiv.

Ibid., ligne 10, ajoutez :

Le verbe *assavourer* a été pris aussi dans le sens métaphorique de *trouver bon*, *goûter.*

Pleust à Dieu qu'ils *assavourassent* et entendissent la fin, comme l'attente et retargement en ce cas soit moult périlleux et nullement à souffrir.

> MONSTRELET, *Chron.*, vol. II, fol. 74, r°.

La fin de ceulx qui *assavourent* les choses terriennes, est la mort.

> *Jehan de Saintré*, p. 50.

Mais, sous cette acception, le verbe *assavourer* ne me paraît pas susceptible d'être réintégré avec succès dans le langage moderne.

Italien, *Insaporare.*

> Là dove suo lavoro s'*insapora.*
> DANTE, *Parad.*, 31.

Voyez DESSAVOURER.

Page 39, ligne 28, ASSERMENTER, ajoutez :

Consultez aussi COQUILLART, *OEuv.*, p. 108. — JUVÉNAL DES URSINS, *Hist. de Charles VI*, p. 218, etc. Voy. SERMENTER.

Page 40, ligne 13, ASSOMMEUR, ajoutez :

ASSOMMAGE, *s. m.* Action d'assommer.

> *L'assommaige*
> De mes bestes, et le dommaige
> Que tu m'as faict depuis dix ans.
> *Farce de Pathelin*, p. 69.

Ce mot, au reste, ne me paraît guères susceptible d'être réintégré avec succès dans le langage moderne.

Page 40, ligne 31, ASSOTER, ajoutez :

Messieurs de l'Académie ont admis le mot *assoté, ee,* dans leur Dictionnaire, édit. de 1762 ; mais ils observent en même temps que le verbe *assoter* n'est plus en usage. Je me suis donc cru autorisé à en faire mention dans mon *Archéologie.* — On a dit aussi ASSOTIR.

Laquelle l'avoit *assoty* par ses victoires et ne luy avoit laisse sens aucun pour se conduire.

Jac. TAHUREAU, Dial., épist., p. 11.

Vrayment, c'est homme m'*assotist.*

Farce de Pathelin, p. 22.

Page 41, ligne 21, ASTROLOGIQUEMENT, ajoutez :

On sentira une particulière influence qui *astrologiquement* découlera.

CHOLIÈRES, Cont., 6e après-disnée, tom. II, fol. 212, r°.

Ce mot a été employé par nos écrivains classiques modernes.

Le vieillard nous parloit, etc.

Ibid., ligne 23, ajoutez :

On trouve aussi dans nos anciens auteurs le verbe ASTROLOGISER, s'adonner à l'astrologie, chercher à deviner au moyen de l'inspection des astres.

Aulu-Gelle tenoit tel langage à ceux qui croyent à ce qu'ils entendent arioler, *astrologiser* et mathématiser : Gardez-vous de vous fier aux astrologues.

CHOLIÈRES, Cont., tom. I, fol. 190, v°.

Au reste, ce verbe ne me paraît pas susceptible d'être réintégré dans le langage moderne. — Thom. Corneille a dit ASTROLOGISSIME, très-astrologue, très-versé dans l'art de l'astrologie; mais c'est un mot qu'il a forgé à plaisir, et qu'il ne met d'ailleurs que dans la bouche d'un valet. Voyez le *Feint astrologue*, *comédie*, act. II, sc. 2.

Page 41, ligne 33, ATERMOYEUR, ajoutez :

On a dit aussi TERMOYEUR.

> Li *termoieur*, li usurier.
> *Anc. poët. franç.*, *ms. de la Clayette*, fol. 393, col. 2.

Page 42, ligne 20, ATTOUCHER, ajoutez :

> En ce départ, faut que je vous *attouche*,
> Baisier vous vueil.
> EUST. DESCHAMPS, *Poés. mss.*, fol. 286, col. 2.

Page 47, ligne 30, *append.*, AFFAITARDIR, ajoutez :

Ce mot a été employé aussi à la forme active, dans le sens de rendre fainéant, lâche, paresseux.—*Nef des fols*, fol. 95, r°. Voyez FAITARD.

Page 51, ligne 12, *append.*, APÉDEUTE, ajoutez :

Ce mot a été employé par nos écrivains modernes. VOLTAIRE, *Rom.; le Huron*, ch. 11, etc., etc.

Page 51, ligne 26, *append.*, APERTEMENT, ajoutez :

LOUISE LABÉ, *Débat de Folie et d'Amour*, disc. 5; *OEuv.*, édit. de Lyon, 1824, p. 45.

Page 52, ligne 28, *append.*, APPERTISE. CHRIST. DE PISE, etc., lisez CHRISTINE DE PISAN, *Hist. de Charles V*, part. III, c. 20.

Page 53, ligne 17, *append.*, ARBALÉTRÉE, ajoutez :

ARBALÊTRIÈRE, *s. f.* Ouverture pratiquée, soit dans une muraille, soit dans le bord d'une galère, et par où tiraient les arbalêtriers. BRANTOME, *Cap. franç.*, tom. II, p. 18, etc.

Page 57, ligne 8, BALBUTIE, ajoutez :

Ce mot a été employé par quelques écrivains modernes.

Celle qui a retenu le moins de ces négligences que j'appellerais volontiers les restes de la *balbutie* des premiers âges.

Diderot, *Lett. sur les sourds-muets*; *OEuv.*, t. II, p. 314.

Latin barbare, *balbuties*. Voy. Ger. J. Vossius, *de Vit. serm.* l. II, c. 2, p. 362.

Italien, *balbuzie*. È giovevole alla *balbuzie*, e a tutti gli altri impedimenti della lingua.

Libr. cur. malatt.

M. Bréghot du Lut, auteur de l'excellent rapport, lu à l'Académie de Lyon, sur le tome I de mon *Archéologie française*, et que j'ai déja cité plus haut, observe avec justice que le mot *balbutiement*, qui se trouve dans le Dictionnaire de l'Académie, édit. de 1762, ne saurait être considéré comme synonyme du vieux français *balbutie*. « *Balbutiement*, dit-il, exprime l'action, tandis que « *balbutie* signifie un état habituel. »

Page 58, ligne 26, BARBELÉ, ajoutez :

Ce mot a été employé par nos écrivains classiques modernes.

Après l'avoir déshabillé, ils s'aperçurent que la flèche étoit *barbelée*, et qu'on ne la pouvoit tirer sans danger, si l'on n'élargissoit la plaie.

Rollin, *Hist. anc.*, l. XV, § 16; t. VI, p. 533.

Le bec de la bécasse est rude, et comme *barbelé* aux côtés vers son extrémité.

Buffon, *Hist. nat.; Oiseaux*, tom. XIV, p. 235, art. *Bécasse*.

Page 59, ligne 5, BASANER, ajoutez :

En voyant *basaner* sa peau à demi cuite.
Cl. Binet, *Jeux de la Puce de Poitiers*, à la suite des lettres d'Étienne Pasquier, t. III, p. 624.

Page 59, ligne 13, BATELERESQUE, ajoutez :

BATELERIE , *s. f.* Tour de *bateleur*.

N'estoit le merveilleux passe-temps que j'ay de leurs *baste-leries*.

JACQ. TAHUREAU, *Dial.* 2, p. 157.

Je ne crois pas qu'on doive considérer ce mot comme entièrement synonyme du substantif *batelage*, qui se trouve dans le Dictionnaire de l'Académie, édit. de 1762, et qui se dit plus particulièrement du métier de *bateleur*.

Page 60, ligne dernière, BERGERETTE, ajoutez :

Voyez aussi GUILL. CRÉTIN , *Poés.*, p. 156, etc. — On lit dans le Dictionnaire de l'Académie, édit. de 1762. « BERGERONNETTE, *s. f.* Petite bergère ; il est vieux. » — J'observerai que le mot BERGERONNETTE, qui est en même temps le nom spécifique d'un petit oiseau, est moins agréable que le vieux français *bergerette*.—Thom. Corneille a dit BERGEROT, *s. m.* Petit berger. Voyez *le Berger extravag.*, comédie, act. I, sc. 3. Mais ce mot ne me paraît point susceptible d'être admis dans notre langue.

Page 61, ligne 28, BESOGNER , ajoutez :

Au lieu de filer , coudre , *besongner* au point, leur estude est se bien parer, promener ès eglises, festes et banquets.

LOUISE LABÉ, *Débat de Folie et d'Amour*, disc. 5 ; *Œuv.* , p. 64.

Page 62, ligne 23, BESOIGNEUX , ajoutez :

Ce mot a été employé par quelques écrivains modernes.

Friponneau , *besoigneux*, à genoux devant un écu.

BEAUMARCHAIS , *Barb. de Séville*, act. I, sc. 6.

Page 64, ligne 16, BLANDISSANT, ajoutez :

Que d'une main blandissante,
A toi seul elle présente.

GILL. DURANT, *Imit. de Bonnefons*, p. 9.

Page 65, ligne 25. BOCAGEUX, ajoutez :

L'un des bouts prend fin à ces rochers *bocageus*, que tu vois à un des détours de ceste prée.

Jacq. Tahureau, Dial. 1er, p. 150.

Ibid., après l'article **BOCAGEUX**, ajoutez :

BOTANOMANTIE, *s. f.* Divination au moyen de l'examen des feuilles ou des tiges des plantes.

Par *botanomantie* ; j'ay icy des feuilles de saulge à propous.

Rabelais, l. III, c. 25.

La *botanomancie*, qu'elles font par le bruit et cliquetis des feuilles de brusc, bouis ou laurier, brisées entre les mains ou jetées sur les charbons ardens, estoit jadis pratiquée par les payens.

Maladie d'Amour, p. 136.

Grec, βοτανομαντεία. Voy. J. Potter, *Archæol. græc.*, l. II, c. 18, col. 339.

Italien, *Botanomanzia.*

Fr. d'Alberti, Dizion. crit. enciel.

Espagnol, *Botanomancia*, supersticiosa adivinación por las hierbas.

Dicc. de la Real Acad. de Madrid.

Page 66, ligne 22, BOURDER, ajoutez :

Je ne dis chose que je n'aye vue ; je suis trop consciencieux pour *bourder*.

Cholières, Cont. ; 6e après-disn., t. II, fol. 212, r°.

Page 68, ligne 6, BOUTONNET, ajoutez :

Ce mot a été employé par quelques écrivains modernes.

Leur *boutonnet* a la couleur des roses.

Voltaire, Pucelle, ch. 1.

Page 70, ligne 14, BUISSONNEUX, ajoutez :

Ce mot a été employé par nos écrivains modernes.

> Là, du sommet lointain des roches *buissonneuses*,
> Je vois la chèvre pendre.
>
> J. DELILLE, *Jard.*, ch. 1.

Voy. aussi *Pitié*, ch. 1. *Eneid.* l. IX, etc.

Page 72, ligne, 24, *append.*, BATAILLEUR, ajoutez :

L'adjectif *batailleur* ou *batailleux*, *euse*, a été employé par J. J. Rousseau. « Si j'avais eu l'humeur *batailleuse.* » *Confess.*, l. IV. édit. des Assoc., t. I, p. 306.

Page, 73, ligne 11, *append.*, BÉHOURD, ajoutez :

Ce mot se retrouve dans quelques écrivains modernes. J. B. ROUSSEAU, *Allég.* 4, etc., etc.

Page 74, ligne 25, *append.*, BOUFFONESQUE, ajoutez :

GAB. NAUDÉ, *Mascurat.* Les auteurs du Dictionnaire de Trévoux admettent ce mot dans leur vocabulaire ; mais ils observent que « Naudé n'est pas un auteur à suivre. » M. Bréghot du Lut, rapport à l'Académie de Lyon, sur le tome I de l'*Archéologie française*, place au contraire le mot *bouffonesque* parmi ceux qu'il voudrait voir réintégrer dans notre langue, et je suis entièrement de son avis.

Page 75, ligne 3, *append.*, BOVIN, INE, ajoutez :

L'adjectif *bovin, ine*, a été employé par quelques-uns de nos agronomes modernes. *Nouv. Cours d'Agric.*, art. *bœuf* (par M. Parmentier), tom. II, p. 195. —M. Bréghot du Lut, dans le rapport que j'ai cité plus haut, remarque que « l'on a fait de l'adjectif *bovin, ine*, « un substantif, et que nos agronomes disent *la bovine*,

« pour exprimer la race des bœufs. » J'observerai que j'ai cherché en vain ce mot dans le *Cours d'Agriculture* de l'abbé Rozier. — Le mot *bouvine* ou *bovine*, employé substantivement, se trouve dans Olivier de Serres, *Théât. d'Agricult.*, second lieu, ch. 2, édit. de la Société d'Agriculture, Paris, 1804, tom. I, p. 120, col. 1. — Cet écrivain a intitulé *la Bouvine*, le ch. 7 du 4ᵉ lieu, dans lequel il traite plus particulièrement du bœuf et du taureau. Notre estimable agronome, M. Tessier, fait sur ce chapitre d'Olivier de Serres, l'observation suivante: « Quoique le nom de bœuf, d'où vient *bouvine* ou *bo-* « *vine*, soit celui du mâle privé de la faculté de se re- « produire, cependant on le donne au genre entier des « bêtes à cornes domestiques. » Ibid., *Notes*, tom. I, p. 601, col. 2.

Page, 79, ligne 11, après l'article CASÉIFORME, ajoutez :

* CATACLYSME, *s. m.* Déluge, inondation.

Le général *cataclisme* advenu du temps de Noë.

Des Accords (Et. Tabourot), Bigarr., fol. 2, v°.

Ce mot, qui se trouve dans le Dictionnaire encyclopédique, n'a jamais cessé d'appartenir à la langue française.

Grec, κατακλυσμός. Ὥσπερ γὰρ ἦσαν ἐν ταῖς ἡμέραις ταῖς πρὸ τοῦ κατακλυσμοῦ, τρώγοντες καὶ πίνοντες.

Matth., c. 24.

Latin, *cataclysmos.* Thebæ, quæ ante *cataclysmon* Ogygi conditæ dicuntur.

Varro, de Re Rust., l. III, c. 1.

Italien, *cataclismo.*

Fr. d'Alberti, Dizion. crit. encicl.

Espagnol, *cataclysmo.*

Antes como el arroyo caudaloso,
Que hinchado del turbion y cataclysmo.

Nic. Bravo, la Benedict., cant. 11.

Anglais, *cataclysm*. The opinion that held these *cataclysms* and empyroses universal, was such as held that it put a total 'consummation unto things in this lower world.

HALE, Orig. of Mankind.

Page 83, ligne 26, CHICHETÉ, ajoutez :

Il s'advise donc en ceste extrême nécessité, jouer un bon tour à la *chicheté* de son père.

NOEL DUFAIL, *Cont. d'Entrapel* (d'un fils qui trompa, etc.), fol. 78 v°.

Page 84, ligne 23, CHOISISSABLE, ajoutez :

Tout ce qui est bon est *choisissable*, le *choisissable* esjouissable.

CHOLIÈRES, Cont., 4e après disn.; tom. II, fol. 136 r°.

Page 84, ligne 28, CICÉRONIEN, ajoutez :

Ce mot se trouve aussi dans nos écrivains modernes.

C'était sans doute (d'Olivet) le plus grand *Cicéronien* de tous les Francs-Comtois, sans même en excepter l'abbé Bergier, malgré sa Catilinaire contre Fréret.

VOLTAIRE, *Lett. à d'Alembert*, 7 nov. 1768, *OEuv.*; tom. XC, p. 212.

L'inflexible *Cicéronien* répondit avec une sévérité chagrine : il a trop lu Tacite.

D'ALEMBERT, Élog. de l'Abbé d'Olivet; OEuv., tom. XI, p. 289.

Page 85, ligne 31, COERCER, ajoutez :

Ce mot a été employé par quelques écrivains modernes.

Les uns ayant la propriété chimique de tempérer le mouvement, en en *coërçant* le principe; les autres donnant à nos organes un ressort dont le principe est le même que celui de la chaleur.

PELLETAN, Clin. chirurgic., art. Physiologie; tom. II, p. 356.

Page 90, ligne 15, COLOMBELLE, ajoutez :

Les mignonnes colombelles,

> Par le vague, doucement,
> Esbraulent leurs blanches esles.

Vers à Louise Labé; à la suite de ses *OEuvres*, édit. de Lyon, 1824,
p. 152.

Page 95, ligne 25, CONSUÉTUDE,

BÉROALDE DE BERVILLE, lisez BÉROALDE DE VERVILLE.

Page 99, ligne dernière, après l'article CORPULENT, ajoutez :

* CORROBORATION, *s. f.* Action de corroborer ; ce
qui sert à corroborer, à fortifier.

Pour *corroboration* et renfort de preuves, on devoit ramen-
tevoir l'histoire de ceste dame de Mayence.

CHOLIÈRES, *Cont.*, 5ᵉ *après disn.*; tom. II, p. 164 rº.

Italien, *corroborazione.* Aggiugnendo per maggior *corroborazione....* la soscrizione di Francesco Monsignor d'Angolem.

GUICCIARD, *Stor.*, l. VI.

Espagnol, *corroboración.* En él se dá el Espiritu Santo,
para *corroboración* y firméza.

ILLESC., *Hist. pontif.*, l. VI, c. 13.

Anglais, *corroboration.* The lady herself procured a bull,
for the better *corroboration* of the marriage.

BACON, *Henry VII.*

Page 102, ligne 12, CUPIDE, ajoutez :

> Relevé, courageux et *cupide* d'honneurs.

MATH. RÉGNIER, *Sat.* 5.

Page 106, ligne 15, *append.*, CHOSETTE, ajoutez :

Ce mot a été employé par quelques écrivains modernes. SCARRON, *Virg. trav.*, ch. 2. — SÉVIGNÉ, *Lett. du
19 janvier* 1674; édit. de Blaise, tom. III, p. 219, etc.

Page 108, ligne 21, *append.*, COMPENDIEUX, ajoutez :

Racine s'est servi de l'adverbe COMPENDIEUSEMENT,
Plaid., act. III, sc. 3. Mais, comme le remarque

M. Bréghot du Lut, il n'a employé ce mot que pour tourner en ridicule le style barbare, usité de son temps au barreau.

Page 113 , ligne dernière, DÉCANONISER, ajoutez :

Italien, *scanonizzare.* Questo santo, per tanti miracoli illustrato , e piu di 400 anni prima canonizzato, *scanonizzò.*
Davanz., *Scism.*, 55.

Page 114, ligne 6, DÉCAPITATION, ajoutez :

Voilà presque les principaux poincts de toute la fable, exceptez ceulx qui sont plus exécrables, comme le démembrement d'Orus, et la *décapitation* de Isis.
Amyot, *Plut.*, *OEuv. mor.*, t. XVII, p. 248.

Page 116, ligne 13, DÉCHEVÊTRER, ajoutez :

Italien , *scapestrare.* Andava con quel vigore, e con quella gagliardia, che vae il cavallo *scapestrato* e sfrenato.
Fiorità d'Ital.

Page 119, ligne dernière, DÉFENDABLE, DÉFENSABLE, ajoutez :

S'enfermeront dedens lieus peu *défensables*, bourgades, colombiers.
Louise Labé, *Débat de Folie et d'Amour*, disc. 5; *OEuv.*, p. 32.

Page 120, ligne 12, DÉFIGURATION, ajoutez :

Madame de Sévigné a dit Défigurement, *s. m.*

De ne point avancer dans ce chemin des infirmités, des douleurs, des pertes de mémoire, des *défiguremens* qui sont près de m'outrager.
Lett. du 30 nov. 1689; édit. de Blaise, tom. IX, p. 234.

Italien, *disfigurazione.* Smorfie, trasformazioni, *disfigurazioni* di viso, e di faccia.
Salvini, *Sopra la Fier. di Buonar.*

19.

Page 122, ligne avant-dernière, DÉHONTÉ, ajoutez:

Ce mot a été employé avec succès par quelques écrivains modernes.

> Voyez cet homme *déhonté*,
> Qui va portant dans tout son voisinage
> Et son impudent verbiage,
> Et son caractère effronté.
>
> J. DELILLE, *Conversat.*, ch. 2.

Page 124, ligne 3, après l'article DÉLECTABILITÉ, ajoutez :

DÉLIRER, *v. n.* Etre dans le délire.

A l'imitation du peuple Judaïc en Egypte, si de Lyra ne *délire*.

> RABELAIS, liv. III, c. 1.

Ce mot a été employé par nos écrivains modernes.

Sentant que rien ne pouvait autoriser une pareille infidélité, je le laissai *délirer* à ses risques.

> J. J. ROUSSEAU, *Confess.*, L VII; tom. 2, p. 242.

Latin, *delirare*.

> Quidquid *delirant reges*, plectuntur Achivi.
> HORAT., l. 1, *epist.* 2, v. 14.

Italien, *delirare*.

> Perchè tanto *delira*,
> Disse, lo 'ngegno tuo da quel ch' e' suole ?
> DANTE, *Infern.* 11.

Espagnol, *delirar*. No *deliro*, en mi estoi, bien sé lo que digo.

> PARR., *Luz de verd. cath.*, part. II, fol. 47.

Page 126, ligne 14, DÉPUCELAGE, ajoutez:

On a dit aussi DÉPUCÈLEMENT.

Veue de femme despucellée doit estre faite par sept vefves, ou femmes mariées bien créables, par qui le *despucèlement* puisse estre recordé, se mestier en est.

> *Anc. cout. de Normandie*, ch. 66, fol. 51 v°

Page 132, ligne 28, après l'article DÉSENNUI, ajoutez :

DÉSENVENIMER, *v. a.* Oter le venin, le poison.

> Qu'ils ne pourront estre qu'à peine
> *Désenvenimez* de leur haine.
>> ÉT. JODELLE, *Eugene*, coméd., act. III, sc. 2.

Page 134, ligne 12, DÉSHONORABLE, ajoutez :

De toutes choses possibles et qui ne me seront point *désho-norables*, ou trop dommageables à mon estat, je n'en refu-seray une seule à l'affection que vous me tesmoignez.
>> SULLY, *Mém.*, tom. I, ch. 56, p. 176.

Page 135, ligne 6, après l'article DÉSINVESTIR, ajoutez :

DÉSORDONNER, *v. a.* Mettre en désordre, détruire l'ordre précédemment établi.

Les fumositez montent au cerveau et l'obnubilent, troublent et *désordonnent*.
>> *Triomph. de la nob. Dame*, fol. 39.

DÉSORDONNER, *v. n.* Être en désordre.

> Voy aujourd'huy chacun *désordonner*.
>> EUST. DESCHAMPS, *Poés. ms.*, fol. 259, col. 4.

Mais sous cette forme, le verbe *désordonner* ne saurait être restitué au langage moderne.

DÉSORDONNER (SE), *v. réfl.* Se mettre en désordre.

Bien que ce fussent Lacédémoniens, d'autant qu'il les prit à l'heure que, pour tenir tout gaigné, ils commençoient à *se désordonner*, il en vint aisément à bout.
>> MONTAIGNE, *Ess.*, l. I, ch. 45.

Le verbe *désordonner* se trouve dans le Dictionnaire de Trévoux. Les auteurs citent comme autorité Bussy Rabutin ; mais ils observent que « ce mot se dit peu, et « qu'il n'est d'usage qu'au participe passif, qui est pris

« comme adjectif. » Quoi qu'il en soit, notre célèbre abbé Delille l'a employé avec succès.

> La nature distille, et dissout, et mélange,
> Décompose, construit, fond, *désordonne*, arrange.
>
> *Trois Règnes*, ch. 2.

Italien, *disordinare*. Gli investirono da due bande, con tanto impeto e tanta furia, che c' cominciarono a *disordinarli* di mala sorte.

> *Stor. d'Europa*, 6, 130.

Espagnol, *desordenar*. Le aconsejó que recogiendo un buen número de vacas, las echasse delante, que *desordenarian* à los contrários.

> BAB., *Hist. pontif.*, t. III (Greg. XIII, c. 63).

Anglais, *to disorder*. The incursions of the Goths and other barbarous nations *disordered* the affairs of the roman empire.

> ARBUTHNOT.

Page 136, ligne dernière, DÉVORATEUR, ajoutez :

Ces gens de bien qui s'appellent *dévorateurs* et mangeurs des péchez du peuple.

> NOEL DUFAIL, *cont. d'Eutrapel*, cont. 20°; édit. de 1732, t. II, p. 9.

J. J. Rousseau a dit moins heureusement DÉVOREUR.

Quels terribles *dévoreurs* de viande étaient les hommes de ces temps-là !

> *Ess. sur l'origine de l'inégalité*, ch. 9.

Page 143, ligne 26, DIVINATEUR, ajoutez :

Ce mot a été pris aussi substantivement, pour désigner celui qui exerce l'art de la divination.

C'estoient *divinateurs*, enchanteurs et abuseurs de simple peuple.

> RABELAIS, l. IV, ch. 58.

Quand il venoit à penser à ces *divinateurs* nécromanciens, et autres de pareille farine.

> JAC. TAHUREAU, *Dialog.* 2, p. 169.

N'est-il escrit aux sainctes Bibles que les gentils croyent et
suivent les *divinateurs.*

Noel Dufail., *Cont. d'Entrapel* (suite du Mariage, etc.), fol. 72 r°.

Le mot *divinateur* a été employé par quelques écrivains modernes.

> Enfin c'est cet instinct, ce sens *divinateur,*
> Qui donne au grand talent son vol dominateur.
> J. Delille, *Imagin.*, ch. 1.

D'autres rapportaient cette vertu *divinatrice* des sibylles aux
vapeurs et aux exhalaisons des cavernes qu'elles habitaient.

> Voltaire, *Dict. philos.*, art. *Sibylle.*

Page 144, ligne 3, DIVORCER, ajoutez :

Ce mot, qui est maintenant d'un usage général, se
trouve dans nos écrivains modernes.

Il s'agissait du mariage du marquis de Florian, mon neveu,
et d'une femme *divorcée.*

> Voltaire, *Lett. à M. Marin*, 27 avril 1772 ; *Œuv.*, t. LXXXI,
> p. 300.

Page 145, ligne 24, DOTATION, ajoutez :

Illec fait mettre par icelluy Flamel, avec bonne *dotation* pour
l'entretenement d'iceux.

> Noel Dufail, *Contes d'Eutrapel* (des bons larrecins), fol. 52 r°.

Page 146, ligne 4, DOUCETTEMENT, ajoutez :

> Les amours, qui seulement
> Parlent si *doucettement*
> De la douce-aigrette flamme
> Qui les jeunes cœurs enflamme.
> Jacq. Tahureau, *Épist. à une demoiselle* ; *Poés.*, fol. 60 r°.

Page 153, ligne 13, *append.*, DÉSAFFUBLER, ajoutez :

Ce mot a été employé par Scarron, *Virg. trav.*, ch. 1.

Page 157, ligne 4, *append.*, DRAPELET, ajoutez :

Marguer. de la Marguer., *coméd. de la Nativité*,
p. 187, etc.

Page 163, ligne 9, EMMURER, ajoutez :

J'é contemplé le total édifice,
Que la nature avecques l'artifice
A clos et *ammuré*.
Jaq. Peletier, *vers à Louise Labé*, à la suite de son *Art poét. franç.*,
Lyon, J. de Tournes, 1555, in-8°.

Ibid., ligne 21, ajoutez :

Voyez G. J. Vossius, *de Vit. serm.* l. IV, c. 11, p. 694.

Anglais, *to immure*.

Pity, you ancient stones, these tender babes
Whom envy hath *immured* within your walls
                                        Shakspeare.

Page 164, ligne dernière, ENAMOURER, ajoutez :

Enamourant le plus pur de mon ame.
                    Loys le Caron, *Poés.*, fol. 3, v°.

Si toutefois, pour estre *enamouré*
En autre lieu, tu as tant demeuré.
                    Louise Labé, *Élég.* 2 ; *OEuv.*, p. 79.

Page 165, ligne 17, Enamourer (S'), ajoutez :

L'une s'*enamourera* d'un borgne ou d'un chassieux.
                    J. Tahureau, *Dialog.* 1, p. 18

Page 167, ligne 15, ENFANÇON, ajoutez :

Eux, à la fin, qui se lassèrent
De voir l'insolente façon
De ce jeune et sot *enfançon*,
Du ciel par despit le chassèrent.
                    Gill. Durant, *Od.* ; *OEuv.*, p. 112.

Page 168, ligne 32, ENFIELLER, ajoutez :

Mais dis moy quelle fureur
Vient *enfieller* ta douceur.
Jacq. Tahureau, *Épist. à une demoiselle* ; *Poés.*, fol. 59, v°.

Page 170, ligne 32, ÉNORMISSIME, ajoutez :

M. Bréghot du Lut remarque que « l'on appelle encore

« au barreau *lésion énormissime*, celle qui excède la moitié
« du juste prix. C'est, ajoute-t-il, un mot consacré. »

Page 174, ligne 2, ENTRE-POUSSER (S'), ajoutez :

Ce mot se trouve aussi dans quelques écrivains modernes.

> A force de s'entre-pousser,
> On pensa le roi renverser.
>
> SCARRON, *Virg. travesti*, ch. 2.

Page 175, ligne dernière, ENTR'OUBLIER, ajoutez.

S'ENTR'OUBLIER, *v. réfl.* S'oublier presque entièrement
soi-même, négliger ses propres intérêts, être distrait,
absorbé dans des pensées vagues.

> Souvent m'avient, quant je pens' bien à li,
> Qu'à mes doleurs une douçours me vient
> Si grans au cueurs, que trestouz m'entr'oubli,
> Et m'est advis qu'entre ses bras me tient.
>
> Comte THIBAULT, *Chans. mss.*, p. 82.

Et tant se boutta en celle mélencolye qu'elle s'i *entreoublia*.

> *Perceforest*, vol. V, fol. 36.

Page 177, ligne 7, ENVAHISSEUR, ajoutez :

Latin, *invasor*. Romanum orbem, triennio, ab *invasoribus*
receptavit.

> AUREL. VICTOR, *Epitom.*, c. 35.

Espagnol, *invasór*. Aunque de ello se siga la muerte del *invasór*.

> NAVARR., *Man.*, cap. 15.

Anglais, *invader*. The breath of Scotland the Spaniards could
not endure; neither durst they, as *invaders*, land in Ireland.

> BACON.

Page 177, ligne 26, ENVIEILLIR, ajoutez :

> La rigueur de ses lois, après tant de licence,
> Redonnera le cœur à la foible innocence
> Que dedans la misère on faisoit *envieillir*.
>
> MALHERBE, *Prière pour le roi Henri-le-Grand; Poés.*, l. II, t. II, p. 25.

Vaugelas blâme Malherbe d'avoir fait usage de ce

mot. « Je crois, dit-il, que *vieillir* seroit beaucoup
« mieux. » *Nouv. rem. sur la langue franç.*, p. 255.

Page 179, ligne 15, ÉPERONNER, ajoutez :

> De s'amie li sovient,
> *S'esperonna* son destrier.
> *Aucassin et Nicolette*; *Fabl. Méon*, t. I, fol. 388.

> Que la peur à la fois *esperonne* et retarde.
> MATH. RÉGNIER, *Sat.* 11.

Le verbe *éperonner* a signifié aussi mettre des éperons.

Ils s'entrebottoyent et *esperonnoyent* l'ung l'autre par charité.
> RABEL., l. V, ch. 27.

Ce mot a été employé par SCARRON, *Virg. trav.*, ch. 2.

Page 180, ligne 12, ÉQUANIMITÉ, ajoutez :

On trouvera parmy les paysans et aultres pauvres gens, des
exemples de patience, constance, *æquanimité*, plus purs que
tous ceulx que l'eschole enseigne.
> CHARRON, *Sagesse*, l. II, c. 3, § 5.

Page 180, ligne 31, ERGOTERIE, ajoutez :

Ce mot a été employé par nos écrivains classiques
modernes.

Elle avait là-dessus une simplicité, une franchise, plus élo-
quentes que des *ergoteries*.
> J. J. ROUSSEAU, *Confess.*, l. VI, t. II, p. 110.

Page 186, ligne 3, EXCUSATEUR, ajoutez :

Voiture a dit moins heureusement EXCUSEUR.

Quand je pense que cette lettre s'adresse au plus indulgent
de tous les hommes, à l'*excuseur* de toutes les fautes.
> *Lett. à M. Chapelain*, 11 juin 1642; *OEuv.*, t. I, p. 282.

M. A. de B. (André de Beauregard), *Réflexions sur*
l'état prés. de la lang. franç., 2ᵉ édit., p. 218, observe

que « ce mot est fort bien reçu dans le style familier
« et plaisant. »

Page 186, ligne dernière, EXORABLE, ajoutez :

> Rendez-la, comme vous, à mes vœux *exorable*.
> P. CORNEILLE, *Cinna*, act. III, sc. 3.

« *Exorable*, observe M. de Voltaire, est un terme
« sonore, intelligible, nécessaire, et digne de la poésie
« épique. Il est bien étrange que l'on dise *implacable*,
« et non *placable* ; *inaltérable*, et non *altérable* ; *in-*
« *domptable*, et non *domptable* ; *inexorable*, et non
« *exorable*. » *Comm. sur Corneille*, *Cinna*. — M. de Marmontel, *Elém. de litt.*, art. *Usage* ; *OEuv.*, tom. X,
p. 435, regrette également que l'adjectif *exorable* soit
tombé en désuétude.

Page 190, ligne 2, *append.*, ÉBENIN, ajoutez :

Od. en fav. de D. Louize Labé, à la suite de ses
OEuv., p. 124.

Page 192, ligne 22, *append.*, EMPÊCHEUR, ajoutez :
Italien, *impacciatore*, FR. GIORD., *Predich.*

Page 197, ligne 24, *append.*, ESCLAVER, ajoutez :
Od. en fav. de D. Louize Labé, à la suite de ses
OEuv., p. 123.

Page 194, ligne dernière, *append.*, ENFANTILLER,
ajoutez :

On sait, comme l'observe très-bien M. Bréghot du
Lut, que « le substantif *enfantillage*, que l'Académie a
« d'ailleurs conservé, fut créé par Montaigne, au génie
« duquel la langue française a tant d'autres obligations. »
— Voyez *Essais*, l. II, ch. 12.

Page 198, ligne 22, *append.*, ÉTROITETÉ, ajoutez :

Le mot *étroitesse* a été employé par quelques écrivains modernes. — PELLETAN, *Clin. chirurg.*, art. *Hémorrhagie ;* tom. II, p. 279 — RICHERAND, *Nosograph. chirurgic.*, class. 4, ordr. 3, *lés. abdom.*, genre 2, n° 1 ; t. II, p. 459.

Page 202, ligne 16, FENDILLER, ajoutez :

Il faut surtout qu'elles (les couvertes) soient en rapport de dilatation et de contraction avec les poteries auxquelles elles sont destinées, afin de ne point se *fendiller.*

ALEX. BRONGNIART, *Trait. de Minéral.*, class. III, ord. 2; tom. I, p. 535

Page 207, ligne 19, FOLATREMENT, ajoutez :

Voyant une beauté *folâtrement* accorte.

MATH. RÉGNIER, *Sat.* 7.

Page 207, ligne 31, FORCENER, *v. n.*, ajoutez :

L'un, *forcenant* de voir la paix en terre,
Par tous moyens tasche y mettre la guerre.

LOUISE LABÉ, *Élég.* 3; OEuv.; p. 81.

***Ibid.*, ligne dernière, ajoutez :**

On le trouve aussi dans plusieurs autres écrivains du siècle de Louis XIV.

Le despotisme du peuple est une puissance folle qui se *forcène* contre elle-même.

FÉNÉLON, *Dial. des Morts anc.; dial.* 16ᵉ.

Page 208, ligne 5, FORCENER, *v. a.*, ajoutez :

Ce feu de rapine vous *forcena* de telle sorte, que ce fut à l'envy à qui premier auroit la corde au cou.

CHOLIÈRES, *Cont.*, 1ʳᵉ *matin.*; tom. I, fol. 3 r°.

***Ibid.*, ligne 16, FORCÉNERIE, ajoutez :**

Comme donc je me plains de ma *forcénerie.*

MATH. RÉGNIER, *Sat.* 15.

Page 215, ligne 14, FROMENTEUX, ajoutez :

M. Bréghot du Lut observe que les agriculteurs des environs de Lyon désignent encore sous la dénomination de « *terres fromentières*, les terres qui produisent du « froment. » Il ajoute, au reste, que ce mot est omis dans les dictionnaires. En effet, je ne l'ai point trouvé dans le *Cours d'Agriculture* de l'abbé Rozier. Toutefois, considéré comme terme technique, il me paraît nécessaire.

Page 224, ligne 20, GARÇONNET, ajoutez :

On a dit aussi GARÇONNEAU.

Ne vois-tu pas que tu n'es qu'un jeune *garsonneau*? de si foible taille que quand j'aurois un bras lié, si ne te creindrois-je guère.

LOUISE LABÉ, Débat de Folie et d'Amour, disc 1; Œuv., p. 8.

Page 227, ligne 10, GARRULITÉ, ajoutez :

Il convient que humaine *garrulité* mette le doigt à sa bouche.
Triomphe de la noble Dame, l. III, fol. 365 r°.

La noirceur et blancheur de la pie démonstre sa jonglerie et *garrulité*.

SICILE, Blas. des couleurs, fol. 31 r°.

Ibid., ligne 13, ajoutez :

Crede mihi, quamvis ingentia, Postume, dona
Auctoris pereunt *garrulitate* sui.
MARTIAL., l. V, Epig. 52.

Page 230, ligne 18, GEMME, ajoutez :

Ce mot se trouve dans quelques ouvrages techniques, pour désigner une espèce particulière de pierres précieuses.

Il existe un certain nombre de pierres très-dures, d'une homogénéité parfaite, d'une grande transparence, et douées de vives couleurs. C'est à ces pierres, qui sont employées comme ornemens, que l'on donne le nom de *gemmes*, ou pierres pré-cieuses.... Les lapidaires placent parmi ces sortes de pierres, le diamant, le rubis, le saphir, l'émeraude, la topaze, l'améthyste, l'aigue-marine, le grenat, le péridot, le zircon-hyacinthe et le cristal de roche.

> Thénard, *Trait. élém. de chimie*, part. I, l. VIII, ch. 3, § 618; tom. II, p. 203, not.

Voyez aussi Alex. Brongniart, *Traité de Minéralogie*, class. 3.ᵉ; t. I, p. 266.

Page 231, ligne 28, GÉNITEUR, ajoutez :

Tous les enfans ne ressemblent pas à leurs *géniteurs*.
> Cholières, *Cont.*, 5ᵉ matinée; t. I, p. 151.

Page 243, ligne 6, après l'article HABILLEUR, ajoutez :

HAISSEUR, *s. m.* Celui qui hait.

Timon, céluy qui fut surnommé le *haïsseur* des hommes.
> Montaigne, *Ess.*, l. I, c. 50.

Timon, cest insigne et beau *haysseur* d'hommes, qui, tant envieusement, mangea son pain seulet.
> Noel Dufail, *Cont. d'Eutrapel* (gros débat entre Lupold, etc.), fol. 154 vᵒ.

Ce mot a été quelquefois employé par nos écrivains modernes.

> Et d'un grand *haïsseur*, qui fut défunt son père.
> Du Fresny, *Réconcil. norm.*, act. III, sc. 11.

Latin, *osor*.
> *Osorem* uxoris suæ.
> Plaut., *Asin.*, act. V, sc. 2, v. 9.

Italien, *odiatore*. Gli suoi *odiatori*, e detrattori vuole avere corretti.
> S. Agost., *Citt. di Dio*.

Anglais, *hater*. Shews himself to be a *hater* of virtue, and unworthy to live in the society of mankind.
> Sidney.

Page 244, ligne 27 , HÉBÉTATION , ajoutez :

Italien , *ebetazione.*

Fr. d'Alberti , Diz. crit. encicl.

On a dit aussi Hébétude.

Ignorans sont, et remplis d'hébétude.
Triomphe de la noble Dame , l. III , fol. 289 v°.

Latin , *hebetudo.* Propter superbam istorum *hebetudinem.*
S. August. , de Civit. Dei , l. VII , c. 21.

Anglais , *hebetude.* The pestilent seminaries, according to
their grossness or subtility, activity or *hebetude,* cause more
or less truculent plagues.

Harvey.

Page 247 , ligne 21 :

Guill. de Guigneville, lisez : Guill. de Guilleville.

Page 247 , ligne avant-dernière, HILARITÉ , ajoutez :

Et dans la *seconde lettre du rat calotin,* sous le nom
de M. de la Clède , à la suite du *Dictionnaire néologique.*

Page 248 , ligne 8 , ajoutez :

En tous lieux promenant sa triste hilarité.
J. Delille, Convers., c. 1.

Il nous reçut avec cette *hilarité* gasconne, à laquelle contri-
buait l'aisance d'une fortune honnête.
Marmontel, Mém., l. VII ; t. II , p. 219.

Page 249 , ligne dernière , HYDROMANCE , ajoutez :

J. Potter, *Archæol. græc.*, l. II , c. 18, col. 337, etc.

Page 250 , ligne 4 , ajoutez :

Hydromantien , *s. m.* Celui qui exerce la divination
au moyen de l'eau.

Ydromanciens, l'eaue fault visiter.
Départie d'Amours, à la suite des OEuv. de Saint-Gelais, édit. de
Ve Trepperel, fol. 223 r°.

Page 251, ligne 15, *append.*, HARANGUEUSE, ajoutez:

Ce mot n'est pas entièrement banni de la langue. Le P. Brumoy, *Théât. des Grecs*, édit. de M. Raoul Rochette, Paris 1823, tome XV, p. 213; Poinsinet de Sivry, *trad. d'Aristophanes*, t. II, p. 189, 191, et plusieurs autres écrivains l'ont employé pour traduire le titre d'une comédie d'Aristophanes, Ἐκκλησιάζουσαι (Concionatrices), sur laquelle M. Le Beau le cadet a donné une savante dissertation: *Acad. des Inscript.*, *Mém.*, tom. XXXI, p. 29, et que feu M. Cailhava a imitée, dans sa comédie intitulée *Athènes pacifiée.* — Le substantif *harangueuse* se trouve aussi dans *l'analyse préliminaire* de la pièce d'Aristophanes, *Théât. des Grecs*, t. XV, p. 178, 181, etc., ainsi que dans les *Réflexions sur les Harangueuses*, *ibid.*, p. 311, etc.

Page 252, ligne 5, *append.*, HARPEUR, ajoutez:

Noel Dufail, *Cont. d'Eutrapel* (de la justice), fol. 6, r°, etc.

Ibid., ligne 8, **ajoutez**:

Dussaulx, *Trad. de Juvénal*, sat. X, v. 211.

Page 253, ligne 3, *append.*, HERBIS, ajoutez:

On a dit aussi dans le même sens, Herboie, *s. f. Poët. franç. avant* 1300, *mss.*, tom. IV, p. 1480.

Ibid., ligne 13, Rutebeuf, *dit de l'Erberie*, ajoutez: *ms. de S. Germain*, n° 1830.

Ibid., ligne dernière, HIVERNAGE, ajoutez:

D'Argentré, *Cout. de Bretagne*, p. 1536. — La Thaumassière, *Cout. de Berri*, p. 368. — *Auc. cout. d'Orléans*, p. 745. — *Perceforest*, vol. VI, fol. 99 v°, col. 2, etc.

Page 255, ligne 17, IDONÉITÉ, IDOINETÉ, ajoutez:

On pourra informer le Roy de l'*ydoineté* desdits officiers.
COMINES, *Mém.*, tom. III, preuves, p. 271.

Page 256, ligne 22, ILLÉGALITÉ, ajoutez :

Ce mot a été employé par plusieurs écrivains modernes.

L'*illégalité* punissable avec laquelle un procureur, marchand de cochons.... a osé se porter juge dans une affaire criminelle.
VOLTAIRE, *Lett. au comte d'Argental*, 16 avril 1775; *OEuv.*, t. LXXXII,
p. 352.

Page 260, ligne 14, IMBOIRE, ajoutez :

On trouve dans quelques écrivains anciens le verbe *imboire* à la forme active, et sous son acception primitive d'imbiber, pénétrer d'une substance liquide.

> Sur les rouleaux glissa d'une boutée
> Dedans la mer, du flot la soulevant,
> Son fust premier adoncques *emboivant*.
J. ANT. BAÏF, *OEuv.*, p. 49 r°.

Mais je ne pense pas que le verbe *imboire* puisse être employé avec succès sous cette acception.

Page 261, ligne 14, IMMODÉRATION, ajoutez :

Ce mot est un de ceux dont le P. Bouhours s'est déclaré l'ennemi. Voyez *Nouvelles rem. sur la lang. franç.*, tom. I, p. 230, 231, etc.

Page 264, ligne 11, IMPITEUX.

GUILL. DURANT, lisez : GILLES DURANT.

Page 265, ligne 7, IMPLANTER, ajoutez :

Il (le fer) se crystallise en octaèdres réguliers qui s'*implantent* les uns sur les autres et forment des espèces de végétations et de dendrites très-agréables.
FOURCROY, *Syst. des conn. chim.*, sect. 6, art. 18; t. VI, p. 116.

Page 266, ligne 27, IMPLOYABLE, ajoutez :

L'*imployable* roideur qu'elles ont acquis à la longue.

CHOLIÈRES, *Cont.*, 7ᵉ *matin.*, t. I, p. 219 rᵒ.

Page 267, ligne 12, IMPOLLU, ajoutez :

Lesquels autrement, en un mariage reposé et bien légitime, sont estimez *impolus* et sans macule.

NOEL DUFAIL, *Cont. d'Eutrapel*, (Ing. couvert. d'un adult.), fol. 64 vᵒ.

Ibid., ligne 13, ajoutez :

Ce mot a été quelquefois employé par nos écrivains modernes.

Son procès porte qu'il a cru qu'Anne, mère de Marie, était née *impollue*.

VOLTAIRE, *Lett. au duc de Richelieu*, 27 nov. 1761; OEuv., t. LXXV, p. 91.

Page 277, ligne 23, INCORROMPU, ajoutez :

Ne peut adultérer l'espouse *incorrompue* de Jésus-Christ nette et pure.

MONSTRELET, *Chron.*, ann. 1439; vol. II, fol. 160 rᵒ.

Par faute d'avoir bien sceu distinguer l'estre de l'homme, après qu'il a péché, d'avec l'intégrité de sa nature *incorrompue*.

CHOLIÈRES, *Cont.*, 8ᵉ *aprèsdisn.*, t. II, fol. 285 rᵒ.

Ibid., ligne 26, ajoutez :

Le P. Bouhours en condamne absolument l'usage. Voyez *Dout. sur la lang. franç.*, p. 19. — *Nouv. rem. sur la lang. franç.*, p. 523, 524. — MÉNAGE, *Obs. sur la lang. franç.*, part. I, ch. 150, p. 300. — IDEM, *ibid.*, part. II, ch. 84, p. 346, etc.

Page 280, ligne 24, INCURIOSITÉ, ajoutez :

L'ignorance et l'*incuriosité* sont deux oreillers fort doux; mais pour les trouver tels, il faut avoir la tête aussi bien faite que Montaigne.

DIDEROT, *Pens. philos.*, § 27; OEuv., t. I, p. 239.

.Page 283, ligne 28, INÉLÉGANT, ajoutez :

Quoi qu'il en soit, plusieurs écrivains modernes l'ont employé avec succès.

Qu'ils sont lourds, ces arbres, qu'ils sont épais, négligés, *inélégans*, maussades.
DIDEROT, *Salon de 1767*; OEuv., t. XIV, p. 415.

Ibid., p. 284, ligne 17, ajoutez :

Voyez mon *Vocab. des privatifs franç.*, Paris, 1794.
.64.

Page 287, ligne 10, INFÉLICITÉ, ajoutez :

Ains descendit de cheval pour se douloir et plorer avec luy leur commune *infélicité*.
AMYOT, *Plut.*, *Lucullus*, c. 56; OEuv., t. IV. p. 132.

Page 289, ligne 18, INFIME, ajoutez :

Une espèce *infime* n'en a point au dessous d'elle.
DIDEROT, *Opin. des anc. philos.* (Stoïc.), OEuv., t. VII, p. 341.

Page 292, ligne 10, INGLORIEUX, ajoutez :

Rura mihi et rigui placeant in vallibus amnes;
Flumina amem, sylvasque *inglorius*.
VIRG., *Georg.*, l. II, v. 485, 486.

« Il est à remarquer, » observe M. Bréghot du Lut, dans son rapport sur l'*Archéologie française*, tome I, « qu'en traduisant ce passage de Virgile, et plusieurs « autres de ce grand poète, où se trouve le mot *inglo-* « *rius*, M. l'abbé Delille ne s'est point servi du mot *in-* « *glorieux*, quoiqu'il l'ait employé dans plusieurs autres « endroits de ses ouvrages. »

Ibid., ligne 17, ajoutez :

Consultez mon *Vocabulaire des privatifs français*, Paris, 1794, p. 86.

Page 293, ligne 18, INNAVIGABLE, au lieu de ces mots : *Voyez* aussi G. DURANT, etc, lisez :

> Puissions-nous enfin, chargez d'ans,
> Passer ensemble d'Achéron
> L'onde au retour *innavigable*.
> GILL. DURANT, *Od. à Myron ; Poés.*, p. 3o.

Page 296, ligne 21, INSIDIATEUR, ajoutez :

Nouv. rem. sur la lang. franç., par le P. Bouhours, p. 523, 524, etc.

Page 3oo, ligne 3o, après l'article INSUSCEPTIBLE, ajoutez :

INTEMPESTIF, IVE, *adj.* Qui est hors de saison ; fait à contretemps, mal à propos.

A la fin on trouva que toutes avoyent consenti à ceste *intempestive* et indiscrète ouverture.
> CHOLIÈRES, *Cont.*, 5ᵉ après-disn. ; t. II, p. 169, r°.

Latin, *intempestivus*. — Italien, *intempestivo* — Espagnol, *intempestivo*. Voyez INTEMPESTIVEMENT, p. 3o1, lignes 23, et suiv.

Page 3o2, ligne 19, INTENSE, ajoutez :

Les sons *intenses* sont ceux qui ont le plus de force, qui s'entendent de plus loin : ce sont aussi ceux qui étant rendus par des cordes fort tendues, vibrent, par là même, plus fortement.
> J. J. ROUSSEAU, *Dict. de Musique*, art. *intense*.

Page 3o3, ligne 25, INVAINCU, ajoutez :

L'emploi de l'adjectif *invaincu*, par P. Corneille, a donné lieu à de nombreuses et violentes discussions entre les grammairiens.—*Voyez* le P. BOUHOURS, *Doutes sur la lang. franç.*, p. 5o. — IDEM, *Nouv. rem. sur la lang. franç.*, p. 523, et suiv. — MÉNAGE, *Observ. sur la lang. franç.*, part. I, c. 15o, p. 3oo. — IDEM, *ibid.*, partie II, c. 84, p. 346, etc., etc.

Page 3o4, ligne 5, ajoutez :

« Le mot *invaincu*, » dit M. D'Alembert, « employé par « Corneille et par Voltaire, n'a été jusqu'à présent em- « ployé que par eux, et méritait bien de l'être par « d'autres. Lorsque Voltaire envoya à l'Académie ses « excellentes remarques sur Corneille, il observait avec « regret, dans une de ses remarques, que le mot *in-* « *vaincu* n'avait pas fait fortune : l'Académie écrivit en « marge, Que ne la lui faites-vous faire ? Il a suivi ce « conseil, il a hasardé ce mot dans une de ses pièces, « et n'a pu lui redonner la vie. » *Eloge de l'abbé de S. Pierre*, Not. 6ᵉ ; *OEuv.*, tom. XI, p. 137.

Page 3o5, ligne 18, INVESTIGATION, ajoutez :

Ce dernier s'appelle recherche, *investigation*. C'est une espèce de quête, où l'esprit suit à la piste les traces d'une cause ou d'un effet présent ou passé.
        DIDEROT, *Opin. des philos.* (Hobbisme); *OEuv.*, t. V, p. 497.

Page 31o, ligne 13, ITALIANISER, ajoutez :

ITALIANISÉ, ÉE, *part. pass.* Qui a, ou qui affecte le langage, les mœurs, les manières des Italiens.

Un langage courtisan estaminé par le sas du Français *italia- nizé.*
        CHOLIÈRES, *Contes*, 8ᵉ *matinée ;* tom. 1, p. 220; vᵒ.

Les alemans d'aujourd'huy, qui ayant dégénéré et perdu leur première et rustique naïveté, sont tant francisez, espagno- lisez, et *italienisez.*
    NOEL DUFAIL, *Cont. d'Eutrapel*, (débats et accords), fol. 53

Page 314, ligne 19, *append.*, IMPOURVU, ajoutez :

MATH. RÉGNIER, *Sat.* 7, etc.

Ibid., ligne 21 , ajoutez :

HAUTEROCHE , *Esprit follet* , act. V, sc. dernière, etc.

Page 3i7, ligne 8, *append.* , IVOIRIN , ajoutez :

DES ACCORDS (*Et. Tabourot*), *Touches*, p. 40.—AMAD·
JAMYN, *Poés.* , p. 74.

Page 3i9, ligne 25 , JÉSUITIQUE , ajoutez :

A travers le patelinage *jésuitique*, je le vis suivre assez fidèle-
ment une des grandes maximes de la Sociéte.
J. J. ROUSSEAU , Confess., l. VII, tom. II , p. 294. = Voyez IDEM .
ibid., l. VIII, tom. III , p. 37.

Page 322 , ligne dernière, après l'article JOVIALITÉ ,
ajoutez :

JUVÉNIL, ILE, *adj.*, ou JUVÉNILE , *adj. des deux g.*
Qui appartient à la jeunesse , qui est propre, convenable
à la jeunesse.

La vieillesse tournera son vénérable et paternel amour, en
fols et *juvénils* desirs.
LOUISE LABÉ , Débat de Folie et d'Amour, disc. 5 ; OEuv., p. 42.

Latin , *juvenilis*. *Juvenilis* quædam dicendi impunitas et
licentia.
CICER. , De claris orator. , c. 91.

Italin , *giovenile*. Quello, che nell' appetito lor *giovenile*
cadeva di voler fare.
BOCCACC., Nov. 13, 5.

Espagnol , *juvenil*. Muchos de ellos hablaron segun el furor
juvenil, y su acostumbrada soberbia.
OVALLE, Hist. de Chil., l. V, c. 22.

Anglais , *juvenile*. Learning hath its infancy , when it is almost
childish ; then its youth , when it is luxuriant and *juvenile*.
BACON, Essays.

Page 333, ligne dernière, après l'article LOQUACITÉ, LOQUÈLE, ajoutez :

LOUVIÈRE, *s. f.* Fosse ou piège pour prendre les loups.

Si luy mescheut si mauvaisement, qu'elle cheut en une *louvière* qui n'estoit couverte fors de ramilles et de feuilles.
Perceforest, vol. II, fol. 138, v°, col. 1.

Le substantif *louvière* se trouve dans le Dictionnaire de Trévoux ; mais les auteurs qui, au reste, observent que ce mot est vieux, prétendent qu'il signifie « tanière, « ou contrée à loups. » Ils ajoutent qu'on a donné aussi ce nom à « une robe faite de peaux de loups. » Je ne l'ai jamais trouvé sous cette dernière acception dans aucun auteur ancien ou moderne.

Page 337, ligne 14, *append.*, LÉCANOMANTIE, ajoutez :

J. POTTER, *Archæol. græc.*, l. II, c. 18, col. 337. — Ce mot se trouve dans le Dictionnaire de Trévoux.

Page 337, ligne 16, LÉGUMAGE, ajoutez :

AMYOT, *Plut.*, *OEuv. mesl.*, t. XXI, p. 330, etc.

TOME SECOND.

Page 6, ligne 11, MAL-APPRIS, ajoutez :

C'est, ne vous en déplaise, Madame, qu'Arlequin est un *mal-appris*.

MARIVAUX, Heureux stratag., act. II, sc. 10.

Page 19, ligne antépénultième, MÉNESTREL. — ALBERIC., ann. 1237, lisez ALBERIC., *Chron.*, ms. de la Bibl. du roi, ann. 1237.

Page 38, ligne 12, *append.*, MARBRIN, ajoutez :

LOUISE LABÉ, *Débat de Folie et d'Amour*, disc. 5 ; *OEuv.*, p. 59.

Page 40, ligne 18, *append.*, MONDE, ajoutez :

FLEURY, *Mœurs des Israél.*, § 1, p. 3, etc.

Page 45, ligne antépénultième, NONCHALOIR, ajoutez :

Tous les veus pas ils n'entendent
Qui devant leurs yeus se rendent :
Ains les ont à nonchaloir.

Des louenges de dame L. Labé, à la suite de ses OEuv., p. 145.

Page 46, ligne 15, NOUVELLET, ajoutez :

Qu'il avoit tousjours adorées,
Dès son jeune aage nouvellet.

Epit. sur Louise Labé, à la suite de ses OEuv., p. 115.

Page 55, ligne 13, OBSÉQUIEUX, ajoutez :

Au reste, le mot *obséquieux* a été employé aussi, et avec succès, par d'autres écrivains modernes.

Ou son orgueil n'était pas né, ou il se cachait sous les dehors d'une politesse timide, quelquefois *obséquieuse* et tenant de l'humilité.

MARMONTEL, Mém., l. IV, t. 1, p. 327.

Page 78, ligne 20, OTIEUX, ajoutez :

OTIEUSEMENT, *adv.* Sans rien faire, avec le calme, le loisir d'un homme qui n'a aucune occupation forcée; inutilement, d'une manière oiseuse.

Pourtant, n'estimez le temps icy *ocieusement* perdu.
RABELAIS, liv. V, c. 6.

Italien, *oziosamente.* Contra'l suo comandamento dicente che non si parli *oziosamente.*
Tratt. del gov. della famigl.

Espagnol, *ociosamente.* Como lo hizo el rey de Aragón, D. Juan el Primero, que *ociosamente* consumia el tiempo en la poésia.
SAAV., *Empres.* 6.

Page 97, ligne dernière, PARTROUBLER, ajoutez :

Ce mot se trouve quelquefois dans nos auteurs comiques modernes.

On est si *partroublé* qu'on ne sait ce qu'on fait.
REGNARD, *Démocrit.*, act. V, sc. 2.

Page 101, ligne 20, PATERNE, ajoutez :

Il se trouve aussi dans quelques autres écrivains modernes.

J'allai voir le prélat. Il me reçut d'un air *paterne*, en m'appelant toujours, mon cher monsieur Marmontel.
MARMONTEL, *Mém.*, l. VIII; t. III, p. 38.

Page 103, ligne 11, PEINTURER, ajoutez :

Il a été employé par SCARRON.

Les Agathyrses *peinturées,*
De leurs plus beaux habits parées.
Virg. trav., ch. 4.

Page 107, ligne 31, PERDURABLE, ajoutez :

Il a été employé par quelques écrivains modernes.

Perdurable, il n'aura point de fin.
DIDEROT, *Opin. des anc. phil.* (Sarrazins), *OEuv.*, tom. VII, p. 189.

Page 113, ligne 10, PERLETTE, ajoutez :

Les autres vont léchant les *perlettes* rosines
Des larmes de Narcisse.
REM. BELLEAU, *Berger.*, t. I, p. 138.

Et qui voit ses dens en riant,
Voit des terres de l'Orient
Meinte *perlette* desrobée.
Ode en faveur de dame Louise Labé, à la suite de ses *OEuv.*, p. 125.

Page 140, ligne 12, PRÉFIGURER, ajoutez :

Cecy jadis nous *préfiguroit* la divinatrice Pythie, quand, avant respondre pour l'oracle, escroulloit son laurier domesticque.

RABELAIS, l. III, c. 45.

Page 143, ligne 29, PRÉORDONNER, PRÉORDONNANCE, PRÉORDINATION, ajoutez :

La futurition des choses, la *préordination* des événemens, la préscience de Dieu ne touchent point à notre liberté.
DIDEROT, *Opin. des anc. phil.* (Leibnitz); *OEuv.*, t. VI, p. 326.

Page 181, ligne 3, après l'article RÉAPPRÉCIATION, ajoutez :

REBAISER, *v. a.* Baiser itérativement; rendre baisers pour baisers.

Et bien voient qu'il l'a corbée,
Et *rebésiée*, et restupée.
Constant du Hamel, v. 849.

Si elles ont quelque enseigne de lui, elles la baisent, *rebaisent*, sèment de larmes.
LOUISE LABÉ, *Débat de Folie et d'Amour*, disc. 5ᵉ; *OEuv.*, p. 65, 66.

Baise m' encor , *rebaise* moy et baise.
Id., *Sonn.* 18 ; *OEuv*, p. 97.

Ce mot, qui se trouve dans le Dictionnaire de Richelet, dans celui de Trévoux, etc., a été employé par quelques écrivains modernes.

Il la *rebaise*, et puis vide un grand verre.
Voltaire, *Pucelle* , c. 9.

Italien, *ribaciare*.

Ch' i' non ti *ribaciassi* cento volte.
Cecchi , *Esalt. della croce* , att. 5 , sc. 7.

Page 191 , ligne dernière, RESSAISIR , ajoutez :

Si je *ressaisissais* la vie, elle retournerait bientôt contre moi tous ses poignards.
Mme de Stael , *Corinne* , l. XX, c. 5.

Page 206 , ligne 19 , SAGETTE , ajoutez :

Ainsi parloit, et tout échauffé d'ire,
Hors de sa trousse une *sagette* il tire.
Louise Labé , *Élég.* 3 ; *OEuv.*, p. 83.

Page 208, ligne dernière, après l'article SALIGINEUX, ajoutez :

SALTATION, *s. f.* Action de sauter ; art de la danse. — Ce mot a servi aussi à désigner une espèce de ballets pantomimes.

Ainsi que l'on fet, ès festes de Bacchus, avec mouvements et *saltations* satyriques.
Amyot , *Plut.* , *Anton.*, c. 98 ; *OEuv.*, t. VIII , p. 384.

La *saltacion* n'a ù autre origine : qui est une représentacion faite si au vif de plusieurs et diverses histoires, que celui qui n'oit la voix des chantres, qui accompagnent les mines du joueur, entent toutefois, non - seulement l'histoire, mais les passions et mouvements.
Louise Labé , *Débat de Folie et d'Amour*, disc. 5 ; *OEuv.*, p. 55.

Le substantif *saltation*, qui se trouve dans le Dictionnaire de Trévoux, a été employé par quelques écrivains modernes.

Il ne faut pas restreindre le sens de *saltation* à celui que nous donnons dans notre langue au mot de danse.

> Rollin, *Hist. anc.*, l. XXII, c. 6, art. 2, § 2; t. XI, part. 1re, p. 266.

Ils s'appelèrent pantomimes, parce qu'ils imitoient et exprimoient tout ce qu'ils vouloient dire avec les gestes qu'enseignoit l'art de la *saltation*, sans employer le secours de la parole.

> Idem, *ibid.*, § 4; t. XI, part. 1re, p. 279.

M. Bréghot du Lut, dans son *Glossaire*, placé à la suite des *OEuvres de Louise Labé*, observe que M. de l'Aulnaye a publié, de nos jours, un ouvrage intitulé de la *saltation théâtrale* (Paris, 1790, un vol. in 8°).

Latin, *saltatio*. Sext. Titius homo loquax fuit et satis acutus, sed tam solutus et mollis in gestu, ut *saltatio* quædam nasceretur, cui *saltationi* Titius nomen esset.

> Cicer., *Brut.*, c. 62.

Italien, *saltazione*. Dove racconta le varie spezie di *saltazioni* co' nomi loro.

> Redi, *Annot. ditir.*, 197.

Espagnol, *saltación*; el acto de saltar. Tómase tambien por la danza, ó báile.

> *Diccion. de la real. Acad. de Madrid.*

Anglais; *saltation*. The locusts being ordained for *saltation*, their hinder legs do far exceed the others.

> Brown, *Vulg. err.*

Page 242, ligne dernière, après l'article TOURBILLONNER, ajoutez :

TOURMENTEUR, *s. m.* Celui qui tourmente.

Je ne suis accompagné de furies, harpies et *tourmenteurs* de monde, pour me faire creindre avant le combat.

> Louise Labé, *Débat de Folie et d'Amour*, disc. 1 ; *OEuv.*, p. 9.

Italien, *tormentatore*. Non lascerai mai la crudeltà, essendo compagno del *tormentatore*.

Ammaestram. ant., 21, 3, 8.

Espagnol, *tormentadór*. En la primera parte se contiene el lugar, donde la noche, ò la ceguedad me prendió, è los *tormentadóres*, que ende estaban.

Juan de Mena, *Copl.* 5.

Anglais, *tormentor, tormenter*. He called to me for succour, desiring me at least to kill him, to deliver him from those *tormentors*.

Sidney.

Let his *tormenter*, conscience, find him out.

Milton.

FIN.